LE PLAISIR ET LA NÉCESSITÉ

PHILOSOPHIE NATURELLE ET ANTHROPOLOGIE
CHEZ DÉMOCRITE ET ÉPICURE

DU MÊME AUTEUR

Démocrite et la recherche des causes, Paris, Klincksieck, 1996.

Atome et nécessité. Démocrite, Épicure, Lucrèce, Paris, P.U.F., 2000.

Aristote, *Petits traités d'histoire naturelle* (*Parva naturalia*), Traduction originale, introduction, notes, bibliographie et index, Paris, GF-Flammarion, 2000.

Aristote. Une philosophie de l'activité, Paris, Flammarion, 2003.

Democritus : Science, the Arts and the Care of the Soul (avec A. Brancacci), Leiden-Boston, Brill, 2007.

Lire Épicure et les épicuriens (avec A. Gigandet), Paris, P.U.F., 2007.

Épicure, *Lettres, maximes et autres textes*, Introduction, traduction, dossier et notes, Paris, GF-Flammarion, 2011.

Aristote, *Le Mouvement des animaux, La Locomotion des animaux*, Traduction, introduction et notes, Paris, GF-Flammarion, 2013.

De la matière à l'action. Aristote et le problème du vivant, Paris, Vrin, 2007.

Épicure. La nature et la raison, Paris, Vrin, 2009 ; 2013 [2].

Aristote, *Métaphysique*, Livre H (*êta*), Traduction, introduction et commentaire, Paris, Vrin, 2015.

Plotin. L'Odyssée de l'âme, Paris, Armand Colin, 2016.

Diogenes of Oinoanda – Diogène d'Œnoanda. Epicureanism and Philosophical Debates – Épicurisme et controverses (avec Jürgen Hammerstaedt et Refik Güremen), Leuven, Leuven University Press, 2017.

Démocrite. Fragments et témoignages, traduction de M. Solovine, révision de la traduction, introduction et notes par P.-M. Morel, Paris, Vrin, 2020.

La Nature et le bien. L'éthique d'Aristote et la question naturaliste, Leuven-Paris-Bristol, CT, Peeters, 2021.

BIBLIOTHÈQUE D'HISTOIRE DE LA PHILOSOPHIE

NOUVELLE SÉRIE

Fondateur Henri GOUHIER Directeur Emmanuel CATTIN

LE PLAISIR ET LA NÉCESSITÉ

PHILOSOPHIE NATURELLE ET ANTHROPOLOGIE CHEZ DÉMOCRITE ET ÉPICURE

par

Pierre-Marie MOREL

Ouvrage publié avec le concours du Centre national du livre

PARIS

LIBRAIRIE PHILOSOPHIQUE J. VRIN

6 place de la Sorbonne, V[e]

2021

Imprimé en France

ISSN 0249-7980

ISBN 978-2-7116-3037-0

www.vrin.fr

ABRÉVIATIONS

CErc	*Cronache Ercolanesi*
DK	H. Diels, W. Kranz, *Die Fragmente der Vorsokratiker*
DL	Diogène Laërce, *Vies et doctrines des philosophes*
DND	Cicéron, *De natura deorum* (*De la nature des dieux*)
DRN	Lucrèce, *De rerum natura* (*De la nature*)
Fin.	Cicéron, *De finibus bonorum et malorum* (*Des termes extrêmes des biens et des maux*)
Hrdt.	Épicure, *Lettre à Hérodote*
Long-Sedley	A. Long, D. Sedley, *The Hellenistic Philosophers*
MC	Épicure, *Maximes capitales*
Mén.	Épicure, *Lettre à Ménécée*
PHerc.	Papyrus d'Herculanum
Pyth.	Épicure, *Lettre à Pythoclès*
SV	Épicure, *Sentences vaticanes*
SVF	J. von Arnim, *Stoicorum Veterum Fragmenta*
Us.	H. Usener, *Epicurea*

INTRODUCTION

Le plaisir, la nécessité : deux concepts emblématiques, deux slogans même, qui renvoient aux deux traditions majeures de l'atomisme antique. La voie de la « nécessité » (ἀνάγκη), celle de la première physique des atomes et du vide, c'est d'abord et avant tout celle de Démocrite d'Abdère [1]. Pour lui, la nécessité est le principe de toutes choses, ce dont tout dépend et auquel nul ne peut échapper [2], tout événement étant strictement lié aux mouvements des atomes, indépendamment de toute intention, de toute finalité et de toute providence. Expliquer le monde et les phénomènes, c'est faire voir quelle est la nécessité physique qui les a produits. Le « plaisir » (ἡδονή), c'est le maître-mot du Jardin épicurien. Selon Épicure [3] : le principe et l'aboutissement du bonheur [4], le premier critère de conduite et la fin des actions humaines. C'est encore le signe intérieur auquel nous reconnaissons ce qui nous est le plus approprié, ce qui est le plus utile à notre préservation, à la fois physique et psychique.

Ce n'est pas que Démocrite se soit seulement soucié de physique, Épicure d'éthique et d'épanouissement personnel. Le premier nous a laissé un grand nombre de fragments moraux, dans lesquels la joie et la satisfaction intérieure sont les signes de la tranquillité de l'âme. Le second propose, sur les traces mêmes de l'atomisme abdéritain, une physique particulièrement élaborée et soutient qu'il est indispensable d'en connaître au moins les principaux éléments pour parvenir au bonheur. Ce qui est vrai, c'est que ces deux voies

1. La naissance de Démocrite se situe dans un large intervalle allant de 494 à 457 et sa mort autour de 360 avant notre ère. La documentation sur ce point est présentée par D. O'Brien, « Démocrite d'Abdère », dans R. Goulet (dir.), *Dictionnaire des Philosophes antiques* II, Paris, CNRS Éditions, 1994, p. 649-715.

2. Voir notamment DL, IX, 45 [DK 68 A 1]; Pseudo-Plutarque, *Stromates*, 7 [DK 68 A 39]; Aristote, *Génération des animaux*, V, 8, 789b2-4 [DK 68 A 66]; Leucippe cité par Aétius, I, 25, 4 [DK 67 B 2]; Diogène d'Œnoanda, fr. 54 (Smith).

3. La datation généralement admise, pour Épicure, est 341-270 av. J.-C.

4. Épicure, *Mén.*, 128-129; 131.

correspondent aux deux intuitions philosophiques majeures de l'atomisme antique. La découverte principale de Démocrite, c'est la priorité, à la fois réelle et explicative, des propriétés sous-jacentes de la matière par rapport aux propriétés dérivées et aux effets secondaires, aux événements particuliers et aux actions. La découverte épicurienne, c'est avant tout cette idée que le plaisir est au principe de nos actions, ou qu'il doit l'être [1], parce qu'il est la seule fin véritablement naturelle que nous puissions nous donner.

Ces deux voies se croisent au point précis où il s'agit d'apprécier à quelles conditions l'être humain peut être dit responsable de ses actions, s'il est vrai, comme Démocrite semble le dire, qu'il vit sous l'empire d'une nécessité physique absolument contraignante. Épicure s'oppose clairement à un tel déterminisme, incompatible selon lui avec l'idée que les dispositions et les actions conduisant à la vie heureuse, et corrélativement à la conduite morale, dépendent de nous.

Épicure et ses successeurs sont-ils toutefois crédibles, quand ils adoptent les principes de la physique atomiste, fût-ce en les réformant, tout en défendant une éthique de la liberté et de la responsabilité ? Les textes épicuriens portant sur cette question ont fait l'objet d'interprétations divergentes [2]. Épicure défend-il la thèse d'une absolue liberté de délibération et de décision, ou bien entend-il articuler la liberté de l'agent rationnel à la causalité physique ? L'élément d'indétermination qu'introduit le *clinamen*, cette « déviation » atomique évoquée notamment par Lucrèce au chant II du *De rerum natura*, permet-il de répondre à cette difficulté intégralement ou seulement marginalement, comme une simple condition de possibilité de l'action libre ? Faut-il, plus fondamentalement, considérer que les états psychologiques comme les croyances, les volitions ou les jugements,

1. On peut en effet se demander si la doctrine épicurienne du plaisir est d'abord un hédonisme *psychologique*, fondé sur le fait que les hommes et les animaux sont fondamentalement motivés par la recherche du plaisir et l'évitement de la douleur, ou bien un hédonisme *éthique* exhortant à la recherche du plaisir. Sur cette tension et sur les questions d'interprétation qu'elle sucite, on se reportera notamment à J. Warren, « L'éthique », dans A. Gigandet, P.-M. Morel (éd.), *Lire Épicure et les épicuriens*, Paris, P.U.F., 2007, p. 117-143 ; du même, *The Pleasures of Reason in Plato, Aristotle, and the Hellenistic Hedonists*, Cambridge, Cambridge University Press, 2014, p. 177.

2. J'évoque ces différentes options dans le chapitre VII. Pour un état de la question plus complet, on pourra se référer à T. O'Keefe, *Epicurus on Freedom*, Cambridge, Cambridge University Press, 2005 et, du même, « Action and responsibility », *in* J. Warren (ed.), *The Cambridge Companion to Epicureanism*, Cambridge, Cambridge University Press, 2009, p. 142-157 ; F. G. Masi, *Epicuro e la filosofia della mente. Il XXV libro dell'opera* Sulla Natura, Sankt Augustin, Academia Verlag, vol. 7, 2006.

échappent au réductionnisme et se soustraient ainsi au déterminisme physique[1] ?

On ne reprendra pas ici de manière frontale ces questions désormais classiques. Il s'agira au contraire d'orienter différemment la problématique de la liberté, en examinant les conditions préalables de la motivation et de l'action. On privilégiera ainsi une approche anthropologique et cosmologique qui, de fait, est celle d'un grand nombre de textes du *corpus* épicurien, une piste souvent laissée dans l'ombre au profit de la perspective éthico-psychologique que je viens d'évoquer. Les épicuriens – j'y reviendrai dans le cours de cette introduction – semblent en fait bien moins intéressés par l'explication positive de l'action libre considérée en elle-même, isolément de son contexte physique ou culturel, que par le problème, global, de ses conditions de possibilité. La question que j'entends privilégier, et qui selon moi constitue le cadre même du problème de la responsabilité chez les atomistes de l'Antiquité, sera dès lors la suivante : quel est le statut de l'activité humaine – qu'elle soit éthique, politique, ou technique – dans un univers peuplé d'atomes en mouvement dans un vide illimité, un univers qui ne semble pas avoir d'autre principe que la nécessité physique ? En d'autres termes : quel est l'horizon cosmologique de l'action humaine en régime atomiste ? En répondant que la nécessité n'est pas toute-puissante, l'atomisme épicurien ouvre précisément un espace disponible pour l'initiative humaine.

Nous sommes ainsi renvoyés au plaisir lui-même. Selon l'idée qu'en ont les épicuriens, le plaisir est d'abord un *pathos*, un affect, c'est-à-dire un état intérieur de l'agent par lequel il est spontanément informé de ce qui, dans sa relation au monde extérieur, lui est connaturel ou apparenté[2]. L'affect immédiat de la douleur, à l'inverse, indique de manière évidente ce qui est inapproprié à la nature de l'agent. Le plaisir joue donc un rôle central dans la pratique ; c'est en fonction de lui, et de la douleur, que l'agent peut reconnaître ce qu'il doit rechercher ou au contraire rejeter en vue de sa propre sauvegarde psychique ou physique. Ce type d'affections est à distinguer des *pathê* dérivées que représentent les « passions » au

1. En faveur de cette conception des états mentaux comme propriétés « émergentes » par rapport à la causalité physique élémentaire, états qui seraient ainsi capables de produire par eux-mêmes des effets affectant les mouvements atomiques, voir D. Sedley, « Epicurus' Refutation of Determinism », in *Suzètèsis. Studi sull'epicureismo greco e romano offerti a M. Gigante*, Napoli, 1983, Bibl. della Parola del Passato, 16, I, p. 11-51 ; « Epicurean Anti-Reductionism », *in* J. Barnes, M. Mignucci (eds.), *Matter and Metaphysics*, Napoli, Bibliopolis, 1988, p. 295-327.

2. *Mén.*, 129.

sens moderne, qu'elles soient positives ou pathologiques, comme la colère excessive, la peur injustifiée ou la cupidité. Celles-ci sont coupées de la nature par les opinions ou jugements sans fondement qui les nourrissent et qui produisent des désirs également vains ou vides [1].

Nous pouvons, bien entendu, éprouver des plaisirs plus élaborés et plus stables que le simple contentement immédiat, notamment des satisfactions esthétiques et intellectuelles [2]. Sans doute les plaisirs du sage ne sont-ils pas tous de simples affects immédiats : le sage épicurien pratique la *phusiologia*, la philosophie naturelle, estime avec prudence quels plaisirs sont à choisir et lesquels sont à éviter, se remémore les plaisirs passés et anticipe avec confiance les plaisirs futurs [3]. Une telle économie des plaisirs requiert, en plus de la certitude immédiate du plaisir ou de la peine, le travail de la raison.

Toutefois, les épicuriens insistent volontiers sur le caractère spontané du plaisir, à l'image de la manière dont les animaux et les petits enfants recherchent le plaisir et fuient la douleur, « naturellement et sans raisonnement » [4]. On peut donc supposer que toute satisfaction, y compris un plaisir rationnel, doit pouvoir être rapportée à l'état naturel que constitue le plaisir de base, ou tout au moins que toute satisfaction contient en elle-même une irréductible dimension *affective*, c'est-à-dire non rationnelle. Épicure affirme d'ailleurs que « le plaisir du ventre est le principe et la racine de tout bien, et <que> c'est à lui que se ramènent les activités sages et les activités les plus raffinées » [5]. Il n'est pas interdit de penser que, pour un épicurien, quand je pratique une activité intellectuelle – disons : les mathématiques ou la philosophie –, bien que cette activité soit évidemment rationnelle, le sentiment intérieur par lequel je l'éprouve comme un plaisir n'est pas en lui-même un état rationnel, mais un affect. Dans ces conditions, on pourrait objecter aux épicuriens qu'ils soumettent encore la recherche du bonheur et la pratique morale à l'emprise des déterminations naturelles, à un régime d'hétéronomie incompatible avec leur revendication de liberté.

1. On pourra sur ce point consulter D. Konstan, *A Life Worthy of the Gods. The Materialist Psychology of Epicurus*, Las Vegas-Zurich-Athens, Parmenides Publishing, 2008, p. 8-18.

2. Les épicuriens distinguent, dans l'âme et dans le corps, les plaisirs cinétiques ou « en mouvement » – qui consistent dans la simple compensation d'un manque, comme le plaisir de boire quand on a soif ou comme le fait d'éprouver de la joie – des plaisirs catastématiques, c'est-à-dire stables et constitutifs, qui entretiennent une manière d'être permanente par l'absence de peine. Voir DL, X, 136.

3. Voir sur ce point J. Warren, *The Pleasures of Reason in Plato, Aristotle, and the Hellenistic Hedonists*, *op. cit.*

4. DL, X, 137 ; Cicéron, *Fin.*, I, 71 ; II, 31-33.

5. Athénée, 546 F (Us. 409, 70).

Malgré cela, Épicure et ses héritiers directs ou indirects estiment que le plaisir et la douleur, nos deux affects élémentaires, ne nous soumettent aucunement à l'hétéronomie. Ils ne nous condamnent pas à subir la fatalité d'un déterminisme naturel qui invaliderait par principe la responsabilité de l'agent en le rendant purement passif par rapport aux états ou mouvements de la matière que constituent les états physiologiques. La raison en est la suivante : le statut du plaisir, selon les passages déjà cités de la *Lettre à Ménécée*, est celui d'un « principe » immanent de la conduite et du bonheur, de sorte qu'il implique immédiatement une forme, au moins élémentaire, d'autonomie. En ce sens, s'il n'explique pas par lui-même la liberté de l'agent – les épicuriens ont pour cela d'autres arguments –, il n'en représente pas moins la condition première de la conduite responsable. Grâce au plaisir, en effet, nous avons en nous-mêmes, sans avoir besoin de recourir au raisonnement, la certitude infaillible de ce qui convient à notre nature [1]. Cette évidence en quelque sorte « basique », dès lors que nous savons nous y référer, nous permet donc de régler nos actions avec certitude dans l'exercice du jugement prudent. De fait, l'agent ne saurait se tromper dans l'appréhension réflexive de ce qui lui est naturellement approprié – l'affect est un des critères de vérité dans la canonique épicurienne, la théorie des règles de connaissance –, de même que la sensation est toujours vraie, à chaque instant, par contraste avec les jugements qui s'y surajoutent et qui sont éventuellement responsables de l'erreur [2]. Le plaisir atteste, par son immanence et son évidence, la capacité de l'être humain à faire son propre bonheur.

Lucrèce défend cette spontanéité libre du plaisir, dans un passage crucial pour la reconstruction de la théorie épicurienne de la responsabilité de l'agent, au chant II de son poème. Opposant le principe de mouvement que

1. Je rejoins ici les propos de D. Konstan, *A Life Worthy of the Gods*, *op. cit.*, p. 15, quand il observe qu'on est conscient du plaisir de base – celui qui constitute le principe et la fin de la vie bienheureuse selon Épicure – au même titre que l'on saisit ce qui est donné dans la sensation, c'est-à-dire sans la médiation d'un raisonnement appartenant à un ordre supérieur et relevant de la partie rationnelle de l'âme (« one is aware of such pleasure, just as one is aware of sensations or *aisthêseis* without the mediation of higher-order reasoning in the *logikon* part of the soul »). La question de l'authenticité de la distinction entre partie rationnelle et partie irrationnelle de l'âme chez Épicure est un autre problème, que je dois ici laisser de côté.

2. Lucrèce le montre clairement, contre les sceptiques : « la perception à chaque instant est vraie », *DRN*, IV, 499. La canonique épicurienne identifie trois critères de vérité : la sensation, les préconceptions et les affections. Voir DL, X, 31-32. La dimension réflexive de l'éthique épicurienne, y compris dans la saisie du *pathos*, a été récemment mise en lumière, et justement soulignée, par A. Németh, *Epicurus on the Self*, London-New York, Routledge, 2017.

constitue la déviation atomique, le *clinamen*, aux prétendues « lois du destin », *fati foedera*, il rejette l'hypothèse fataliste et déterministe d'une passivité de l'esprit devant les mouvements successifs de la matière et l'enchaînement des causes. Or, pour appliquer ce principe de rupture à la psychologie morale, il montre l'étroit rapport de la *voluptas* à la *voluntas*, du plaisir à la volonté, en entendant par « volonté » le mouvement intérieur par lequel l'esprit et l'âme dirigent le corps :

> D'où vient, dis-je, cette volonté arrachée aux destins (*fatis avolsa voluntas*) / qui nous permet d'aller où nous conduit notre plaisir (*quo ducit quemque voluptas*) / et d'infléchir nous aussi nos mouvements, / non pas en un moment ni en un lieu fixés / mais suivant l'intention de notre seul esprit ? [1]

Le poète romain traduit ici, en des termes dont on ne trouve pas d'équivalents dans les textes conservés d'Épicure, un élément central de la philosophie pratique de ce dernier. Nous ne sommes pas aliénés au plaisir, d'une part parce que tout plaisir est conforme à ce qui est bon pour nous ; d'autre part parce qu'il est en notre pouvoir, par principe, de choisir nos plaisirs, de discipliner nos désirs, et d'apprécier par un « raisonnement sobre » ce qu'il convient de faire dans les situations particulières [2]. Épicure, en promouvant le plaisir au rang de commencement et fin de l'action, renvoie implicitement l'être humain à sa propre capacité d'agir, à un principe qui lui est propre, et non pas étranger, et qui de plus bénéficie de l'absolue garantie de l'évidence.

En ce sens, et ce point mérite d'être souligné plus souvent qu'il ne l'a été, les épicuriens pouvaient très bien ne pas se sentir tenus de *prouver* la liberté de l'agent : elle nous apparaît immédiatement, dans le fait même de l'éloge ou du blâme [3] ou dans l'appréhension réflexive de la préconception que nous avons de notre responsabilité [4]. Or, au principe de cette dernière, se trouve l'évidence même du plaisir et de la douleur.

Dans ces conditions, si l'hédonisme épicurien est conséquent, il implique dès son fondement la possibilité de l'acte libre, liberté qui se concrétise

1. *DRN*, II, 257-260 ; trad. fr. J. Kany-Turpin, ici et dans les autres citations de Lucrèce ci-dessous, sauf très rares exceptions.

2. *Mén*., 129-132.

3. Voir notamment Épicure, *De la nature*, XXV, 34, 27 Arrighetti ; Long-Sedley 20 C 2. Sur le caractère d'évidence dont bénéficie la responsabilité de l'agent avant toute démonstration de la liberté, je renvoie à P.-M. Morel, « The Epicurean "up to us" : not to be Proved », *in* P. Destrée, R. Salles, M. Zingano (eds.), *What is up to us ? Studies on Causality and Responsibility in Ancient Philosophy*, Sankt Augustin, Academia Verlag, 2014, p. 221-234.

4. Épicure, *De la nature*, XXV ; Long-Sedley 20 C 4.

dans l'usage rationnel des plaisirs. Il est de ce point de vue parfaitement logique que le Jardin ait opposé à Démocrite les arguments anti-déterministes, non pas seulement au nom de l'idée de responsabilité, mais encore pour une raison plus radicale, antérieure au processus psychologique de décision : l'immanence congénitale de notre premier principe de conduite, à savoir le plaisir.

Évitons les raccourcis commodes. Il ne s'agit pas, à bien y regarder, de deux pôles antithétiques : un déterminisme réductionniste absolument intangible face à un hédonisme libertarien qui n'assignerait pas de limites aux capacités de l'arbitre rationnel. Les positions respectives de Démocrite et d'Épicure, tendanciellement antinomiques, s'expriment parfois dans leur confrontation la plus radicale, mais elles illustrent aussi les termes d'un débat commun : quelle liberté et quelle autonomie espérer dans un univers souterrainement constitué d'atomes et de vide ? Comment atteindre la tranquillité de l'âme et la préserver de la tyrannie des désirs sans limites, des croyances superstitieuses ou d'un pouvoir politique oppressif ?

De fait, Démocrite annonce et prépare l'hédonisme épicurien, même s'il subordonne le plaisir véritable (τέρψις) à un idéal de « tranquillité » ou, pour faire varier la traduction du grec εὐθυμίη, de « bonne disposition d'humeurs ». Cet idéal à la fois moral et personnel, psychique et physique, la tradition latine le traduira par *tranquillitas*, notamment chez Sénèque, dans des textes où Démocrite fait figure d'autorité [1]. Le philosophe d'Abdère définit cet état par une stricte corrélation entre la juste mesure dans l'expérience de la τέρψις (non seulement « plaisir », mais encore « joie » ou « satisfaction ») et l'équilibre des mouvements psychiques : « les hommes obtiennent la tranquillité par la mesure du plaisir et l'équilibre dans la conduite de la vie » [2]. Ils y parviennent, ajoute-t-il, en se contentant du possible, c'est-à-dire en s'en tenant à leur « capacité » propre (δύναμις) et à leur « nature » (φύσις) [3]. Il faut éviter également de « s'agiter », si l'on peut dire : « ne pas entreprendre une foule de choses » (μὴ πολλὰ πρήσσειν). On se gardera, aussi bien, des désirs insatiables ou « sans mesure » [4], exercice métrétique qui, en un sens, préfigure l'éthique aristotélicienne et

1. Sénèque, *De la tranquillité de l'âme*, II, 3 ; XII, 4.

2. « Ἀνθρώποισι γὰρ εὐθυμίη γίνεται μετριότητι τέρψιος καὶ βίου συμμετρίῃ », Démocrite, *ap.* Stobée, III, 1, 210 [DK 68 B 191 ; II, 194, 4-5]. Sur la difficile question de savoir si Démocrite distingue rigoureusement τέρψις et ἡδονή, je renvoie à l'analyse de J. Warren, *Epicurus and Democritean Ethics. An Archaeology of* Ataraxia, Cambridge, Cambridge University Press, 2002, p. 48-58.

3. Voir notamment Stobée, IV, 39, 25 [DK 68 B 3] ; Stobée, III, 1, 210 [DK 68 B 191].

4. Voir notamment Démocrite, *Maximes de Démocrate*, 35 [DK 68 B 70] ; Stobée, III, 17, 38 [DK 68 B 233].

la conception de la vertu comme estimation du juste milieu entre deux extrêmes. Le spectacle des intempérants et de leur agitation incessante – de leurs déséquilibres – sert en cela d'exemple négatif, nous incitant à tenir nos propres biens pour suffisants et à poser un terme à la recherche de la satisfaction des désirs. Démocrite prépare ainsi le célèbre prologue du Chant II du *De rerum natura* de Lucrèce, en montrant le pouvoir dont nous disposons sur nos propres représentations et sur nos propres dispositions [1].

Il ne s'agit donc pas pour Démocrite de supprimer toute forme de plaisir, mais plutôt d'en régler l'usage, dans l'idée que le plaisant et le désagréable servent de limite ou de signe pour distinguer l'avantageux du nuisible [2] et pour contribuer ainsi au « bien-être » – pour rendre littéralement le terme εὐεστώ, que Démocrite utilise également pour caractériser l'idéal de tranquillité [3]. L'εὐθυμίη, qui est aussi l'absence de trouble (ἀταραξία) [4] et de crainte, ou encore absence de terreur sacrée (ἀθαμβία) [5], suppose une certaine autonomie : par opposition aux faveurs inconstantes de la fortune (τύχη), « la nature se suffit à elle-même » [6], ce qui renvoie l'agent à la juste estimation de ses capacités propres, de sa *dunamis* [7]. Démocrite, là encore, est précurseur, que l'on pense au rôle de l'autarcie dans l'éthique d'Aristote ou à l'héritage plus direct recueilli par le Jardin. Corrélativement, la tranquillité implique une forme de responsabilité morale. Ainsi doit-on « exercer son jugement moral sur soi-même » (ἑωυτὸν… αἰδεῖσθαι), et

1. Je résume ici à grands traits le plus long fragment conservé de Démocrite, chez Stobée, III, 1, 210 [DK 68 B 191].

2. Sur le plaisir (τέρψις) et la peine comme ὅρος (« signe » et en même temps « limite »), respectivement, de l'utile et du nuisible, voir Stobée, III, 1, 46 [DK 68 B 188].

3. Clément d'Alexandrie, II, 130 [DK 68 B 4] ; Stobée, VII, 2, 7 [DK 68 A 167].

4. Stobée, VII, 2, 7 [DK 68 A 167]. Comme on le sait, le terme deviendra central dans l'éthique épicurienne.

5. Cicéron, *Fin.*, V, 29, 87 [DK 68 A 169] ; Clément d'Alexandrie, *Stromates*, II, 130 [DK 68 B 4] ; Démocrite, *Maximes de Démocrate*, 9 [DK 68 B 43].

6. « Φύσις δὲ αὐτάρκης », Stobée, II, 9, 5 [DK 68 B 176]. De fait, contrairement à la « riche table » que peut dresser la fortune, « la tempérance est autarcique » (αὐταρκέα δὲ σωφροσύνη), Stobée, III, 5, 25 [DK 68 B 210]. Sur ce thème de l'autarcie ou autonomie personnelle, voir encore Stobée, III, 31, 7 [DK 68 B 246], qui affirme que « la vie à l'étranger enseigne l'autarcie » (ξενιτείη βίου αὐτάρκειαν διδάσκει). Ce fragment doit être rapproché de Stobée, III, 5, 25 [DK 68 B 210], à propos de la frugalité. Je reviendrai plus loin sur l'importance et le sens du thème de l'autarcie chez Épicure. Voir ci-dessous, p. 159-171.

7. Voir en ce sens D. Lefebvre, Dynamis. *Sens et genèse de la notion aristotélicienne de puissance*, Paris, Vrin, 2018, p. 106-107, qui résume en ces termes ce qui constitue selon lui l'intention fondamentale des fragments moraux de Démocrite : « pour ne pas être victime de la chance, règle-toi sur ta *dynamis*, concentre-toi sur tes propres moyens, sur ce qui t'est effectivement possible, non sur la chance » (p. 107).

avoir honte devant soi-même si l'on a mal agi [1]. Le plaisir, pour Démocrite, n'est donc pas en lui-même la fin ultime ; il est plutôt l'un des principaux moyens qui permettent de l'atteindre. C'est un accompagnement naturel de la tranquillité, un instrument nécessaire, et non pas une simple option parmi d'autres, parce qu'il atteste la capacité propre de l'agent à identifier par lui-même les conditions de sa bonne *balance* psychique et, en conséquence, à agir librement. Que le plaisir soit la fin, comme il l'est pour Épicure, ou qu'il soit plutôt un instrument du bonheur, comme Démocrite le suggère, il traduit dans tous les cas l'aptitude humaine à s'affranchir partiellement, par la sagesse mais aussi par les affects et les émotions positives, des déterminations extérieures.

On peut, à l'évidence, s'interroger sur la cohérence de la pensée de Démocrite. D'un côté, elle promeut une éthique de la responsabilité morale, un idéal d'intériorisation de l'équilibre physique, et insiste sur la valeur propre de l'acte par opposition à la simple parole ineffective : « la parole est en effet l'ombre de l'acte (λόγος γὰρ ἔργου σκιή) » [2]. C'est aussi une éthique de l'éducation morale par l'effort (ou « peine », πόνος) [3], ce qui signifie que les individus et les sociétés – plusieurs fragments attestent un intérêt certain pour les questions juridiques et politiques et une confiance non feinte en des lois justes – ont une réelle capacité de modification des dispositions humaines initiales. Ce n'est donc pas seulement une éthique de la disposition personnelle, mais aussi une morale de l'action, une véritable philosophie « pratique ». De l'autre, Démocrite offre une vision du monde et une conception de la causalité naturelle qui semblent invalider par principe une telle entreprise.

Les commentateurs se sont logiquement demandé si son éthique pouvait s'articuler avec la philosophie naturelle – comme semble l'indiquer le lexique des dispositions morales, qui relève de la physiologie –, ou si la

1. Stobée, IV, 5, 46 [DK 68 B 264]. Sur ce thème, voir également : Démocrite, *Maximes de Démocrate*, 50 [DK 68 B 84] ; Stobée, III, 31, 7 [DK 68 B 244] ; Plutarque, *De la passion et de la maladie*, fr. 2 [DK 68 B 159] ; voir aussi Plutarque, *Quelles passions sont les pires…*, 500 D [DK 68 B 149]. M. C. D. Peixoto est parfaitement fondée, en ce sens, à parler, à propos de l'éthique de Démocrite, d'une « altérité intérieure » ; voir M. C. D. Peixoto, « L'activité de l'âme démocritéenne : de la sensation et de l'intellection », *Chora*, *REAM*, 9-10, 2011-2012, p. 217-242 ; ici p. 240.

2. Plutarque, *De l'éducation des enfants*, 14, 9 F [DK 68 B 145].

3. Sur le thème de l'effort et de l'exercice, voir Plutarque, *Contre Colotès*, 1126 A [DK 68 B 157] ; Stobée, II, 31, 66 [DK 68 B 182] ; III, 29, 63 [DK 68 B 240] ; III, 29, 64 [DK 68 B 241] ; III, 29, 66 [DK 68 B 242] ; III, 29, 88 [DK 68 B 243]. Je reviendrai plus loin sur la conception positive de l'éducation selon Démocrite et sur la capacité de l'apprentissage à infléchir localement le cours du devenir naturel. Voir ci-dessous, p. 37-39.

première était en fait indépendante de la seconde[1]. Nous verrons, dans le premier chapitre de ce livre, que la solution se trouve peut-être dans le concept même de « nature ». Nous serons ainsi amenés à dépasser une conception excessivement rigide – et en fait essentiellement moderne – de la détermination « naturelle ». On peut également se demander si la question de la compatibilité entre responsabilité morale et détermination physique n'a pas quelque chose d'anachronique et d'inadéquat dans les termes : pour Démocrite, les dispositions de l'âme sont aussi des états physiques – comme on l'a vu dans le cas de l'εὐθυμίη –, de sorte que l'âme influe sur les états du corps, au point d'être parfois responsable des souffrances éprouvées par ce dernier[2]. C'est là un fait, qui ne semble pas appeler d'argument supplémentaire en faveur de la liberté de l'agent. On peut d'ailleurs prêter à Démocrite une conception pragmatique de la responsabilité comme capacité à répondre de nos actes, sans lui attribuer une thèse de fond sur les conditions de possibilité d'un acte absolument libre[3]. Quoi qu'il en soit, pour les épicuriens, Démocrite est à la fois une source d'inspiration dans le domaine de l'éthique, et un adversaire, pour avoir promu un déterminisme incompatible avec la liberté de l'agent.

Il y a un autre point qui invite aux nuances et qui révèle bien la complexité du débat interne à la tradition atomiste : Épicure, comme également

1. En faveur de la thèse de la compatibilité, je renvoie à l'étude classique et particulièrement convaincante de Gregory Vlastos, « Ethics and physics in Democritus », *in* D. J. Furley, R. E. Allen (eds.), *Studies in Presocratic philosophy*, New York, Routledge-K. Paul, 1975, p. 381-408. Ses résultats ont été en partie critiqués par C. C. W. Taylor, « Pleasure, Knowledge and Sensation in Democritus », *Phronesis* 12, 1967, p. 6-27, pour qui les états moraux ne s'expliquent pas chez Démocrite dans les termes de la physique des atomes, et qui insiste plutôt sur les connexions entre l'éthique et la théorie de la connaissance. Plus récemment, la thèse de la compatibilité a trouvé un nouvel appui chez M. C. D. Peixoto, « *Physis* et *didachê* chez Démocrite », *in* S. Giombini, F. Marcacci (eds.), *Il quinto secolo. Studi di filosofia antica in onore di Livio Rossetti*, Città di Castello, Aguaplano, 2010, p. 82-100. Selon elle, la cohérence de l'éthique démocritéenne se trouve probablement dans l'idée de gouvernement de soi grâce à la raison, comme l'a également rappelé M.R. Johnson, « Changing our minds : Democritus on what is up to us », *in* P. Destrée, R. Salles, M. Zingano (eds.), *What is up to us ? Studies on Causality and Responsibility in Ancient Philosophy*, Sankt Augustin, Academia Verlag, 2014, p. 7-24.

2. Voir notamment Plutarque, *De la passion et de la maladie*, fr. 2 ; *Préceptes de santé*, 24, 135 E [DK 68 B 159]. Sur ce point, on suivra volontiers les arguments de M. R. Johnson, dans sa récente analyse d'ensemble des fragments éthiques de Démocrite, « The Ethical Maxims of Democritus of Abdera », *in* D. Wolfsdorf (ed.), *Early Greek Ethics*, Oxford, Oxford University Press, 2020, p. 211-242.

3. En ce sens, et en faveur de l'attribution à Démocrite d'une conception positive de la responsabilité, non pas nécessairement comme « libre arbitre », mais en tout cas comme principe d'imputabilité morale et sociale des actions, voir D. Konstan, « Democrito sulla responsabilità dell'agente », *Quaderni dell'Istituto di Filosofia dell'Università degli Studi di Perugia* 6, 1988, p. 11-27.

Lucrèce après lui, ne nie pas qu'il y ait du « nécessaire », dans la nature comme dans les affaires humaines. Les épicuriens n'en ont pas terminé avec le problème de l'extériorité. Épicure objecte à Démocrite que la nécessité ne peut pas être un principe hégémonique, mais il ne l'élimine pas, substituant à la causalité monovalente de l'atomisme abdéritain un dispositif à trois termes qui rend l'action humaine, et partant la poursuite du plaisir, concevables : la nécessité, le hasard et ce qui est en notre pouvoir[1].

Pour le dire de la manière la plus synthétique, en concevant le plaisir, non seulement comme la fin ultime de nos activités, mais aussi comme l'état le plus approprié à notre nature, Épicure place le premier critère de l'action à l'intérieur de l'agent lui-même. Il délimite ainsi, face au nécessaire et au fortuit, l'espace de ce qui dépend de nous. Non seulement le plaisir ne nous livre pas à l'hétéronomie, mais il est le premier garant de notre liberté : face à la mauvaise fortune, à la contrainte de la nécessité physique ou à l'oppression politique et religieuse, il est toujours possible de choisir la juste estimation des plaisirs et l'ataraxie, de préférence à la voie du désespoir, des désirs vains ou de la superstition.

Plutôt qu'un traitement systématique de la confrontation entre Épicure et Démocrite[2], j'ai choisi ici une approche par points de vue, sur une série de questions que j'ai abordées durant les dernières années.

Le chapitre I propose une autre manière de comprendre le « naturalisme » de l'éthique démocritéenne, en l'envisageant d'un point de vue littéral à partir de l'idée même de « nature », plutôt qu'en imposant à Démocrite une unique grille de lecture – la question de son déterminisme supposé. Il apparaît ainsi que la notion de « nature » ne se superpose pas exactement à celle de « nécessité », et qu'elle n'exclut ni l'existence des actions et des institutions humaines, ni la possibilité d'une éthique consistante.

Le chapitre II applique la même méthode à l'éthique épicurienne. Il examine en quel sens elle peut être comprise comme une manière de se conformer à la nature. Il pose également la question de l'idée même de

1. Voir ci-dessous, p. 139-158. J'avais déjà souligné la nature proprement cruciale de l'idée de nécessité pour l'atomisme ancien, dans un essai synthétique paru il y a une vingtaine d'année, *Atome et nécessité. Démocrite, Épicure, Lucrèce*, Paris, P.U.F., 2000. Il y a deux choses que j'avais sous-estimées à l'époque : d'une part, le rôle central du plaisir pour la question de la liberté et, d'autre part, les effets de cette polémique pour la conception de la causalité que suppose le dispositif à trois termes que je viens d'évoquer.

2. On pourra notamment se reporter, dans la littérature récente, à M. L. Silvestre, *Democrito e Epicuro. Il senso di una polemica*, Napoli, Loffredo, 1985 ; J. Salem, *Démocrite, Épicure, Lucrèce. La vérité du minuscule*, Encre marine, Fougères, 1998 ; P.-M. Morel, *Démocrite et la recherche des causes*, Paris, Klincksieck, 1996, p. 249-355 ; *Atome et nécessité*, *op. cit.*

« fin de la nature », récurrente dans les textes conservés d'Épicure. On défend ici l'idée que la conformité à la nature ne soumet pas l'action humaine au déterminisme, pas plus que l'idée d'un *telos* naturel n'implique une téléologie cachée. Le plaisir, indicateur fiable de satisfaction réelle, fait ici médiation entre les causes externes et l'action humaine, dans la mesure où il constitue à la fois un affect naturel, une fin selon la nature et un principe de détermination autonome.

Le chapitre III prolonge la réflexion sur le rapport à l'extériorité dans l'éthique épicurienne, à propos du temps. Épicure défend une conception du temps qui n'est ni objectiviste ni intégralement subjectiviste, mais qui, en nous détournant de l'illusion anxiogène d'un temps réel potentiellement destructeur, rapporte le temps à la façon dont nous appréhendons les événements.

Le chapitre IV aborde directement la notion de nécessité et la question du déterminisme causal dans le premier atomisme. L'examen des témoignages de la tradition aristotélicienne sur l'idée de nécessité chez Démocrite confirme que cette dernière implique *de facto* une forme de déterminisme, mais elle montre également que celui-ci n'épuise pas la conception démocritéenne de la causalité. Démocrite peut être dit à bon droit « déterministe », pour autant qu'on admette, à l'intérieur d'un déterminisme global, l'originelle efficacité du désordre et la discontinuité des séries causales. Nous sommes donc face à un déterminisme qui n'exclut pas, mais intègre, les comportements aléatoires de la matière.

Une perception fine de la méthode démocritéenne d'explications causales est donc appelée par les textes, y compris polémiques, comme ceux où Aristote s'oppose à l'Abdéritain. Le chapitre V étudie dans cette perspective, au travers des traités psychologiques d'Aristote, la manière dont Démocrite rend compte des phénomènes liés à la vie biologique – processus organiques ou états cognitifs.

Le chapitre VI montre cependant que, sur ce point comme sur d'autres, les épicuriens ne pouvaient se satisfaire de la physique des atomes et du vide que Démocrite leur avait léguée, en particulier du point de vue cosmologique. L'explication de la génération des mondes est pour eux l'occasion d'élaborer une idée plus complexe de la manière dont les atomes sont producteurs de certains effets, parmi lesquels la formation des mondes. C'est une manière de limiter le pouvoir de la stricte nécessité dans le domaine de la physique elle-même.

L'entreprise de réforme de la physique atomiste ne s'en tient toutefois pas là. Comme l'établit le chapitre VII, au-delà de l'innovation épicurienne bien connue de la déclinaison atomique – le *clinamen* –, on assiste, de Démocrite à Épicure, à un changement global de paradigme : alors que le premier proclame que tout dépend de la seule « nécessité » – même si, comme on l'a vu, elle est en réalité moins monolithique qu'elle n'apparaît d'abord –, le second promeut un modèle explicatif à trois termes qui se limitent mutuellement et se complètent : non seulement la nécessité, mais aussi le hasard, et enfin – et surtout – ce qui dépend de nous. L'hédonisme épicurien s'insère ainsi dans une refonte globale de la théorie causale.

Le chapitre VIII examine comment l'idéal d'autarcie, au travers de la sobriété économique et de la retenue dans les désirs, traduit ce nouveau modèle dans la pratique. Les épicuriens adoptent en fait, sous le principe du « raisonnement sobre », une préconisation non systématique de la pauvreté, parce qu'ils maintiennent inconditionnellement la prévalence de la tranquillité psychique, dont la sobriété matérielle n'est qu'un moyen.

En ce sens, plutôt que de se soumettre à l'idée d'une absolue nécessité ou, à l'inverse, d'entretenir l'illusion qu'on pourrait s'affranchir de toute détermination extérieure, la solution épicurienne consiste à estimer les circonstances de l'action, circonstances en partie fortuites, pour permettre une forme d'adaptation aux contraintes externes. Cette attitude trouve sa justification dans l'histoire même de l'humanité et de son rapport à la nature, ainsi que le montre le chapitre IX, qui étudie la conception épicurienne du langage et des techniques. La comparaison avec Rousseau, héritier sur ce point de Lucrèce, éclaire cette *philosophie des circonstances* qui sous-tend l'éthique épicurienne et qui explique en grande partie son rapport à l'extériorité.

Les sociétés humaines trouveront-elles ici une opportunité pour se déterminer par elles-mêmes et pour s'organiser politiquement de manière juste ? En d'autres termes, le critère de convenance que constitue le plaisir, conjugué à la capacité humaine d'adaptation aux circonstances, peut-il fonder une bonne politique ? Le chapitre X indique que le principe de l'utilité commune et le caractère spontané, voire naturel, des associations humaines invitent à entrevoir une telle possibilité. La conception épicurienne du contrat s'enracine tout à la fois dans la nature et dans la capacité des hommes à définir leurs propres normes d'actions. Il n'est pas certain, cependant, qu'un tel optimisme ait été partagé par tous les épicuriens, comme le montre le poème de Lucrèce, qui souligne avant tout les effets dévastateurs des pathologies collectives et renvoie à la seule sphère privée la préservation de la tranquillité psychique.

PREMIÈRE PARTIE

LA NATURE ET LE PLAISIR

CHAPITRE PREMIER

DÉMOCRITE ET L'IDÉE DE NATURE

La question de la relation entre l'éthique de Démocrite et sa philosophie naturelle, entre sa recherche de la tranquillité ou « bien-être » psychique et son enquête physique, est traditionnellement discutée, comme je l'ai rappelé. Au-delà des questions d'authenticité de tel ou tel fragment, il est logique qu'on se soit trouvé embarrassé par une philosophie qui, tout à la fois, promet le bonheur en invitant à l'action responsable, et confronte l'initiative humaine à la contrainte intangible de la nécessité. L'éthique de Démocrite est-elle compatible avec une telle physique ? Est-elle simplement concevable ? Ou bien peut-elle être perçue comme une éthique « naturaliste » et, si tel est le cas, en quel sens ? Une voie a été négligée pour tenter de répondre à la question : celle du traitement explicite de l'idée de « nature » dans les témoignages et fragments relatifs à l'Abdéritain. C'est cette piste que l'on va suivre ici.

Démocrite est assurément un philosophe de la « nature », et il a été justement perçu comme tel par l'ensemble de ses lecteurs antiques. Il l'est du reste à plus d'un titre. D'une part, comme tous ceux qu'Aristote qualifie de « physiciens », il a proposé une conception rationnelle et fondamentalement *archéologique* de la nature, en donnant un *principe* d'explication applicable à toutes ses manifestations. Il a même produit l'une des explications les plus économiques qui soient de l'ensemble des phénomènes naturels, observables ou non, réguliers ou exceptionnels, en rapportant toute modification de structure aux différences atomiques et au vide. D'autre part, affirmant que la Nécessité est le principe de toutes choses [1], il a exclu

1. Voir notamment DL, IX, 45 [DK 68 A 1] ; Pseudo-Plutarque, *Stromates*, 7 [DK 68 A 39] ; Aristote, *Gén. an.*, V, 8, 789b2-4 [DK 68 A 66] ; Leucippe cité par Aétius, I, 25, 4 [DK 67 B 2].

dans ce domaine toute cause qui ne serait pas proprement « naturelle », comme un intellect organisateur ou une providence transcendante. En ce sens, Démocrite est l'un des représentants les plus radicaux de la tradition d'enquêtes « sur la nature » (*Peri phuseôs*) qui connaît son apogée au Ve siècle [1]. Aussi G. Naddaf, dans la vaste étude qu'il a consacrée à cette tradition, n'hésite-t-il pas à y adjoindre les atomistes Démocrite et Leucippe [2]. De fait, nous trouvons dans le corpus abdéritain des textes qui relèvent des trois dimensions constitutives de toute *historia peri phuseôs* selon Naddaf : la cosmogonie, l'étude de la nature de l'homme et l'explication de la genèse des sociétés. Selon lui, les deux traités intitulés *Grand système du monde* et *Petit système du monde*, qui figurent dans le catalogue des œuvres de Démocrite, « pris comme un tout, (…) présentent une description de l'origine et de l'évolution de l'univers, de l'homme et de la société, bref une *historia* de type *peri phuseôs* » [3]. Si l'on s'en tient à ces généralités, la question de l'objet de la philosophie naturelle de Démocrite ne fait pas problème. Celle de l'insertion de l'éthique à l'intérieur d'un tel programme n'est pas non plus problématique : l'enquête sur la nature englobe à la fois l'investigation physique au sens strict et l'étude des affaires humaines.

Pourtant, les choses deviennent nettement plus complexes si l'on se demande quel type de « physicien » est en réalité Démocrite. La question peut s'entendre de deux manières : quelle est la délimitation épistémologique de cette physique, par opposition à une théorie de la connaissance ou à une éthique ? Ou bien : quelle est précisément la *phusis* que cette science est supposée prendre pour objet ? La première question est extrêmement vaste si nous la formulons en ces termes. Du reste, il n'est pas certain que nous puissions y répondre directement, dans la mesure où les grandes catégories épistémologiques que l'on vient d'évoquer ne sont sans doute pas pertinentes avant Aristote. Appliquées aux philosophes dits « présocratiques », elles sont en réalité des commodités de langages, quand elles ne sont pas des projections anachroniques, héritées de la doxographie et des témoignages antiques dans leur ensemble. Aussi ai-je choisi de privilégier, beaucoup plus modestement, la seconde question – quelle est la *phusis* dont s'occupent les premiers atomistes ? –, en espérant qu'elle

1. Pour un aperçu des arguments en faveur ou en défaveur de l'authenticité de ce titre chez les présocratiques, voir G. S. Kirk, J. E. Raven, M. Schofield, *The Presocratic Philosophers*, Cambridge, Cambridge University Press, 1983, p. 102-103, n. 1 ; G. Naddaf, *L'Origine et l'évolution du concept grec de* phusis, Lewiston-Queenston-Lampeter, The Edwin Mellen Press, 1992, p. 17-19.

2. G. Naddaf, *L'Origine et l'évolution du concept grec de* phusis, *op. cit.*, p. 239-250.

3. *Ibid.*, p. 240.

nous permettra de revenir à la première en des termes plus proches de ceux que pouvait utiliser l'Abdéritain. C'est d'ailleurs la méthode que Naddaf entend appliquer à l'ensemble des *Peri phuseôs* qu'il étudie. Cela signifie, pour indiquer les limites de ce premier chapitre, que j'aborderai assez peu la question de la méthode et des conditions épistémologiques de la physique abdéritaine. Je concentrerai mon analyse sur deux points : l'existence ou l'absence d'une *historia peri phuseôs* chez Démocrite, et la signification du terme *phusis* dans les fragments et les témoignages. Concernant le premier point, rien ne dit, comme nous le verrons, que Démocrite ait été l'auteur d'un unique traité portant ce titre, ni même qu'un tel projet, pris littéralement, ait eu pour lui un sens. Autant le dire dès à présent, le schème commun dégagé par Naddaf s'applique mal à Démocrite, notamment si l'on adopte la méthode qu'il préconise lui-même, et qui consiste à partir des occurrences de *phusis*. Du reste, lorsqu'il se pose la question du sens de *phusis* chez Démocrite[1], il n'en retient qu'un seul – la « réalité stable et permanente » que constituent « les atomes et le vide » –, alors qu'il y en a d'autres et que ce sens n'est pas nécessairement le plus fréquent ni le plus déterminant. Cela rend d'autant plus nécessaire l'examen précis de l'usage abdéritain du concept de *phusis*, car c'est la base textuelle la plus sûre dont nous puissions disposer pour tenter de savoir en quel sens nous avons affaire à une philosophie *de la nature*.

Par ailleurs, nous devons nous rappeler que le concept présocratique de *phusis* est loin d'être univoque. Nous pouvons schématiquement distinguer trois manières, parfois combinées, de l'entendre : la nature comme matière primordiale, et ainsi comme essence de la chose considérée ou des choses en général, par opposition notamment aux apparences et à ce qui relève de la loi instituée ou de la convention (*nomos*) ; la nature comme processus et en particulier comme génération[2] ; la nature comprise comme l'ensemble des choses telles qu'elles sont et des forces ou lois qui les régissent. Comme nous le verrons, l'examen des occurrences de *phusis* dans le corpus démocritéen tel qu'on peut le reconstituer nous apprend que ces trois catégories suffisent difficilement à les classer. Il y a néanmoins un point positif : alors que nous disposons de très peu de fragments véritables concernant la physique de Démocrite, de sorte que nous sommes étroitement tributaires des témoignages et qu'il serait absurde de vouloir s'en affranchir pour étudier dans le détail la physique abdéritaine, les fragments proposent

1. *Ibid.*, p. 290-291.

2. C'est aux yeux de Naddaf le sens le plus important. Voir notamment Empédocle cité par Plutarque, *Contre Colotès*, 1111 F [DK 31 B 8].

plusieurs emplois significatifs de *phusis*. Nous verrons même que ces emplois permettront de nuancer, voire d'infléchir, l'impression que laissent les témoins et les doxographes sur ce que peut être la « nature » selon Démocrite.

La première question que nous devons nous poser est de savoir si nous disposons d'indices concluants de l'existence d'un *Peri phuseôs* démocritéen. Il suffit, pour s'en rendre compte, d'une interprétation minimale des titres rapportés par Diogène Laërce, dans sa reproduction du catalogue de Thrasylle[1]. En premier lieu, même si nous décidons de conserver les titres cités par l'astrologue Alexandrin, dont certains sont attestés par d'autres sources, le classement des œuvres de l'Abdéritain en tétralogies est très probablement dû à Thrasylle[2], et le fait que celui-ci procède de même avec les œuvres de Platon montre bien que ce système ne doit en tout cas rien à Démocrite. Les titres de rubriques (Ἠθικά ; Φυσικά ; Μαθηματικά ; Μουσικά ; Τεχνικά), sans même parler des livres non classés, ne doivent donc pas être pris en compte, sinon pour l'intelligence du projet de Thrasylle lui-même. Il est également douteux que les quatre tétralogies placées sous la rubrique Φυσικά aient été originellement – c'est-à-dire par Démocrite lui-même – aussi nettement séparées des autres œuvres du corpus et, plus encore, que Démocrite ait lui-même cherché à délimiter une rubrique épistémologique qu'il aurait nommée « physique ». La difficulté est évidemment redoublée par les possibles interventions de Diogène dans l'établissement du catalogue. Il est, ainsi, tout à fait possible que la formule qui marque la fin de la liste des traités de « physique », ταῦτα καὶ περὶ Φύσεως, soit de Diogène et non de Thrasylle. Ce n'est pas, en tout cas, l'énoncé d'un titre de Démocrite. Dans cette rubrique, les deux premiers titres de la deuxième tétralogie sont : 1. Περὶ φύσεως πρῶτον 2. Περὶ ἀνθρώπου φύσιος (ἢ Περὶ σαρκός) δεύτερον. Ces titres peuvent se comprendre de deux manières[3] : (a) selon Diels[4], *Sur la nature*, livre I <ou *Sur la nature du*

1. IX, 45-49 [DK 68 A 33]. Sur les titres et l'identification des livres de Démocrite, voir W. Leszl, « Democritus'works : from their titles to their contents », *in* A. Brancacci, P.-M. Morel (eds.), *Democritus : Science, the Arts and the Care of the Soul*, Leiden-Boston, Brill, 2007, p. 11-76.

2. H. Tarrant, *Thrasyllan Platonism*, Ithaca-London, Cornell University Press, 1993, p. 85. Sur les raisons de l'intérêt de Thrasylle pour Démocrite et pour une analyse de la composition de son catalogue, voir également J. Mansfeld, *Prolegomena. Questions to be settled before the Study of an Author, or a Text*, Leiden-New York-Köln, Brill, 1994, p. 97-105.

3. Présentées par J. Brunschwig, Diogène Laërce, livre IX, intr., trad. fr. et notes, dans Diogène Laërce, *Vies et doctrines des philosophes illustres*, M.-O. Goulet-Cazé (dir.), Paris, Librairie Générale Française, 1999, p. 1082, n. 4.

4. DK, II, p. 138, l. 16-19.

monde> et *Sur la nature*, livre II, ou *Sur la nature de l'homme*, ou *Sur la chair*; (b) selon une hypothèse proposée par D. O'Brien [1], *Sur la nature*, en un livre et *Sur la nature de l'homme* (ou *Sur la chair*), en deux livres. Le problème est donc de savoir si nous sommes devant un seul livre dont chaque partie porterait un sous-titre, ou bien si nous avons affaire à deux livres distincts. Le choix de Diels se justifie peut-être par le thème démocritéen de l'homme comme *mikrokosmos* [2], ce qui ferait du deuxième livre une sorte de complément du premier, ou par l'indication de la *Suda*, selon laquelle Démocrite aurait écrit deux ouvrages authentiques, un *Grand système du monde* (Μέγας διάκοσμος) et un *De la nature du monde* (τὸ Περὶ φύσεως κόσμου) [3]. On ne peut écarter pour ce dernier l'hypothèse, si φύσις s'entend ici au sens de « genèse », d'un lien possible avec la cosmogonie que les sources antiques attribuent à Leucippe. Quoi qu'il en soit, sans même aborder le point discuté du contenu et de l'attribution du Μέγας διάκοσμος [4], ni la question de la délimitation des deux titres ni celle de leurs contenus respectifs ne me semblent pouvoir être tranchées.

Existe-t-il, par ailleurs, un *Peri phuseôs* qui engloberait l'ensemble des traités sur la nature, et dont nos deux titres ne seraient que des sous-sections éponymes ? Vitruve avoue son admiration pour « les livres de Démocrite *Sur la nature* » (*Democriti de rerum natura volumina*) [5], mais il confond manifestement, dans ce passage, l'authentique Démocrite avec son imitateur hellénistique, Bolos de Mendès, puisqu'il cite également un traité *Des choses faites à la main* (Χειροκμήτων) attribué à ce dernier [6]. Nous n'avons pas d'autres indications textuelles à ma connaissance. La réponse est donc négative et, tout au mieux, pouvons-nous nous faire l'hypothèse que Démocrite a formé l'équivalent d'un *projet* relevant du genre *Peri phuseôs* et, si c'est le cas, nous demander comment il a pu le concevoir.

Vittorio Enzo Alfieri s'est posé cette question dans *Atomos idea*, l'important ouvrage qu'il a consacré aux premiers atomistes [7]. Il est parvenu à cette

1. D. O'Brien, « Démocrite d'Abdère », dans R. Goulet (dir.), *Dictionnaire des Philosophes antiques* II, Paris, CNRS Éditions, 1994, p. 649-715, p. 686.

2. Voir les textes figurant sous le n° DK 68 B 34 : David, *Prolegomènes à Aristote*, 38.14 ; Galien, *De l'utilité des parties du corps humain*, III, 10.

3. *Suda*, article « Démocrite » [DK 68 A 2].

4. Voir D. O'Brien, « Démocrite d'Abdère », art. cit., p. 690-693.

5. Vitruve, *De l'architecture*, IX, préf., 14 [DK 68 B 300, 2]. Sur le Démocrite de Vitruve, voir P.-M. Morel, « Technique et nécessité. Le modèle de l'adaptation de Démocrite à Vitruve », dans C. Lévy, B. Besnier, A. Gigandet (éd.), *Ars et Ratio. Sciences, art et métiers dans la philosophie hellénistique et romaine*, Bruxelles, volume 273, 2003, p. 207-220.

6. Voir DK, II, 210.

7. V.E. Alfieri, *Atomos Idea* : *l'origine del concetto dell'atomo nel pensiero greco*, Firenze, Le Monnier, 1953 [1] ; Galatina, Congedo, 1979 [2], p. 61.

conclusion que les atomistes ont bien conçu le projet d'un *Peri phuseôs*, comme les autres présocratiques, mais un *Peri phuseôs* d'un type nouveau, extrêmement particularisé et diversifié. Ce verdict semble dans un premier temps difficilement compatible avec la réduction de la connaissance authentique aux principes élémentaires, qui seuls existent « en réalité », alors que tout le reste – et notamment les propriétés sensibles – n'est que selon la croyance ou la convention [1]. Si seuls existent véritablement – dans la *nature* ou comme *natures* – les atomes et le vide et si, seuls, ils font l'objet d'une connaissance fiable, alors ils devraient être les seuls objets légitimes d'une enquête *peri phuseôs*.

En réalité, comme j'ai tenté de le montrer ailleurs [2], Démocrite, bien qu'il soit « remonté aux atomes » (ἐπὶ τὰς ἀτόμους ἀνέβη) pour reprendre l'expression de Simplicius [3], ne limite pas sa recherche des « étiologies » [4] à un strict réductionnisme explicatif [5]. Il reconnaît et caractérise, au niveau des composés observables, un certain nombre de propriétés constantes et d'effets de structure, de convergences de facteurs et de séries causales, autant de données empiriquement discernables, qu'il est indispensable de prendre en compte dans l'explication des phénomènes. C'est ainsi, par exemple, que l'on peut parler d'espèces et que nous pouvons dire que « nous savons tous ce qu'est l'homme » [6], alors qu'il n'y a pas d'espèces, en toute rigueur, dans l'univers atomiste, mais simplement des effets d'inertie qui garantissent la relative régularité de la reproduction spécifique.

Ainsi, au livre IV du traité *De la génération des animaux* [7], Aristote attribue explicitement à Démocrite la thèse dite aujourd'hui de la *pangenesis*,

1. Voir notamment Aétius, IV, 9, 8 [DK 67 A 32]; DL, IX, 72 [DK 68 B 117]; Galien, *Des éléments selon Hippocrate*, I, 2 [DK 68 A 49] et *De l'expérience médicale*, XV, (éd.) Walzer-Frede [DK 68 B 125]; Sextus Empiricus, *Contre les savants*, VII, 135 [DK 68 B 9].

2. P.-M. Morel, *Démocrite et la recherche des causes*, Paris, Klincksieck, 1996.

3. *Commentaire sur le Traité du ciel*, 564.24 [DK 68 A 120].

4. Voir le texte de Denys d'Alexandrie chez Eusèbe de Césarée, *Préparation évangélique*, XIV, 27, 4 [DK 68 B 118], qui rapporte que Démocrite préférait trouver une seule *aitiologia* (explication ou relation causale), plutôt que devenir roi des Perses.

5. Et cela par opposition à un réductionnisme ontologique. Il est difficilement contestable que Démocrite soit un réductionniste ontologique, tout au moins du point de vue de sa doctrine fondamentale. Cela ne signifie pas que sa méthode de recherche causale soit elle-même intégralement réductionniste, au sens où elle considérerait que seules sont réellement causes les propriétés des atomes, par opposition aux propriétés des composés.

6. Voir notamment DK 68 B 165 : Sextus Empiricus, *Contre les savants*, VII, 265 et la variante épicurienne en VII, 267 (Épicure, fr. 310 Usener).

7. En IV, 3, 769a17-19, Démocrite et Empédocle sont désignés parmi ceux qui estiment que le sperme vient de tout le corps. Pour d'autres physiciens, rappelons-le, comme Alcméon, Zénon mais aussi Leucippe (Aétius, V, 4, 1 [DK 67 A 35]), la semence vient du cerveau. Pour Parménide et Diogène d'Apollonie, puis pour Aristote, elle trouve son origine dans le sang. Le Corpus hippocratique hérite peut-être de Démocrite le modèle de la *pangenesis*. Voir par exemple *De la génération*, III ; *Des airs, des eaux et des lieux*, XIV.

doctrine selon laquelle la semence provient de l'ensemble du corps vivant. Celui-ci se définit donc ici, non pas par sa composition atomique, mais par son anatomie et sa structure organique perceptible. La reproduction sexuée n'est que la reproduction de cette structure. Ainsi, selon le témoignage d'Aristote, les parties externes se différencient avant les parties internes [1]. Conformément à cette idée d'une prévalence de la morphologie générale sur les composants, Démocrite pense, selon Aristote, que l'embryon demeure dans l'utérus pour être « modelé » (διαπλάττηται) aux traits de sa mère [2]. Ce texte pose d'ailleurs un problème. La mère participe à la génération en fournissant une semence et, à première vue, la concurrence entre cette semence et celle du père devrait être achevée dès la formation de l'embryon. Or ce témoignage montre que l'hérédité maternelle peut encore s'exercer durant le temps de la gestation. Les textes dont nous disposons ne permettent pas de lever totalement cette ambiguïté. L'essentiel est de toute façon ailleurs, dans l'allusion à la thématique du moulage, que l'on décèle derrière l'usage du verbe διαπλάσσω. À l'inverse de l'explication qui sera celle d'Aristote, les parties externes se forment d'abord, parce que le facteur formel de l'hérédité consiste dans la ressemblance structurelle. Le principe du moulage ou du modelage est donc particulièrement pertinent pour rendre compte de la transmission des caractères. Ce même modèle se retrouve d'ailleurs à plusieurs reprises dans l'explication de la vision. Les effluves s'impriment dans l'air comme le cachet dans la cire [3] et, selon Plutarque, les simulacres viennent marquer de leur sceau le dormeur ou celui qui a été envoûté [4]. Ces témoignages confirment donc l'existence d'un modèle étiologique de l'empreinte ou du moule dont la pertinence explicative ne se situe pas au niveau atomique.

La distinction implicite de différents niveaux d'analyse causale et la reconnaissance de structures relativement stables au niveau des composés justifient la diversité des enquêtes spécialisées, dont le catalogue de Thrasylle, notamment, atteste l'existence : sur l'homme et les animaux, mais aussi sur les sens, les couleurs, les phénomènes célestes, aériens, terrestres, etc. Le fait que cette démultiplication des domaines scientifiques pose un problème général de cohérence épistémologique, en particulier au regard des fragments qui traduisent un scepticisme critique à l'égard de l'observation sensible [5], n'enlève rien à ma première conclusion : Démocrite n'est,

1. Aristote, *Gén. an.*, II, 4, 740a13-15 [DK 68 A 145].
2. Aristote, *Gén. an.*, II, 4, 740a33-37 [DK 68 A 144].
3. Théophraste, *Des sens*, §§ 51 ; 54 [DK 68 A 135].
4. *Propos de table*, VIII, 10, 2, 734 F et V, 7, 6, 682 F [DK 68 A 77]. Dans le second texte, Plutarque use du verbe ἐμπλάσσω pour désigner l'influence du regard des sorciers.
5. Sur les tensions et les apories qui caractérisent la théorie démocritéenne de la connaissance, je renvoie à P.-M. Morel, « Démocrite. Connaissance et apories », *Revue Philosophique de la France et de l'Étranger*, 1998/2, p. 145-163.

probablement, ni l'auteur d'un unique traité *Peri phuseôs* ni le concepteur d'une physique intégralement réductionniste, au sens où elle ne reconnaîtrait comme causes et étants véritables que les corps de premier niveau, les atomes et le vide. Toute la difficulté, pour se faire une idée de ce qu'est la *nature*, revient à concilier une *archéologie* fondamentale radicalement réductionniste avec des *étiologies* qui supposent l'identification de propriétés secondaires ontologiquement consistantes. La question ne peut être reprise ici. Nous allons voir, cependant, que les fragments Démocrite font un usage du concept de nature qui permet de préciser les termes du problème.

Examinons maintenant les occurrences de φύσις dans le corpus démocritéen. Si, à titre indicatif, nous prenons la seule section 68 (Démocrite) de la collection de Diels-Kranz, nous comptons soixante-quinze occurrences de φύσις et de ses dérivés pour la partie A (témoignages) et cinquante-sept pour la partie B (fragments). En réalité, ce deuxième chiffre n'est guère significatif, car certaines occurrences appartiennent au contexte citationnel et non au fragment lui-même. De plus, dix-sept d'entre elles viennent de la longue sous-section DK 68 B 300, qui rassemble des textes douteux. Une douzaine d'occurrences peuvent être attribuées en propre à Démocrite. Notons que ce score n'est pas si mauvais, si l'on songe à l'extrême rareté, dans les fragments, de l'emblématique ἄτομος. Dans les témoignages, et si l'on fait là encore abstraction des occurrences purement contextuelles ou des tournures adverbiales du type « par nature » ou « contre nature », le sens (I) qui domine est celui d'essence des choses. Il peut s'agir de la « nature des qualités sensibles » – selon qu'elles sont composées de telles ou telles figures atomiques, lisses ou rugueuses par exemple –, comme dans le témoignage de Théophraste sur la sensation. Dans ce cas, nous n'avons aucune garantie que le terme employé par Théophraste l'ait été également par l'Abdéritain, d'autant que le premier reproche au second de se contredire, en tentant d'un côté de caractériser les sensibles par leur « nature » atomique et en affirmant de l'autre que « les sensibles n'ont pas de nature parce que tous ne perçoivent pas les mêmes phénomènes »[1]. En revanche, toujours au sens (I), φύσις apparaît dans de nombreux témoignages, de manière beaucoup plus fiable, comme équivalent d'« atome ». C'est notamment le cas chez Aristote[2] et dans un fragment de Diogène d'Œnoanda

1. Μή ἐστι φύσις τῶν αἰσθητῶν διὰ τὸ μὴ ταὐτὰ πᾶσι φαίνεσθαι, *Des sens*, § 70 [DK 68 A 135].

2. Aristote, *Du ciel*, I, 7, 275b32 [DK 67 A 19]; cité par Simplicius, *Commentaire sur le Traité du ciel*, 294.33 *sq.* = fr. Rose 208 [DK 68 A 37]; Aristote, *Physique*, VIII, 9, 265b24-26 (« la nature » désigne manifestement les atomes; voir le texte de Simplicius traduit ci-dessous).

sur les éléments [1]. Corrélativement, φύσις désigne le mode d'existence des principes, les atomes et le vide, par opposition à l'existence purement conventionnelle des qualités sensibles chez Aétius [2], Galien [3], Sextus Empiricus [4], Diogène Laërce [5]. La valeur de ces témoignages est renforcée par un texte de Simplicius qui attribue expressément l'assimilation φύσις-atomes aux premiers atomistes :

> <la nature, > c'est-à-dire les corps naturels, premiers et insécables. Ceux-là les appelaient en effet « nature » (ταῦτα γὰρ ἐκεῖνοι « φύσιν » ἐκάλουν) et ils disaient que, mis en mouvement en vertu de leur poids propre, ils se meuvent localement au travers du vide qui cède et ne résiste pas. [6]

Le fait que « nature » soit ici au singulier, comme dans le texte d'Aristote que Simplicius commente, ne doit pas nous arrêter. Le propos du texte n'est sans doute pas de dire que la nature, comme totalité, n'est autre que les atomes, mais plutôt que les atomes constituent la nature de chaque chose et que cette nature atomique est soumise au mouvement local, ce qui suppose l'existence du vide. C'est dans un autre contexte que la tradition péripatéticienne témoigne de l'intérêt que les Abdéritains pouvaient avoir pour la nature comme totalité. Il s'agit alors d'indiquer que les atomes – ici les « éléments » (στοιχεῖα) – sont la « réserve séminale totale » (πανσπερμία) de la nature tout entière [7]. La formule de Simplicius « ceux-là les appelaient en effet "nature" » est en tout cas un indice fort en faveur de l'usage de φύσις pour nommer les atomes, qui sont d'ailleurs désignés par plusieurs termes dans le corpus relatif aux Abdéritains (ἰδέα, ῥυσμός, στοιχεῖον). Il est donc logique que Diels-Kranz aient reporté cette citation dans la section B – celle des fragments supposés – de la collection démocritéenne, en 68 B 168.

1. « Quant à Démocrite d'Abdère, il a dit qu'il s'agissait des natures indivisibles (ἀτόμους φύσεις), et il a bien fait de le dire », Fr. 6 II 9-11 Smith. Dans la tradition épicurienne encore, et probablement dans la continuité de la physique démocritéenne, Philodème évoque les « natures premières » (τὰς πρώτας… φύσεις), à savoir les atomes, qui subsistent après la décomposition des cadavres, lorsqu'il évoque la théorie démocritéenne de la putréfaction, *De la mort*, XXX, 1, Mekler-Diels [DK 68 B 1a].

2. IV, 9, 8 [DK 67 A 32].

3. Galien, *Des éléments selon Hippocrate*, I, 2 [DK 68 A 49].

4. Sextus Empiricus, *Contre les savants*, VIII, 6 [DK 68 A 59].

5. « Les qualités existent par convention, mais c'est par nature qu'existent les atomes et le vide » (ποιότητας δὲ νόμωι εἶναι, φύσει δ' ἄτομα καὶ κενόν), DL, IX, 45 [DK 68 A 1].

6. Simplicius, *Commentaire sur la Physique*, 1318.33-36 (commentaire à Aristote, *Phys.*, VIII, 9, 265b24-26) [DK 68 A 58 ; DK 68 B 168].

7. Aristote, *De l'âme*, I, 2, 404a4-5 [DK 67 A 28].

L'examen des fragments et des occurrences authentiquement démocritéennes réserve cependant des surprises, qui vont nous obliger à prendre quelques distances avec cette assimilation. Les fragments posent il est vrai un problème spécifique, étant donné que la plupart d'entre eux concernent l'éthique et non la physique. Or le rapport entre ces deux versants de la philosophie de Démocrite, on l'a rappelé, ne va pas de soi. Je ne peux reprendre ici ce débat complexe, ouvert par l'article justement fameux de G. Vlastos [1] en faveur de l'interprétation naturaliste de l'éthique démocritéenne. Toutefois, je ne veux rien présupposer quant à la distinction que Démocrite lui-même aurait faite entre des « disciplines » telles que l'éthique et la physique, puisque l'usage systématique de ces catégories épistémologiques est manifestement plus tardif. Nous verrons au moins un cas où il est extrêmement difficile d'isoler l'usage moral de l'usage scientifique de φύσις : le fragment DK 68 B 278 sur l'inclination naturelle des êtres vivants à se reproduire. Par ailleurs, comme on va le voir, les acceptions que les fragments permettent de dégager ont, pour la plupart, des incidences directes sur la définition de la nature « physique ». D'une manière générale, nous n'avons aucune indication claire d'une intention, en quelque sorte pré-épicurienne, de subordonner la tranquillité de l'âme à la *connaissance* de la physique, mais les fragments proposent des traces, à mon sens peu discutables, de descriptions physiques des états mentaux et de certains comportements moraux [2]. Une chose est de rendre compte des dispositions morales individuelles dans les termes de la physique et de relier ainsi l'éthique à la physique, comme le fait à mon sens Démocrite ; une autre est d'assigner à la philosophie naturelle une fin pratique, comme ce sera le cas de la *phusiologia* épicurienne, dans une conception fondamentalement inclusive de la philosophie. C'est sans doute là que se situe la différence principale entre Démocrite et Épicure à propos du rapport entre éthique et physique : entre le simple « compatibilisme » du premier et « l'inclusivisme » du second.

Pour revenir au terme φύσις, le sens « élémentaire » (I), qui prévaut dans les témoignages, n'est attesté que dans un seul fragment, celui que nous avons analysé en dernier (DK 68 B 168) et Simplicius se contente de

1. G. Vlastos, « Ethics and Physics in Democritus », art. cit.

2. C'est semble-t-il en ce sens que C. C. W. Taylor, *The Atomists* : *Leucippus and Democritus. Fragments*, a Text and Translation with a Commentary, Toronto-Buffalo, University of Toronto Press, 1999, p. 233, comprend la situation, malgré les réserves qu'il avait d'abord exprimées face à l'analyse de G. Vlastos (voir ci-dessus, p. 18, n. 1). J. Warren, *Epicurus and Democritean Ethics...., op. cit.*, p. 72, estime pour sa part que le débat ne peut être tranché mais conclut que la connexion entre éthique et physique n'est pas une composante essentielle de l'éthique démocritéenne.

dire que les atomistes « appelaient <les atomes> “nature” ». Il nous reste en revanche un certain nombre de fragments dans lesquels φύσις désigne une structure stable (II), identifiable au niveau des composés. Ainsi, certains hommes craignent le temps qui suivra la mort, parce qu'ils « ignorent la dissolution de leur nature mortelle » (θνητῆς φύσεως διάλυσιν οὐκ εἰδότες)[1]. De même, la « nature » empêche l'écoulement des menstrues après la conception[2]. Dans ce cas, il est vrai, la « nature » désigne peut-être l'ordre général – au moins celui qui prévaut dans notre monde – selon lequel les choses se produisent. Je reviendrai plus loin sur ce sens, également représenté dans les fragments. Nous retrouvons la même ambiguïté au fragment DK 68 B 176 : « la fortune est généreuse, mais inconstante, alors que la nature se suffit à elle-même (φύσις δὲ αὐτάρκης). C'est pourquoi celle-ci l'emporte, par sa moindre prodigalité et sa constance, sur les grandes choses que l'on espère »[3]. Il est assez difficile de savoir s'il s'agit ici de la constitution naturelle de l'homme ou de l'ordre général des choses[4]. La nature est en tout cas, dans son opposition à la fortune, un état stable ou stabilisé, qui contraste singulièrement avec le désordre méta-cosmique de la somme illimitée des atomes en mouvement.

Le fragment DK 68 B 278 reflète bien, à lui seul, la richesse et la complexité des acceptions de φύσις chez Démocrite :

> Les hommes croient qu'avoir une descendance fait partie des choses nécessaires par nature et selon une certaine condition originelle. Il en va manifestement de même chez les autres êtres vivants. Tous ont en effet des petits, par nature, mais pas en vue d'un quelconque avantage. Plus encore, quand ils naissent, ils se donnent du mal pour eux et les élèvent, comme ils peuvent, ils craignent pour eux tant qu'ils sont petits et sont affligés s'il leur arrive quelque chose. Telle est la nature de tous les êtres vivants. Mais chez l'homme, l'opinion s'est désormais imposée qu'il y avait aussi quelque avantage à tirer de ses petits[5].

1. Stobée, IV, 52, 40 [DK 68 B 297].
2. Plutarque, *De l'amour envers les enfants*, 3, 495 E [DK 68 B 148].
3. Stobée, II, 9, 5 [DK 68 B 176].
4. Bien que G. Vlastos, « Ethics and Physics in Democritus », *op. cit.*, p. 394, donne des arguments convaincants en faveur du sens physiologique, en se fondant notamment sur le corpus médical.
5. Ἀνθρώποισι τῶν ἀναγκαίων δοκεῖ εἶναι παῖδας κτήσασθαι ἀπὸ φύσιος καὶ καταστάσιός τινος ἀρχαίης. δῆλον δὲ καὶ τοῖς ἄλλοις ζώιοισι· πάντα γὰρ ἔκγονα κτᾶται κατὰ φύσιν ἐπωφελείης γε οὐδεμιᾶς εἵνεκα· ἀλλ' ὅταν γένηται, ταλαιπωρεῖ καὶ τρέφει ἕκαστον ὡς δύναται καὶ ὑπερδέδοικε, μέχρι σμικρὰ ἧι, καὶ ἤν τι πάθηι, ἀνιᾶται. ἡ μὲν φύσις τοιαύτη πάντων ἐστὶν ὅσα ψυχὴν ἔχει· τῶι δὲ δὴ ἀνθρώπωι νομίζον ἤδη πεποίηται, ὥστε καὶ ἐπαύρεσίν τινα γίγνεσθαι ἀπὸ τοῦ ἐκγόνου, Stobée, IV, 24, 33 [DK 68 B 278].

Là encore, tout au moins dans la première occurrence, on peut hésiter entre la « nature » entendue comme ordre général des choses et la « nature » comme constitution ou ensemble d'aptitudes spécifiques. Toutefois, le rapprochement avec κατάστασις, que je comprends au sens de « condition originelle » pour d'évidentes raisons de contexte [1], ainsi que l'expression « la nature de tous les êtres vivants » [2] invitent à privilégier le second sens. Il s'agit en ce sens de la nature au sens physiologique, c'est-à-dire d'un emploi technique du terme. Le sens général du fragment confirme cette option : les hommes sont incités par leur nature propre à se reproduire, comme tous les vivants, mais ils n'y sont pas absolument contraints, d'autant qu'il n'y a pas d'utilité naturelle à avoir des enfants. Il y aurait même à cela beaucoup d'inconvénients, comme le montrent, non seulement notre fragment, mais aussi ceux dans lesquels Démocrite évoque la difficulté de l'éducation des enfants [3], déconseille d'en avoir [4], ou recommande de préférer, aux incertitudes de la procréation, l'adoption d'un enfant que l'on aura soigneusement choisi [5]. L'idée qu'il y ait quelque avantage à attendre des enfants est donc un pur fait de convention ou d'usage, ce qui fait probablement écho à la disqualification épistémologique des qualités sensibles au nom de leur statut conventionnel. Ainsi, par opposition, ce que les hommes perdent de vue ne peut être que la nature au sens physique, non pas toutefois la nature atomique, mais la nature observable.

Par ailleurs, on trouve quelques exemples de l'acception de φύσις comme ordre des choses (III), en plus des connotations convergentes signalées ci-dessus. Diels présente par exemple comme une citation

1. Étant donné l'apposition à l'idée de nécessité naturelle. Voir en ce sens les traductions de Diels-Kranz : « Urzustande » ; J.-P. Dumont, *Les Présocratiques*, préf., trad. fr. et notes, avec la collaboration de D. Delattre et J.-L. Poirier, Paris, Gallimard, 1988 : « institution primitive » ; C. C. W. Taylor, *The Atomists* : *Leucippus and Democritus. Fragments, op. cit.* : « long-established constitution ». Le sens physique de κατάστασις (*LSJ*, II. 2) est bien attesté dans le Corpus hippocratique, par exemple dans *Airs, Eaux, lieux* (11.12 ; 19.28), dont l'auteur a pu être un proche du cercle démocritéen, comme l'a montré H. Diller, « Wanderarzt und Aitiologe », *Wanderarzt und Aitiologe. Studien zur hippokratischen Schrift* ΠΕΡΙ ΑΕΡΩΝ ΥΔΑΤΩΝ ΤΟΠΩΝ (*Philologus, Supplementband, XXVI, Heft 3*), *Leipzig, Dieterich'sche Verlagsbuchhandlung*, 1934. Il fait l'objet d'un traitement systématique dans les *Épidémies*, où il désigne le rapport entre santé et maladie d'une part et conditions climatiques et géographiques d'autre part. Il est également attesté en ce sens chez Hérodote, à propos de l'homme (II, 173) ; le terme est joint à φύσις en VIII, 83.

2. DK : « natürliche Instinkt » ; J.-P. Dumont, *Les Présocratiques*, *op. cit.* : « disposition naturelle » ; C. C. W. Taylor, *The Atomists* : *Leucippus and Democritus. Fragments, op. cit.* : « nature ».

3. Stobée, IV, 24, 29 [DK 68 B 275].

4. Stobée, IV, 24, 31 [DK 68 B 276].

5. Stobée, IV, 24, 32 [DK 68 B 277].

authentique le passage du *Commentaire au Cratyle* dans lequel Proclus range Démocrite, aux côtés d'Aristote, parmi les philosophes qui, comme l'Hermogène du dialogue platonicien, estiment que les noms sont attribués aux choses, non pas par nature (φύσει), mais par institution (θέσει)[1]. À vrai dire, si la thèse générale et les quatre arguments répertoriés par Proclus ont de bonnes chances d'être authentiques, il est très difficile de délimiter dans ce passage un véritable fragment démocritéen. L'antithèse φύσει-θέσει est manifestement, ici, le fait d'une construction doxographique commandée par un *topos* de très vaste amplitude, de sorte qu'on ne peut pas l'attribuer à Démocrite avec certitude[2]. Ce texte n'est donc pas très concluant pour mon propos. Par ailleurs, le très elliptique fragment DK 68 B 267, qui mobilise implicitement l'antithèse de la nature et de la convention, « par nature le commandement est propre au plus fort »[3], est d'une interprétation délicate, notamment parce qu'il est difficilement compatible avec les positions pro-démocratiques qui sont en d'autres endroits celles de Démocrite[4], tout au moins s'il doit être pris en un sens normatif. Il ne semble pas, cependant, que la valeur normative de la référence à la nature soit dominante chez Démocrite.

En revanche, le fragment DK 68 B 33 ouvre des perspectives plus intéressantes : « la nature et l'éducation sont à peu près semblables. En effet, l'éducation transforme l'homme et, en transformant, produit une nature »[5]. Dans cette dernière phrase, les formes verbales, μεταρυσμοῖ et φυσιοποιεῖ, signalent clairement l'horizon physique de la problématique et le second conduit à concevoir l'éducation comme une entreprise littéralement *poïétique*, c'est-à-dire non seulement éthique mais aussi technique. Le verbe μεταρυσμοῖ suggère en effet l'idée d'une modification du *rythme* atomique, ῥυσμός désignant une des trois différences atomiques fondamentales[6]. L'atome lui-même ne saurait toutefois connaître de modifications et G. Vlastos, commentant ce fragment[7], y percevait à bon droit, non pas une modification des atomes eux-mêmes, mais l'indication

1. Proclus, *Commentaire au Cratyle*, 16, p. 6.10 [DK 68 B 26].

2. Comme le montre A. Brancacci, « Les mots et les choses. La philosophie du langage chez Démocrite », *Philosophie du langage et grammaire dans l'Antiquité*, Bruxelles - Grenoble, Ousia, 1986, p. 9-28 (sur ce point, p. 16-18).

3. Φύσει τὸ ἄρχειν οἰκήϊον τῷ κρέσσονι, Stobée, IV, 6, 19 [DK 68 B 267].

4. Voir notamment Stobée, IV, 1, 42 [DK 68 B 251].

5. Ἡ φύσις καὶ ἡ διδαχὴ παραπλήσιόν ἐστι. καὶ γὰρ ἡ διδαχὴ μεταρυσμοῖ τὸν ἄνθρωπον, μεταρυσμοῦσα δὲ φυσιοποιεῖ, Clément d'Alexandrie, *Stromates* IV, 151 ; Stobée, II, 31, 65 [DK 68 B 33].

6. Voir notamment Aristote, *Métaphysique*, A, 4, 985b4-22 [DK 67 A 6].

7. G. Vlastos, « Ethics and Physics in Democritus », *op. cit.*, p. 390-391.

d'un changement dans la configuration globale, la proportion ou l'arrangement des atomes de l'âme. Le *rhusmos* n'est pas ici la forme atomique, qui est inaltérable, mais l'état ou le mouvement des atomes dans la configuration atomique concernée. La façon dont s'opère cette modification n'est pas indiquée, mais on peut imaginer que l'enseignement suppose une transmission de simulacres [1] – peut-être ceux qui portent la voix du maître ou les dessins qu'il trace sur le sable ou sur une tablette – qui seraient de nature à *impressionner* l'âme de l'auditeur au point d'en changer les dispositions fondamentales.

Ce texte est intéressant à plusieurs titres. En premier lieu, il montre que l'initiative humaine, pédagogique et plus généralement technique, n'est pas empêchée par la Nécessité, qui exerce pourtant son hégémonie sur l'univers démocritéen. L'activité humaine jouit d'une autonomie limitée mais suffisante pour « produire » des déterminations naturelles et elle est en ce sens partie prenante du devenir naturel [2]. L'ordre du *nomos*, et avec lui l'idée postérieure de « seconde nature », ne s'opposent donc pas radicalement à l'ordre de la *phusis*, non seulement parce que rien n'échappe totalement à la nécessité physique, mais aussi parce que la nature laisse place, dans son propre cours, à l'intervention des lois et des usages humains. De ce point de vue, l'analyse de Naddaf convient assez bien au propos démocritéen. En effet, l'homme peut fort bien « produire » de la nature, de sorte qu'il n'y a pas de discontinuité entre le mécanisme initial et l'activité technique, mais plutôt une forme d'adaptation de l'homme aux contraintes et aux limites de fait imposées par la matière [3]. En second lieu, la nature dont il est ici question, loin de se limiter à l'état immuable des choses, apparaît comme particulièrement plastique, susceptible de modifications et de réarrangements successifs. Elle désigne moins un état des choses qu'un processus ou l'ensemble des conditions d'un processus toujours inachevé. Elle acquiert une signification fondamentalement dynamique, qu'il s'agisse de la nature « en général » ou de la nature particulière de l'homme. Si, comme l'indique la première proposition du fragment, la

1. C. C. W. Taylor, *The Atomists : Leucippus and Democritus. Fragments*, *op. cit.*, p. 233.

2. Comme me l'avait fait remarquer Bernard Besnier, il est possible que φυσιοποιεῖ signifie « produit comme la nature ». Cela toutefois ne modifie pas l'interprétation que je propose de ce fragment, car même si le rapport entre l'éducation et la nature est d'analogie, la première ne saurait s'affranchir totalement des conditions générales imposées par la seconde.

3. Cette continuité se retrouve dans la conception démocritéenne de la genèse progressive des techniques sous la contrainte naturelle du besoin, d'après le témoignage de Diodore de Sicile, *Bibliothèque historique*, I, 8, 7 [DK 68 B 5, 1]. De même, le fragment DK 68 B 154 montre le profit que les hommes ont su tirer de l'imitation des animaux (Plutarque, *De l'intelligence des animaux*, 20, 974 A).

nature est « à peu près semblable » à l'éducation, c'est donc parce qu'elle-même se caractérise à la fois par une stabilité relative et par un processus de modifications incessantes. Il ne s'agit pas d'une « nature humaine », universelle et définitivement formée, mais de la situation, toujours en devenir, d'un individu qui se modifie sans cesse, au double point de vue de la nature et de la culture [1]. La nature ainsi comprise est, si l'on veut, l'ordre des choses, mais un ordre qui n'a rien d'immuable. Le concept de φύσις ne perd donc pas chez Démocrite son sens dynamique traditionnel, mais ce dernier se trouve désormais justifié par une nouvelle doctrine de la constitution élémentaire – la théorie des atomes et du vide –, qui le fait passer du statut de simple connotation, d'aspect sémantique, à celui de fait scientifique.

Nous rencontrons enfin plusieurs occurrences de φύσις au sens moins technique d'aptitude individuelle (IV), en association à τροφή : « il peut y avoir de la réflexion chez les jeunes gens et de l'irréflexion chez les vieillards, car ce n'est pas le temps qui apprend à penser, mais une éducation précoce [2] et la nature » [3] ; ou en opposition à ἄσκησις : « ceux qui deviennent bons par l'exercice sont plus nombreux que ceux qui le sont par nature » [4]. Dans le même ordre d'idées, φύσις peut aussi désigner le talent ou génie individuel, comme celui d'Homère, dont Démocrite pense qu'il est un don divin [5]. De même, la tranquillité, l'*euthumiê*, commande de ne « rien entreprendre qui soit au-dessus de ses propres capacités et de sa nature » (ὑπέρ τε δύναμιν αἱρεῖσθαι τὴν ἑωυτοῦ καὶ φύσιν) [6].

1. Voir en ce sens G. Tortora, « ΦΥΣΙΣ and ΔΙΔΑΧΗ *in* Democritus'Ethical Conception (B 33 D-K) », *in* L.G. Benakis (ed.), *Proceedings of the First International Congress on Democritus*, Xanthi, 1984, vol. A, p. 387-397 (voir p. 394-396). En faveur de l'interprétation « dynamique », plus récemment, voir M. C. D. Peixoto, « *Physis* et *didachê* chez Démocrite »..., art. cit., qui note, en s'appuyant sur les textes relatifs à l'évolution de la vie humaine, que « cette conception de la nature humaine ouverte au changement rend possible la *physiopoiesis* de l'éducation et se trouve profondément enracinée dans la doctrine physique du mouvement des atomes et de leur disposition à changer de position… » (p. 90-91). Voir encore M. R. Johnson, art. cit., p. 20, qui observe justement, à propos des conditions ontologiques de la sanction morale : « recognizing that plasticity of human nature allows for reform and habituation, and that not only compulsion but also persuasion shapes people and changes behavior, and in general that one can change one's own fortune by changing one's thinking and reasoning, Democritus made an enormous breakthrough by conceiving of an autonomous source of moral sanction. »

2. Ou : « mature development », selon C. C. W. Taylor, *The Atomists : Leucippus and Democritus. Fragments*, *op. cit.*

3. Ἔστι που νέων ξύνεσις καὶ γερόντων ἀξυνεσίη· χρόνος γὰρ οὐ διδάσκει φρονεῖν, ἀλλ' ὡραίη τροφὴ καὶ φύσις, Stobée, II, 72 [DK 68 B 183].

4. Πλέονες ἐξ ἀσκήσιος ἀγαθοὶ γίνονται ἢ ἀπὸ φύσιος, Stobée, III, 66 [DK 68 B 242].

5. Dion Chrysostome, *Discours*, xxxvi, 1 [DK 68 B 21].

6. Stobée, IV, 39, 25 [DK 68 B 3].

Au terme de ce parcours, nous constatons d'abord que la *nature* ne désigne pas directement le Tout, sauf dans les transcriptions doxographiques de l'idée de réserve atomique universelle. C'est là un point sur lequel les épicuriens – qu'il s'agisse de la φύσις d'Épicure ou de la *natura* de Lucrèce – se démarqueront assez nettement des premiers atomistes. Cette absence relative d'une nature totale et englobante, dira-t-on, n'est peut-être que le résultat contingent de la perte de la plupart des textes physiques. Elle n'est toutefois pas illogique, dans un univers sans limite, tant du point de vue du vide que du point de vue du nombre des atomes et de leurs formes. De plus, comme le montre bien le fragment DK 68 B 33, la φύσις comme ordre général des choses n'est pas exclusive des institutions et des agissements humains, puisque ceux-ci ne sont que des modifications internes de celle-là. Parce qu'il n'y a pas de discontinuité réelle entre l'état « naturel » – ou initial – des choses et les initiatives humaines – l'éducation ou le développement des techniques –, nous ne pouvons tracer les limites claires de ce qui relèverait de la pure nature. Une telle limite est néanmoins postulée, sur le plan éthique et sans doute pour des raisons plus pratiques que théoriques, lorsqu'il convient de distinguer l'état originel des choses de l'exercice ou de l'opinion humaine. Le terme le plus englobant que nous trouvions chez Démocrite et Leucippe est en fait celui de « Nécessité », lorsqu'il désigne le mode global de production des événements.

On constate également que la doxographie entendue au sens large accentue l'usage technique et proprement atomique de φύσις. Or les fragments nous invitent à nuancer cette image, et cela pour trois raisons. Premièrement, ils témoignent d'une diversité sémantique que les témoignages ont tendance à gommer. Deuxièmement, ils reflètent, lorsqu'il s'agit d'occurrences techniques, une vision non réductionniste de la *phusis*, puisque l'on peut parler de « nature » à propos de structures qui ne sont identifiables qu'au niveau des composés. Enfin, ces structures n'étant elles-mêmes que des états provisoires et modifiables des agrégats atomiques, des effets d'inertie simplement constants, et non pas nécessaires, la *phusis* est moins un *état* des choses que la façon dont celles-ci se produisent et se conservent. La nature est toujours à comprendre en un sens fondamentalement dynamique : la manière dont les choses se produisent lorsqu'elles le font avec une certaine régularité. Démocrite s'affranchit ainsi, dans la construction même du concept de nature, de la contradiction ancienne – tout au moins éléatique – entre la stabilité et le devenir.

Que nous apprend finalement le concept de « nature » sur l'objet de la philosophie naturelle de Démocrite ? Si nous nous en tenons à une conclusion minimale et prudente, nous sommes tentés de dire : très peu de choses. Démocrite ferait un usage non systématisé de ce concept et nous ne pourrions rien conclure de certain sur sa *physique* à partir de son usage de φύσις. Si toutefois nous choisissons de prendre ce concept au sérieux et si nous y voyons un véritable opérateur philosophique, nous devons alors tirer la conclusion suivante. Démocrite n'est pas l'auteur d'un *Peri phuseôs* littéral, mais l'instigateur d'une vaste enquête sur les choses qui sont, quelle que soit la manière dont elles sont : éternellement, comme les atomes et le vide ; par convention, comme les désignations linguistiques et les qualités sensibles ; provisoirement, comme les composés et les dispositions psychologiques. La *phusis* n'est pas, dans ce dispositif, un objet central. Elle est plutôt un concept transversal et relatif, qui s'applique aux atomes en tant qu'ils sont immuables, s'oppose aux faits de conventions, mais convient aux composés stabilisés et aux dispositions individuelles pour décrire leur état actuel ou leur mode de production. De toute évidence, la « nature » démocritéenne n'a pas le statut hégémonique et emblématique que lui attribueront les générations suivantes.

Démocrite est incontestablement un philosophe de la nature en un sens très général et commun, d'une part au sens où il traite de toutes les choses dans leur ensemble [1] et, d'autre part, au sens où tous les phénomènes et tous les événements dépendent des propriétés élémentaires et des modifications des corps naturels. Toutefois, il l'est aussi en un sens qui lui est propre, et qui est irréductible aux synthèses commodes et aux oppositions convenues. Nous constatons, en effet, que Démocrite a fait usage d'un même concept pour désigner aussi bien les atomes que la structure des composés apparents, l'ordre habituel et général des choses ou le génie individuel. L'idée de nature, en un mot, semble toujours désigner une forme de stabilité dans le cours même du devenir, une permanence indissociable du mouvement ou un « équilibre dynamique » [2]. Pour le dire de manière distributive : soit un état permanent propre à des êtres à la fois immuables et toujours en mouvement (les atomes), soit une structure labile et relativement constante (les composés ; les dispositions du caractère).

Un tel constat n'est pas sans conséquences : il invite à préciser les termes dans lesquels il faut comprendre la coupure ontologique, si souvent

1. Selon A. A. Long, « The Scope of Early Greek Philosophy », *in* A. A. Long (ed.), *The Cambridge Companion to early Greek philosophy*, Cambridge, Cambridge University Press, 1999, p. 1-21, il s'agit là d'un trait caractéristique de l'ensemble des philosophes présocratiques. Pour Démocrite, voir l'ensemble des témoignages rassemblés sous le n° DK 68 B 165.

2. Pour reprendre G. Vlastos.

soulignée dans les témoignages et dans plusieurs fragments bien connus, entre le niveau des principes élémentaires – les atomes et le vide – d'une part, et celui des structures de second ordre et des qualités sensibles d'autre part. Cette coupure est réelle, mais elle doit être dépassée lorsqu'il s'agit de définir des étiologies particulières relatives aux composés observables et d'orienter la conduite. Le concept de « nature » témoigne, précisément, de la grande diversité de registres qui caractérise le discours philosophique de Démocrite. Il invite à ne pas opposer artificiellement ce qui relève de la nature et ce qui relève de l'action ou des affaires humaines en général, et à se garder d'appliquer à Démocrite une conception strictement réductionniste de ce que l'on peut entendre par « nature ». Démocrite est sans aucun doute réductionniste dans la mesure où il invite à rapporter aux propriétés atomiques toute propriété de second ordre, comme la couleur ou la saveur. Cette forme de réductionnisme ne doit pourtant pas occulter le fait que l'idée de φύσις s'applique à différents niveaux de la réalité physique et à un régime d'activité qui n'est pas étanche par rapport au domaine du νόμος, « loi », « usage » ou « convention ». Ce n'est sans doute pas le moindre des paradoxes que de voir ce philosophe, qui oppose aux êtres véritables le caractère « conventionnel » des qualités sensibles, adopter dans ses fragments moraux une conception de la nature qui dépasse cette antithèse si centrale dans les débats du Ve siècle.

En substance, l'éthique de Démocrite, bien qu'elle soit sans aucun doute difficile à articuler avec les aspects les plus contraignants de l'idée de nécessité, constitue bien une éthique « naturaliste », à partir du moment où l'on prend en compte le caractère transversal et pluriel de l'idée même de « nature ».

CHAPITRE II

LE PLAISIR ÉPICURIEN : UN *TELOS* SANS TÉLÉOLOGIE

L'éthique épicurienne entend être une éthique de la conformité à la nature. La classification épicurienne des désirs se fonde sur la notion de désir naturel[1] et le plaisir est pour nous un bien premier et « apparenté » (συγγενικός) ou « connaturel » (σύμφυτος)[2]. Ainsi, le plaisir est à la fois principe (ἀρχή) et fin (τέλος) de la vie heureuse[3]. Épicure est d'ailleurs l'auteur d'un traité éthique intitulé *Sur les fins* (*Περὶ τέλους*)[4]. L'éthique épicurienne a donc pour objet global une fin, un *telos*, qui est lui-même présenté comme naturel. Le sage est précisément celui « qui a analysé la fin de la nature » (τὸ τῆς φύσεως ἐπιλελογισμένου τέλος)[5]. De même, la *Maxime capitale* XXV d'Épicure nous exhorte à rapporter chacun de nos actes, en toutes circonstances, « à la fin de la nature » (ἐπὶ τὸ τέλος τῆς φύσεως), si nous voulons que nos actions soient en cohérence avec nos discours :

> Si tu ne rapportes pas en toute occasion chacun de tes agissements à la fin de la nature, mais que tu t'en détournes, que ce soit dans le refus ou dans le choix, au profit d'un autre motif, tes actions ne seront pas en accord avec tes propos.[6]

1. *MC* XXIX-XXX ; *SV* 21 ; *Mén.*, 127-128.
2. *Mén.*, 129.
3. *Mén.*, 128-129 ; 131.
4. H. Usener, *Epicurea*, Leipzig, Teubner, 1887, p. 119-123 (Us. 66-70), a tenté d'en reconstituer le contenu, mais ces textes contiennent peu d'indications sur le sens qu'Épicure a lui-même donné à *telos*. Ils confirment en tout cas que ce traité portait sur les plaisirs.
5. *Mén.*, 133. Je reviendrai plus loin sur les raisons qui me conduisent à traduire ἐπιλογίζεσθαι par « analyser ».
6. Εἰ μὴ παρὰ πάντα καιρὸν ἐπανοίσεις ἕκαστον τῶν πραττομένων ἐπὶ τὸ τέλος τῆς φύσεως, ἀλλὰ προκαταστρέψεις εἴτε φυγὴν εἴτε δίωξιν ποιούμενος εἰς ἄλλο τι, οὐκ ἔσονταί σοι τοῖς λόγοις αἱ πράξεις ἀκόλουθοι. Voir aussi la *SV* 25 : « La pauvreté, mesurée à l'aune

Or la notion de « fin de la nature », prise littéralement, est pour le moins déroutante dans l'univers des atomistes, qui exclut toute téléologie physique réelle. Les épicuriens, et en particulier Lucrèce, rejettent sans équivoque, non seulement le finalisme cosmologique et providentialiste, mais aussi l'idée de finalité interne : il n'y a pas d'intention dans la formation et la destruction des mondes et il n'y a pas non plus d'antériorité de la fonction par rapport à l'organe dans les êtres naturels [1]. La nature, qu'il s'agisse de la nature considérée comme un tout ou bien de la nature propre d'une chose particulière, est fondamentalement sans fin parce qu'elle n'est orientée dans son développement par aucun programme préexistant à son existence. Il ne semble donc pas que la conformité éthique à la nature puisse se traduire par l'adoption, pour nous, d'une prescription naturelle immédiate, tout simplement parce que la nature ne fait précéder ses réalisations d'aucune prescription.

La difficulté est renforcée par le fait qu'à côté de l'expression déjà citée figurent d'autres indications en faveur de l'idée de normativité naturelle. Selon la *MC* VI, le pouvoir et la royauté sont un bien selon la nature (κατὰ φύσιν), s'ils nous procurent la sécurité du côté des hommes. La *MC* XV indique que la richesse selon la nature (ὁ τῆς φύσεως πλοῦτος) est bornée et facile à se procurer. La *MC* XXXI évoque pour sa part un « juste selon la nature » (τὸ τῆς φύσεως δίκαιόν) qui, sans exclure le caractère conventionnel des prescriptions juridiques, suggère que le juste ne peut être défini indépendamment d'un certain nombre de considérations sur la « nature » des choses, que cette nature soit constante ou elle-même soumise à des variations [2]. La *MC* VII rejoint l'orientation « téléologique » de notre

de la fin de la nature, est une grande richesse. Or la richesse qui n'est pas délimitée est une grande pauvreté. » Au livre XXV du *Peri phuseôs*, Épicure évoque le souvenir et l'analyse inférentielle ([ἐπι]λογ[ισμ]òν) de « la fin qui est en nous » (τοῦ ἐν [ἑαυτ]ῷ τ[έ]λου[ς), puis il invite son lecteur à faire usage du souvenir pour savoir ce qui procure plaisir ou douleur « à la fin naturelle » (τῷ φυσικῷ [τ]έλει), *PHerc.* 1056 ; fr. 34, 17.7-9 et 34, 18.3 Arrighetti ; *cf.* S. Laursen, « The Early Parts of Epicurus, *On Nature*, 25th Book », *CErc* 25, 1995, p. 5-109 (p. 108). Le *PHerc.* 1431 ; fr. 36, 25.8 Arrighetti, évoque, sans que nous puissions en tirer plus de précisions, « la fin naturelle » (τὸ τέλος τὸ φυσικὸν).

1. Sur cette double négation de la finalité naturelle, voir A. Gigandet, « Providence et causes finales : une polémique épicurienne », *Les Cahiers Philosophiques de Strasbourg* 15, Printemps 2003 : « L'Épicurisme antique », p. 49-69. Voir notamment, pour l'anti-providentialisme, Lucrèce, *DRN*, II, 167-183 et, contre les causes finales internes, *DRN*, IV, 825-857.

2. Épicure, en matière de justice, ne voit pas de contradiction entre, d'une part, le caractère naturel du besoin, qui est au fondement de tout contrat civil, et, d'autre part, le caractère conventionnel et variable de la définition de ce qui est juste. Voir ci-dessous, p. 197-206.

expression de référence, en suggérant que l'homme est animé d'une tendance originaire vers ce qui lui est approprié :

> Certains ont voulu devenir illustres et célèbres, croyant qu'ils s'entoureraient ainsi de la protection <que l'on peut obtenir> des hommes. Par conséquent, si la vie de tels hommes s'avère sûre, ils ont obtenu le bien selon la nature (τὸ τῆς φύσεως ἀγαθόν) ; mais si elle ne l'est pas, ils perdent ce vers quoi, initialement, ils inclinaient en vertu de ce qui est propre à leur nature (τὸ τῆς φύσεως οἰκεῖον).

Quelle que soit la valeur qu'il convient de donner à l'idée d'une tendance originaire vers ce qui nous est naturellement approprié [1], force est de reconnaître que le critère auquel nous identifions notre bien naturel est l'expression actuelle et littéralement « affective » d'une inclination originelle qui est elle-même naturelle. Le témoignage de Cicéron montre que cet élément doctrinal n'est pas accidentel, ni marginal : c'est à la nature elle-même <*i.e.* le plaisir et la douleur> de juger de « ce qui est conforme à la nature ou contre nature » (*quid aut ad naturam aut contra*) [2], et les nourrissons et les bêtes nous invitent à prendre « la nature pour maîtresse et pour guide » (*magistra ac duce natura*) [3]. Cela ne signifie pas nécessairement que l'idée de l'intuition innée du plaisir soit autre chose qu'une confirmation de ce que nous éprouvons à l'âge adulte [4]. Le caractère naturel de l'affection témoigne en tout cas de cette évidence que le plaisir est fin et, par retour, que cette fin est elle-même naturelle.

La solution, pour sortir de cette difficulté, pourrait être de s'attaquer au concept épicurien de nature, ou bien en le détournant de sa dimension cosmologique objective, ou bien en le privant de tout sens rigoureux et technique. Dans le premier cas, nous devrions dire qu'il ne s'agit ici que de la nature *de l'homme*, nature dont on supposerait qu'elle est suffisamment singulière pour constituer un système de déterminations autonome, à

1. Cette impulsion originaire, notamment, n'est pas la garantie suffisante de l'ataraxie, pas plus qu'elle ne suffit à fonder une véritable *oikeiôsis* sociale. Nous reviendrons plus loin sur ses nécessaires compléments rationnels.

2. Cicéron, *Fin.*, I, 30.

3. *Fin.*, I, 71. Voir aussi *Fin.*, I, 30 ; DL, X, 137 ; Sextus Empiricus, *Hypotyposes pyrrhoniennes*, III, 194.

4. Comme l'a montré J. Brunschwig, « L'argument des berceaux chez les Épicuriens et chez les Stoïciens », repris dans *Études sur les philosophies hellénistiques. Épicurisme, stoïcisme, scepticisme*, Paris, P.U.F., p. 69-112, il faut relativiser la portée de cet argument et se garder d'attribuer trop vite aux épicuriens l'argument dit « des berceaux » : « l'identification du plaisir avec le souverain bien se fonde, non sur l'observation de l'enfant nouveau-né, mais sur les sentiments de l'adulte » (p. 82).

l'intérieur de la nature du tout[1]. La seconde solution consisterait à considérer qu'Épicure, au moins dans le contexte éthique, fait un usage intuitif, quotidien, et non pas proprement philosophique, de la notion de nature[2].

Nous allons voir qu'un tel affaiblissement du concept de nature n'est pas nécessaire et qu'il occulte même un aspect important de la référence épicurienne à la nature physique, non seulement dans le cadre de la philosophie proprement naturelle, mais aussi dans le contexte éthique. Le fait qu'il s'agisse d'abord de *notre* nature n'exclut pas l'appréciation globale de ce que peut être une fin dans *la* nature. Je voudrais en revanche montrer dans ce qui suit qu'Épicure procède à une réforme du concept de *telos*, réforme qui prend l'aspect d'une réduction ou d'un traitement minimaliste. Or cette réduction justifie pleinement que l'on vise « la fin de la nature », entendue au sens de la limite fixée par la nature physique, en nous comme hors de nous. Le fait que l'on puisse saisir affectivement et en ce sens immédiatement cette limite, par le jeu des affections de plaisir et de douleur, et cela sans se soucier de la nature au sens technique du terme, n'interdit nullement que le sage, grâce à la *phusiologia*, analyse ce qui constitue le fondement de cette référence immédiate : le *telos* de la nature. En d'autres termes, étant donné qu'Épicure ne voit ni contradiction ni inconvénient à parler de *telos* et à recommander la visée d'un *telos*, nous devons déterminer

1. Restriction à laquelle s'oppose à juste titre J. Salem, *Tel un dieu parmi les hommes. L'éthique d'Épicure*, Paris, Vrin, 1989, p. 129-130, notant, à la suite de R. Müller, « Le rapport entre la philosophie de la nature et la doctrine morale chez Démocrite et Épicure », *in* F. Romano (ed.), *Democrito e l'atomismo antico*, Atti del convegno internazionale, Catania 18-21 aprile 1979, Catania, p. 325-351, que cette nature-là n'est qu'une expression locale de l'« harmonie naturelle ». Notons toutefois, à propos de cette formule avancée par Müller, p. 346, qu'elle consonne assez mal avec la conclusion que celui-ci tire lui-même de sa propre étude, à savoir que « pour les atomistes, il n'y a pas de valeurs qui pourraient être déduites d'un arrangement raisonnable de l'univers » (p. 351). Nous aurons en effet à prendre en compte le désordre fondamental qui caractérise la « nature » des atomistes. Dès lors, entre l'harmonie et l'absence de valeurs, il faut trancher et cesser de voir dans une « nature humaine », qui n'est nulle part spécifiée, l'asile imperturbable de l'ordre et de la détermination téléologique.

2. J. Annas, « La natura nell'etica epicurea », *in* G. Giannantoni, M. Gigante (eds.), *Epicureismo greco e romano*. Atti del congresso internazionale, Napoli, 19-26 maggio 1993, Napoli, Bibliopolis, p. 299-311 (p. 302), explique le fait que nous ne disposions pas d'une théorie épicurienne de la nature humaine – qui expliquerait la théorie des désirs naturels – par l'usage fondamentalement commun et non technique de l'idée de nature qu'elle pense pouvoir discerner chez Épicure. G. Manolidis, *Die Rolle der Physiologie in der Philosophie Epikurs, Monographien zur philosophischen Forschung*, Band 241, Athenäum Verlag, Frankfurt-am-Main, 1987, p. 133-139, fait en quelque sorte la synthèse de ces deux restrictions en estimant, d'une part, qu'il ne peut s'agir ici que de la « nature de l'homme », par opposition à la nature en général, et, d'autre part, que la saisie de la fin naturelle relève des expériences pratiques et non pas de la *phusiologia*, incapable, selon lui, de fournir par elle-même des critères d'activité.

ce que ce terme a pour lui de « final », pour comprendre ce qu'il peut avoir de naturel [1].

Pour lever l'équivoque qui semble affecter ici le concept de nature, je commencerai par rappeler, d'une manière assez générale, l'horizon cosmo-anthropologique de son application. Si l'on songe en particulier au statut des techniques, on constate qu'il y a une continuité réelle entre la nature et les agissements humains. Cette thèse a pour point de départ la conception démocritéenne de la genèse des techniques, telle que le témoignage de Diodore de Sicile, notamment, permet de la reconstituer [2], et elle a, comme on le sait, des échos directs dans le poème lucrétien. Le récit rapporté par Diodore commence, au paragraphe 7, par la description du premier état du monde, où toutes choses sont d'abord confondues. Puis les corps se séparent, la terre et les astres adoptent leur position et leurs mouvements actuels. Les mers et les reliefs se forment. Enfin, sous la double action de l'humidité et de la chaleur, les espèces animales sortent de la croûte terrestre avant de se perpétuer par l'intermédiaire de la reproduction [3]. Le tableau des premiers âges de l'humanité, au paragraphe 8, ne rompt en rien ce récit : les premiers hommes mènent d'abord une vie sans ordre et sauvage [4], puis ils se rassemblent pour se protéger des bêtes, instruits par l'intérêt et mus par la crainte. Ils sont ainsi conduits, spontanément, à se venir mutuellement en aide et à faire progressivement (κατ' ὀλίγον)

1. Notons que l'usage épicurien a des antécédents à l'intérieur de la tradition atomiste, puisque Démocrite définit l'idéal éthique comme un *telos*. Voir en ce sens les témoignages d'Épiphane, *Contre les hérésies*, III, 2, 6 [DK 68 A 166] et surtout de Diogène Laërce, IX, 45 [DK 68 A 1], qui précise que, selon Démocrite, « la fin est la tranquillité » (τέλος δ' εἶναι τὴν εὐθυμίαν), fin qui n'est pas le plaisir. Clément d'Alexandrie, *Stromates*, II, 130 [DK 68 B 4] lui attribue un traité *Peri telous*, titre qui est peut-être, il est vrai, une transcription épicurienne (voir la remarque *ad. loc.* de Diels-Kranz, II, 133), d'autant qu'il n'est pas mentionné dans le catalogue des œuvres de Démocrite établi par Thrasylle et cité par Diogène Laërce [DK 68 A 33]. Voir également les doutes exprimés à ce sujet par J. Warren, *Epicurus and Democritean Ethics, op. cit.*, p. 39. Warren analyse, p. 32-44, l'ensemble des textes concernés et conclut que l'éthique démocritéenne ne doit pas être perçue comme « a *telos*-centred eudaimonist theory » (p. 44). Toute la question est de savoir quel sens il convient de donner à *telos* dans ce contexte. Il est en effet, d'une part, défini comme un terme et un point ultime de référence – et non pas comme l'accomplissement d'une puissance ou d'une tendance naturelle –, et, d'autre part, présenté de manière négative, au travers de ce que la fin n'est pas.

2. *Bibliothèque historique*, I, 8, 1-7 [DK 68 B 5, 1]. Sur ce texte et sur les différents échos et témoignages antiques de l'anthropologie démocritéenne, on consultera Th. Cole, *Democritus and the Sources of greek Anthropology*, Cleveland, 1967. Sur l'anthropologie épicurienne en général, je renvoie à la synthèse que je propose dans P.-M. Morel, *Épicure. La nature et la raison*, Paris, Vrin, 2009, p. 71-100.

3. Voir Lucrèce, *DRN*, V, 783-848.

4. Voir *DRN*, V, 925-959.

usage de signes linguistiques pour se comprendre. C'est toujours de manière progressive (κατ' ὀλίγον) – *paulatim* chez Lucrèce [1] – et en tirant les enseignements de l'expérience (ὑπὸ τῆς πείρας) que les hommes primitifs acquièrent la pratique du stockage, songent à prendre leurs quartiers d'hiver, parviennent à maîtriser le feu [2] et à développer les techniques [3]. Diodore peut ainsi conclure que le besoin (χρεία) – qui correspond manifestement à l'un des aspects de la nécessité cosmique – est l'instituteur (διδάσκαλον) des hommes, et il consacre ainsi la contrainte naturelle du recours à l'artifice.

En ce sens, bien que l'art marque en apparence une rupture par rapport à la nature, en instituant des fins, alors que les organes naturels sont toujours antérieurs aux fonctions [4], la technique n'est qu'un prolongement, tout à la fois naturel et humain, du devenir cosmique. L'homme n'a pas à s'opposer à la nature, mais bien plutôt à s'y adapter ou à l'imiter autant que possible. Démocrite montre tout le profit que les hommes ont su tirer de l'imitation des animaux, celle de l'araignée pour le tissage, de l'hirondelle pour l'architecture, du cygne et du rossignol pour la musique [5]. Lucrèce reprend cette thématique dans le Chant V du *De Rerum Natura*, en décrivant la double attitude d'imitation de la nature et d'adaptation progressive. Le soleil apprend à cuire les aliments et à les amollir [6] ; la nature, par l'intermédiaire des rejetons spontanés des baies et des glands, donne l'exemple (*specimen*) des semailles et elle est à l'origine (*origo*) de la technique des greffes [7]. Il n'en demeure pas moins que de tels « modèles » ne se prêtent pas à une reproduction à l'identique : il s'agit de produire, non pas les mêmes objets que ceux qui sont produits par la nature – l'homme habite des maisons et non pas des nids –, mais en s'inspirant des modes opératoires qui sont ceux de la nature. La contrainte des matériaux et la spécificité des besoins humains ne permettent pas que l'homme se contente d'une imitation directe et servile. La nature en ce sens ne propose pas de paradigmes normatifs [8], mais elle circonscrit les conditions de la technique et plus géné-

1. Voir par exemple *DRN*, V, 1454.
2. Voir *DRN*, V, 1091-1107.
3. Voir *DRN*, V, 1241-1457.
4. *DRN*, IV, 825-857.
5. Plutarque, *De l'intelligence des animaux* (*De sollertia animalium*), 974 A [DK 68 B 154].
6. *DRN*, V, 1102-1104.
7. *DRN*, V, 1361-1367.
8. E. Asmis, « Lucretius on the Growth of Ideas », *in* G. Giannantoni, M. Gigante (eds.), *Epicureismo greco e romano…*, *op. cit.*, p. 763-778, a montré que la description des « progrès » de l'humanité au Chant V de Lucrèce n'appelait aucune nostalgie de l'Âge d'or hésiodique et qu'il revenait à la raison de discerner tout au plus, dans le tableau de l'humanité primitive, certains motifs susceptibles de nous aider à gagner le bonheur.

ralement de l'adaptation humaine, conditions dont les vivants donnent tout au plus un certain nombre d'exemples, mais jamais de « modèles » au sens le plus contraignant du terme.

On pourrait objecter que les épicuriens envisagent au moins un modèle naturel possible, et non le moindre, puisqu'il s'agit du modèle d'un bonheur parfait : les dieux, qui sont incorruptibles et bienheureux. Ils éprouvent un plaisir parfait et continu et fournissent ainsi l'exemple d'une vie parfaite, c'est-à-dire d'une vie qui atteint pleinement sa fin [1]. L'objection se justifie d'autant mieux si l'on admet qu'ils ont par eux-mêmes une réalité physique indépendamment de l'idée que nous nous en faisons [2]. Le culte des dieux, et en particulier le culte de ce dieu que, selon Lucrèce, fut Épicure [3], se trouve ainsi, non seulement légitimé, mais même recommandé [4]. Ainsi, le *Peri Eusebeias* (*De la piété*) de Philodème traite longuement du culte des dieux en s'appuyant sur des citations d'Épicure. Il invite à « imiter, en tant qu'hommes, le bonheur des dieux » [5]. Un autre passage semble prolonger de manière assez naturelle la fin de la *Lettre à Ménécée*, en estimant que, par de justes sacrifices, « il est possible, pour une nature mortelle – par Zeus ! – de vivre comme Zeus, à ce qu'il semble » [6].

Je noterai cependant trois choses. Premièrement, les dieux épicuriens ne sont jamais des modèles objectivement intentionnels, les êtres divins

1. C'est ce que suggère indirectement Philodème, lorsqu'il évoque le traité *De la piété* d'Épicure : celui-ci « appelle la vie parfaite la plus plaisante et la plus heureuse » (κα[λεῖ] δὲ καὶ τὸν τ[ελειό]τητος [βίον ἥ-]διστον καὶ μ[ακαρι-]ώτατον), *De la piété*, Col. 44, l. 1263-1266 Obbink. Un fragment de Diogène d'Œnoanda (fr. 56 I 3-6 Smith) envisage la perspective d'un âge heureux où « la vie des dieux passera chez les hommes » (ὁ τῶν θεῶν βίος εἰς ἀνθρώπους μεταβήσεται). Je renvoie sur ce texte à P.-M. Morel, « La Terre entière, une seule patrie. Diogène d'Œnoanda et la politique », *in* J. Hammerstaedt, P.-M. Morel, R. Güremen (eds.), *Diogenes of Oinoanda – Diogène d'Œnoanda. Epicureanism and Philosophical Debates – Épicurisme et controverses*, Leuven University Press, *Ancient and Medieval Philosophy* 55, Leuven, 2017, p. 221-240.

2. Il va de soi que, si les dieux ne sont en fait pas autre chose qu'une sorte de projection mentale (voir les remarques à Long-Sedley 23), nous sommes moins embarrassés par l'hypothèse d'un modèle naturel objectif – je précise « objectif » car, en formant une représentation des dieux, nous ne sortons pas de la « nature » au sens le plus large. Cela n'autorise pas, pour autant, à accepter sans réserve l'interprétation « mentaliste » défendue par Long et Sedley, dont la discussion ne peut être menée ici.

3. *DRN*, III, 15 ; V, 8, 19, 51.

4. Sur la fonction pratique du culte des dieux au Jardin, voir D. Clay, « The Cults of Epicurus », in *Paradosis and Survival. Three Chapters in the History of Epicurean Philosophy*, University of Michigan Press, Ann Arbor, 1998, p. 75-102.

5. Ὡς θνητοὶ μειμε[ῖς-]θαι τὴν ἐκείνων εὐδαι{δαι}μονίαν, Philod., Col. 71, l. 2047-2049 Obbink.

6. οὕτω γὰρ [ἐν-]δέχεται φύσ[ιν θνη-]τὴν ὁμοίω[ς τῶι Διϊ] νὴ{ι} Δία <διά>γειν, [ὡς φαί-]νεται, Philod., l. 891-892 Obbink.

étant indifférents aux affaires humaines. Ils ne peuvent donc être des modèles qu'en tant que nous-mêmes les prenons pour modèles et leur conférons ce statut. Deuxièmement, Épicure ne les identifie pas expressément à ce qu'il désigne par « fin de la nature », ce qui suggère que nous pouvons atteindre cette dernière et vivre avec bonheur en recourant à d'autres moyens et à d'autres critères qu'un éventuel paradigme divin. Du reste, s'il est vrai que les dieux donnent l'exemple du plaisir parfait parce qu'ils vivent dans un état de plaisir constant, la considération de cet exemple ne se confond pas avec l'affection immédiate de plaisir que j'éprouve en moi-même de manière naturelle et elle n'est manifestement pas la seule voie qui puisse me conduire à analyser la fin de la nature. En d'autres termes, je n'ai pas absolument besoin d'imiter les dieux pour sentir ce qui m'est naturellement approprié. Corrélativement, les textes conservés d'Épicure ne présentent pas les dieux comme des modèles suffisants de conduite, c'est-à-dire comme des types paradigmatiques que le sage imiterait sans autre considération. Le véritable enjeu des notations d'Épicure sur les dieux, que ce soit dans la *Lettre à Hérodote* (76-77), dans la *Lettre à Ménécée* (123-124) ou dans la *MC* I, est de les saisir pour ce qu'ils sont, ce qui ne signifie pas qu'il suffise de se régler sur leur nature pour atteindre le bonheur. Le sage est certes « comme un dieu parmi les hommes »[1], mais cela ne veut pas dire qu'il lui suffise d'imiter le dieu, ni même qu'il doive en tout point imiter le dieu pour être tel. Il est vrai que, si le dieu a fonction de référence et si la juste conception qu'on en a permet de mieux connaître la figure du sage et les caractéristiques d'une existence heureuse[2], c'est parce qu'il constitue, par sa perfection, un modèle épistémique, un principe d'intelligibilité. Toutefois, cela n'en fait pas un modèle objectif de conduite : les dieux ne sont jamais confrontés aux conditions concrètes, souvent pénibles, qui sont celles de l'existence humaine et qui inspirent le remède épicurien. Même si l'on prend en compte les exhortations de Philodème à l'imitation du divin, et

1. *Mén.*, 135.

2. Plusieurs textes postérieurs à Épicure insistent sur cette idée (voir notamment Cicéron, *DND*, I, 49 ; Sextus Empiricus, *Contre les savants*, IX, 47 ; Pap. Oxyrhynchus, 215, I. 4-24). Toutefois, s'ils invitent à *comprendre*, au travers de la vie divine, ce qu'est la vie bienheureuse, ils ne commandent pas positivement de vivre en tout point comme les dieux sont censés vivre, et ne prescrivent pas d'autre modèle que celui que le sage lui-même incarne déjà. J. Salem, *Tel un dieu parmi les hommes*, *op. cit.*, p. 186, suggère, tout en l'évoquant positivement, que la modélisation du divin nous renvoie à notre statut proprement humain : « les dieux fournissant le modèle d'un plaisir toujours égal à lui-même, jouissant, autrement dit, à titre permanent du plaisir *maximum* – *faire le dieu*, pour parler à la façon d'Aristote, c'est se conformer à notre nature, laquelle désigne selon les épicuriens le plaisir comme bien souverain et parfait. »

sans même avoir besoin de souligner les clauses restrictives du type « en tant qu'hommes », plusieurs passages du *Peri Eusebeias* suggèrent que l'essentiel n'est pas tant d'imiter directement le modèle divin supposé, que de se donner une représentation construite, une *epinoia*[1], de ce qu'est un être incorruptible et bienheureux. Si les dieux peuvent en un sens être tenus pour un paradigme du bonheur, celui-ci n'est efficace que si nous recourons à la médiation rationnelle par laquelle nous nous représentons la vie heureuse. Pour le dire autrement, la considération et le culte des dieux ne sont sans doute pas sans conséquences – heureuses – sur la pratique, mais cela tient essentiellement au fait que la vie des dieux est le meilleur principe d'intelligibilité pour qui veut saisir l'essence du bonheur[2]. Il me paraît en outre tout à fait significatif que, dans le témoignage de Velleius, la nature nous donne une simple esquisse ou représentation (*informatio*) des dieux eux-mêmes[3], ce qui est autre chose que d'en faire un paradigme pratique immédiatement efficace. Enfin, – troisième remarque – il serait totalement paradoxal que le sage épicurien, dont les attentes se contiennent parfaitement dans les limites de temps dévolues aux existences humaines[4], doive espérer, en voulant se conformer réellement au dieu, une vie éternelle.

Ainsi, l'imitation du divin ne saurait être une véritable identification, sinon au sens où Épicure est lui-même un dieu, c'est-à-dire dans la mesure où un mortel peut l'être. Elle ne saurait donc être qu'une approximation[5]

1. Voir notamment Col. 26, l. 744, Col. 32, l. 921-922 Obbink.

2. L'interprétation « mentaliste » du statut des dieux présente en tout cas cet avantage qu'elle ne conduit à envisager l'imitation du modèle divin que comme un rapport à nos propres représentations. Comme le dit J.-F. Balaudé, « Connaissance des dieux et idéal autarcique dans la philosophie épicurienne », *Études de philosophie*, Aix-en-Provence, mars 1994, p. 61-83 (p. 79), qui souscrit à cette ligne interprétative, « la vision des dieux, spontanée puis reconquise, dessine ce qu'il y a de plus parfait ; pour l'homme, il s'agit de vivre au plus près de ce que nos représentations nous présentent de plus parfait ».

3. (...) *nobis natura informationem ipsorum deorum dedit* ; *DND*, I, 45. C. Auvray-Assayas, Cicéron, *La Nature des dieux*, trad. fr. et comm., Paris, Les Belles Lettres, 2002, traduit *informatio* par « représentation », Long-Sedley par « *delineation* ».

4. *MC* XIX ; XX ; XXVIII. Diogène d'Œnoanda maintient d'ailleurs l'assimilation au divin dans les limites temporelles de l'existence humaine, estimant que – c'est moi qui souligne – « *tant que nous vivons*, nous nous réjouissons autant que les dieux », fr. 125 IV 8-10 Smith. Cela va sans doute avec la mise en garde du même Diogène contre l'espoir vain d'un futur meilleur que le présent : « il faut rendre le présent parfait, et non pas vivre en se tournant vers le futur, en disant : "jusqu'à ce que telle ou telle chose m'arrive"... », fr. NF 184, 1-7 Hammerstaedt-Smith ; voir J. Hammerstaedt, M. F. Smith, *The Epicurean Inscription of Diogenes of Oinoanda : Ten Years of New Discoveries and Research*, Bonn, Habelt Verlag, 2014, p. 124-128.

5. Voir le commentaire de D. Obbink, Philodemus, *On Piety*, Part 1, texte critique avec commentaire, Oxford, Clarendon Press, 1996, p. 566, au texte cité de la Col. 71 : « they

de l'état qui est aussi celui des dieux, et cela non pas par défaut, mais d'une manière pleinement positive, parce qu'elle est conforme à la finitude qui caractérise nécessairement l'existence humaine : il ne s'agit pas d'être en tout point l'égal d'un dieu, mais de trouver dans la représentation du divin les motifs rationnels qui nous aideront à définir la vie bonne, telle qu'un mortel peut la vivre. Le cas des dieux – cas assurément exemplaire – ne remet donc pas en cause la neutralité de la nature physique en matière de prescriptions éthiques.

D'une manière générale, l'ordonnance relative de notre monde ne doit pas nous laisser croire que l'ordre ait quelque privilège ontologique que ce soit sur le désordre. La nature visible est, il est vrai, caractérisée par un certain ordonnancement des phénomènes et une régularité relative. Lucrèce donne du reste de la nature en général une représentation allégorique, faisant d'elle, en quelque sorte, le sujet organisateur du monde. La nature est en effet « créatrice » (*natura creatrix*) [1] ou « souveraine » (*natura gubernans*) [2] et elle « exige » (*natura cogit*). Elle institue ainsi des « pactes » ou des « contrats », les *foedera naturae*, qui garantissent la constance relative des phénomènes, comme, par exemple, la stabilité des espèces [3]. Consacrant l'allégorisation de la nature visible, cette expression semble suggérer de prime abord que l'homme est au centre d'un monde ordonné, porteur d'un

would approximate the disposition of the gods », appréciation plus nuancée que celle qu'il porte sur la question dans son introduction, p. 9 : « (…) the gods stand in relation to the wise virtually as paradigms of moral excellence. Their example is to be imitated (…). »Toute la question est de savoir quel poids l'on donne à la restriction, à mon sens justifiée, qui est contenue dans l'adverbe « virtually ». M. Erler, « Epicurus as *deus mortalis*. *Homoiosis theoi* and Epicurean-Self-cultivation », *in* D. Frede, A. Laks (eds.), *Traditions of Theology. Studies in Hellenistic Theology, its Background and Aftermath*, Brill, Leiden-Boston-Köln, 2002, p. 159-181, a clairement défini les conditions sous lesquelles nous pouvons parler, chez les épicuriens, d'une assimilation au dieu, comprise comme état de perfection du moi mortel (*perfection of the mortal self*). D'un côté, Erler superpose l'*homoiôsis theô* à l'assimilation à la nature (*homoiôsis phusei*) ; de l'autre, il semble concevoir l'*homoiôsis theô*, non pas comme un moyen éthique, mais plutôt comme le résultat ultime de l'observance des prescriptions fondamentales de l'éthique épicurienne : étudier la nature et l'interpréter correctement ; contrôler ses émotions en usant de la mesure et des limites des plaisirs comme critères de bonne conduite ; avoir une juste conception des dieux (p. 169). Je souscris à cette lecture, s'il s'agit de dire que l'assimilation au divin n'est pas une véritable *prescription* de la nature, mais plutôt l'ajustement ou l'adaptation, aux conditions de l'existence humaine, du meilleur exemple de stabilité naturelle. Voir également l'analyse fine d'E. Piergiacomi, *Storia delle antiche teologie atomiste*, Roma, Sapienza Università Editrice, 2017, p. 294-303, qui, en substance, souligne à la fois que la théorie épicurienne de l'imitation du dieu offre au sage le moyen de s'approcher véritablement du bonheur divin, et que les modalités de cette imitation restent proprement humaines.

1. Voir *DRN*, I, 629 ou II, 1117.
2. Voir V, 77.
3. Voir par exemple V, 924.

sens totalement absent au niveau atomique. Ces expressions, au-delà de leur aspect métaphorique, pourraient donner à penser que Lucrèce fait là une concession forte à une forme de téléologie intentionnelle ou de providentialisme. En réalité, la nature n'a pas d'autre pouvoir créateur que celui que les atomes exercent à leur manière, c'est-à-dire aveuglément. Les atomes ne tiennent pas conseil et n'exercent aucune sagacité pour se mouvoir[1]. Ils ne délibèrent pas et ne décident rien, non seulement parce qu'ils sont inanimés et n'ont aucune propriété mentale, mais aussi et plus encore parce qu'ils n'ont pas besoin de le faire : l'organisation résulte spontanément d'une infinité de tentatives jusqu'à la réalisation de structures viables et stables[2]. C'est pourquoi la nature « accomplit tout d'elle-même, spontanément, sans aucun secours divin »[3]. Pierre Boyancé a justement insisté sur le « caractère négatif » de la métaphore des *foedera naturae*, dont la fonction première est « d'opposer des barrières infranchissables à l'arbitraire des dieux imaginés par la fable, de rendre impossible et inutile leur intervention »[4]. La nature est originellement désordonnée et axiologiquement neutre.

Toutefois, cette neutralité naturelle est le ressort d'une positivité à la fois cosmologique et pratique. Sur le plan cosmologique, on l'a vu, les pactes ne relèvent d'aucune législation de second ordre, émergente par rapport au niveau atomique, mais ils introduisent spontanément une forme d'organisation dans un devenir originellement aléatoire. À titre d'exemple, c'est parce que le « corps de matière » – c'est-à-dire l'ensemble des atomes – est immuable, bien que soumis à un mouvement incessant, qu'il y a une constance relative dans les phénomènes[5]. De même, sur le plan pratique, c'est en vertu même du désordre atomique que la mort et la dégradation des composés est une *loi* universelle, à laquelle il serait parfaitement vain de vouloir échapper[6]. La vie n'est pas plus naturelle que l'absence de vie,

1. I, 1021-1022.
2. I, 1021-1030.
3. II, 1092.
4. P. Boyancé, *Lucrèce et l'épicurisme*, Paris, P.U.F., 1963, p. 87. Comme le montre très clairement G. Droz-Vincent, G. Droz-Vincent, « Les *foedera naturae* chez Lucrèce », dans C. Lévy (éd.), *Le Concept de nature à Rome. La physique*, Paris, Presses de l'École Normale Supérieure, 1996, p. 191-211, au terme de son analyse des *foedera naturae* lucrétiens, les pactes de la nature instituent un type d'ordre qui ne doit rien à la causalité finale : « la seule nécessité qu'on peut constater dans la nature est de l'ordre du fait accompli, donc assignable seulement *a posteriori*. Il n'y a aucune exigence *a priori* pour que la nature soit ainsi et pas autrement, mais il n'empêche qu'elle est ainsi et pas autrement » (p. 210-211).
5. I, 584-592.
6. V, 56-58 ; 310. Ajoutons que l'évocation, aux chants V et VI du poème de Lucrèce, des désordres naturels apparents, comme les catastrophes ou les épidémies, est intégrée à

si bien que la mort n'est jamais en soi un scandale, une anomalie, dont la nature fixerait la norme. Le vieillard « doit » (*necessest*) céder sa place en sachant que toute chose doit participer à la formation d'une autre, conformément au processus universel de compensation atomique [1]. La contrainte des lois naturelles ne doit donc pas nous désespérer : savoir que toute vie particulière connaît un terme, c'est aussi se détourner du désir vain de l'immortalité.

L'homme doit ainsi comprendre les pactes de la nature et les tenir pour ce qu'ils sont, c'est-à-dire pour des décrets inviolables et en ce sens nécessaires, dont les manifestations cosmologiques sont néanmoins contingentes et précaires. L'ordre même des choses veut qu'il y ait du désordre et de l'aléatoire, tout comme le désordre impose sa propre régularité. Dès lors, l'absence de justification existentielle, qui caractérise cet état de fait, est par retour la justification ultime mais aussi le principal moyen de la tranquillité : se conformer à la nature n'est rien d'autre qu'en accepter la neutralité et apprécier comme il convient le rapport de l'ordre au désordre.

La nature, telle que la révèle la *phusiologia* épicurienne, n'est donc pas non plus pur désordre et elle n'est pas le lieu de tous les possibles. Les pactes de la nature instituent spontanément des limites aux combinaisons atomiques [2], limites qui induisent des effets régulateurs et des contraintes qui permettent en retour à chaque vivant d'identifier son bien propre. En amont, la délimitation physique est déjà requise au niveau strictement atomique, puisque nous ne pouvons admettre l'existence d'une infinité stricte de formes et de grandeurs, sans quoi nous devrions admettre également l'existence d'atomes atteignant des grandeurs perceptibles, et même monstrueuses : les formes sont en nombre, non pas absolument « infini », mais seulement « inconcevable » ou « impossible à embrasser », bien qu'il y ait une réelle infinité d'atomes correspondant à chacune de ces formes [3]. L'étude fondatrice que Ph. De Lacy a consacrée à la question montre très clairement que ce thème de la limite est un motif transversal, non seulement de la physique, mais de l'ensemble de la philosophie épicurienne et qu'il s'applique pleinement à l'éthique [4]. Les textes épicuriens sont eux-mêmes

l'étude des météores – des phénomènes géologiques, atmosphériques et célestes –, dans une logique de corrélation nécessaire des constructions et des destructions, de la vie et de la mort (voir par exemple *DRN*, VI, 1090-1137). La pathologie est de ce point de vue absolument « normale », parce que conforme à la dynamique constitutive de l'univers.

1. III, 962-972.

2. Ce point est bien établi. Voir notamment *DRN*, I, 581-586 et Ph. De Lacy, « Limit and Variation in the Epicurean Philosophy », *Phoenix* 23, 1969, p. 104-113 (p. 104); G. Droz-Vincent, Les *foedera naturae* chez Lucrèce », art. cit., p. 196-197.

3. *Hrdt.*, 42-43 ; 55-56 ; Lucrèce, *DRN*, II, 479-588.

4. Voir Ph. De Lacy, « Limit and Variation in the Epicurean Philosophy », art. cit.; J. Salem, *Tel un dieu parmi les hommes*, *op. cit.*, p. 83-99. La théorie de la connaissance est

très explicites, notamment le poème lucrétien, qui recourt fréquemment à des termes comme *terminus* ou *finis* pour évoquer la limite des maux [1], le terme naturel de la vie [2] ou encore la limite (*finis*) qu'il faut assigner aux possessions matérielles si l'on veut savoir jusqu'où peut croître le véritable plaisir (*vera voluptas*) [3]. Ces derniers vers disent très clairement qu'il n'y a pas de réel plaisir sans la claire conscience de la nécessité. Il ne s'agit ni de la fausse nécessité hégémonique de Démocrite, ni des liens prétendus du destin qu'invoquent les stoïciens, mais de la nécessité de fait qui caractérise les limites de nos actions possibles.

L'insistance lucrétienne ne fait en réalité que prolonger ce qui est déjà très clairement établi dans les textes d'Épicure. Ce dernier fait un usage récurrent de πέρας pour désigner la « limite » des biens [4], celle des désirs [5], celle du plaisir en intensité et dans le temps [6] ou encore celle de la vie et de la douleur [7].

Il est donc clair, dès à présent, que la référence éthique à la nature peut s'entendre à deux niveaux : la nature à laquelle nous avons immédiatement affaire est *notre* nature, c'est-à-dire la façon singulière dont notre constitution propre est déterminée par un certain nombre d'accidents et par la nature *cosmique* qui, à ce niveau, n'est qu'à l'arrière-plan. La première nature, en quelque sorte personnelle, peut-être plus ou moins bien disposée et elle ne vaut que par ce que nous en faisons [8]. À un autre niveau, celui auquel se fonde la fonction transversale et unificatrice du thème de la limite, la nature de référence est bien la nature cosmique elle-même, dont les lois non-intentionnelles s'appliquent de fait à toutes les natures particulières,

elle aussi concernée par l'exigence de limitation. Ainsi, Lucrèce montre les conséquences qu'aurait pour la faculté sensible – conséquences dont la réalité est démentie par le fait même de la perception des qualités sensibles – un nombre absolument illimité de formes atomiques : s'il y avait une infinité absolue de formes atomiques, les impressions sensibles, qui en dépendent ontologiquement, ne manifesteraient que des différences infinitésimales et de ce fait… imperceptibles ! Dès lors, faute de pouvoir discerner des limites entre celles-ci, nous ne percevrions rien de distinct. Or il n'en est rien : par le simple fait de percevoir, nous distinguons des différences de température, de couleurs, d'odeurs, ou de saveurs (*DRN*, II, 500-521).

1. *Terminus…malorum*, *DRN*, III, 1020.
2. *Vitae…terminus*, II, 1087.
3. V, 1432-1433.
4. *Mén.*, 133.
5. *MC* X. Voir aussi *MC* XI avec ὅρος.
6. *MC* XVIII ; XIX ; XX. Voir aussi *MC* III avec ὅρος.
7. *MC* XXI ; *SV* 48 et en d'autres termes, à propos de la douleur, *MC* IV ; XI ; *SV* 4.
8. C'est manifestement de cette *phusis* personnelle et proprement humaine qu'il s'agit, lorsque Épicure invite à « persuader » la nature et à ne pas lui faire violence (*SV* 21), ou encore lorsqu'il oppose, à la nature telle que la préservent les plaisirs, celle qui est faible et en relation avec le mal (*SV* 37).

y compris dans le contexte éthique. La question qui reste dès lors en suspens est la suivante : dans quelle mesure l'expression « fin de la nature » implique-t-elle cette référence implicite à la nature cosmique ?

En premier lieu, comme nous avons déjà commencé de l'entrevoir, le *telos* éthique coïncide – sous l'un de ses aspects au moins – avec la limite elle-même [1]. Il est à la fois un terme – notamment celui du plaisir – et le principe d'orientation de l'action. La *MC* XX est sur ce point exemplaire :

> La chair renvoie les limites (τὰ πέρατα) du plaisir à l'infini, et c'est un temps illimité qui lui procure le plaisir. Mais la pensée, lorsqu'elle a pris en compte la fin de la chair et sa limite (ἡ δὲ διάνοια τοῦ τῆς σαρκὸς τέλους καὶ πέρατος λαβοῦσα τὸν ἐπιλογισμὸν), et s'est délivrée des peurs relatives à l'éternité, procure la vie la plus accomplie, sans que nous ayons aucunement besoin, en plus, du temps illimité. Toutefois elle ne fuit pas le plaisir, et au moment où les circonstances annoncent que l'on va quitter la vie, elle ne meurt pas en songeant qu'elle laisse derrière elle une part de la vie la meilleure.

Ce texte, on va le voir, est particulièrement important pour comprendre le sens de l'expression qui nous occupe. Il montre en tout cas, dès la première lecture, que *telos* et *peras* sont globalement interchangeables et confirme ainsi que la saisie des limites du plaisir est aussi une saisie du plaisir comme fin et comme bien ultime [2]. Le *telos* est donc d'abord un arrêt et un *terminus ad quem*.

Que le plaisir ait ces caractéristiques est un principe fondamental de l'éthique épicurienne et cela ne pose pas de difficulté majeure. Partons de cette constatation que la connaissance de la nature conduit à la connaissance de ce qui nous est naturellement approprié. Or, comme nous l'avons dit, les hommes recherchent naturellement la vie heureuse, qui a pour fin « la santé du corps et l'absence de trouble dans l'âme » [3]. L'absence de trouble, l'*ataraxia*, parce qu'elle est un état sans manque, correspond à l'absence de douleur. Celle-ci est donc au fondement de la fin naturelle que nous poursuivons. Or Épicure semble estimer qu'il n'y a pas d'état intermédiaire entre la douleur et le plaisir, ce qui s'explique par l'assimilation de la douleur à un manque et par le fait qu'il n'y a pas d'état intermédiaire entre le manque et l'absence de manque. Cette idée est très clairement développée par Torquatus dans le *De finibus* : la seule élimination

1. Comme le montre Ph. De Lacy, « Limit and Variation in the Epicurean Philosophy », art. cit., p. 105-106.

2. Voir dans le même sens *Mén.*, 133, qui rapproche très étroitement les deux termes : « considère qui pourrait bien être supérieur à celui qui (…) a analysé la fin (τέλος) de la nature ; qui comprend que la limite (πέρας) des biens est facile à atteindre dans sa plénitude et à acquérir (…). »

3. *Mén.*, 128.

de l'état pénible – par exemple de faim ou de soif – suffit pour entraîner le plaisir, de sorte qu'Épicure « n'a pas admis l'existence d'un état qui serait intermédiaire (*medium*) entre la douleur et le plaisir » [1]. L'absence de douleur coïncide donc avec le plaisir lui-même, et c'est ce qui fait que celui-ci est la fin de la vie heureuse, notre bien premier et connaturel. On comprend ainsi pourquoi le plaisir a une limite – l'absence de douleur – et pourquoi il n'est pas en lui-même illimité. L'illimitation n'est en la matière que le fait des opinions fausses que nous lui ajoutons. Les épicuriens – au moins en ce qui concerne les plaisirs stables ou catastématiques [2] – rejoignent sur ce point l'analyse d'Aristote dans l'*Éthique à Nicomaque* [3], analyse d'après laquelle le plaisir est une forme d'activité parfaite et non pas un processus graduel, susceptible de plus et de moins : « l'exemption de toute douleur marque, selon Épicure, les limites du plaisir suprême, si bien que, par-delà, le plaisir peut varier et se nuancer, mais ne peut pas s'accroître ni s'amplifier » [4]. À la différence de ce que pense Aristote, cependant, le plaisir est en lui-même un bien. Corrélativement, toujours en vertu de la délimitation réciproque du plaisir et de la douleur, celle-ci ne doit pas être perçue comme illimitée.

On comprend ainsi que le plaisir soit à la fois la condition et le terme de l'apaisement de l'âme : « le plaisir est le principe et la fin de la vie bienheureuse » [5]. Parce qu'il est une fin au sens que l'on vient de dire, parce qu'il définit la limite de l'action et du désir, il est aussi au commencement ou au principe des actions nécessaires à notre bonheur ou compatibles avec celui-ci. Dès lors, cette « fin » n'a de « téléologique » que sa seule capacité à marquer un arrêt dans le développement de l'action et la recherche du bonheur. Elle ne prédétermine pas le vivant à exister de telle ou telle manière, en vertu d'un programme spécifique, car l'homme peut tout aussi bien se vouer au malheur que chercher le bonheur, et elle n'impose pas d'autre devoir-être que le simple *fait* de la limite. Le texte de Cicéron est sur ce point très clair, Torquatus donnant du *telos* une définition tout à fait

1. *Fin.*, I, 38.

2. La question se pose de savoir si seuls les plaisirs catastématiques peuvent être dits des « fins », comme le suggère *Mén.*, 131, ou bien si, comme l'indique un fragment du *Peri telous*, on ne peut concevoir le bien si l'on élimine les plaisirs du goût, du sexe, de la musique ou ceux que procurent la vue des belles formes (Usener 67 = Athénée, XII, 546e ; DL, X, 6 ; Cicéron, *Tusculanes*, III, 18, 41). J. Purinton, « Epicurus on the Telos », *Phronesis* 28, 1993, p. 281-320, a analysé ce dossier en concluant à la compatibilité des deux positions, estimant que, pour Épicure, nous devons faire du plaisir catastématique notre visée et notre fin première, tout en admettant que nous sommes appelés parfois à jouir des plaisirs cinétiques.

3. Aristote, *Éth. Nic.*, VII, 13, 1152b33-1153a17 ; X, 3-4, 1174a13-1175a17.

4. *Fin.*, I, 38 (trad. fr. J. Martha).

5. *Mén.*, 128.

minimale : « ce qui ne se rapporte à aucune chose et à quoi toutes choses se rapportent »[1].

La *MC* XXV d'Épicure, qui exhorte précisément à une telle procédure de « référence » – « si (…) tu ne rapportes pas chacun de tes agissements à la fin de la nature (…) » – est peut-être à l'origine de cette définition. Parce qu'il est le point en quelque sorte « focal » des activités, des désirs et des vertus[2], le plaisir est moins à atteindre – nous en avons l'expérience dès la prime enfance – qu'à préserver, en faisant de lui le repère ou le référent ultime. Ou bien : s'il est à atteindre, c'est de toute façon en tant qu'il est aussi déjà là, comme condition de la juste comparaison des plaisirs et des peines, et cela précisément parce qu'il est un terme de référence. Le plaisir peut donc être défini comme une « fin », sans qu'il soit besoin de faire aucune concession à une téléologie objective et sans qu'il faille entendre par *telos* autre chose qu'un terme de référence. Il n'implique donc aucune puissance naturelle déterminée, au sens où le *telos* aristotélicien, par exemple, est toujours l'accomplissement de ce qui était d'abord en puissance de manière déterminée, comme entéléchie première ou comme *hexis*. La finalité épicurienne est toujours seconde, consécutive à l'expérience, en l'occurrence celle que nous faisons de la douleur et du plaisir, ce dernier ne nous apparaissant, semble-t-il, comme fin que dans un second temps. Il en va comme dans le cas de la finalité technique, qui n'a pas d'autonomie radicale par rapport à la nature, elle-même dépourvue de fin, parce que toute technique a pour principe originaire « ce qui est découvert par l'usage et par la vie »[3].

Il n'en demeure pas moins qu'Épicure parle du plaisir comme de la « fin *de la nature* ». Cela signifie-t-il qu'il soit besoin, dans la pratique, de se référer à la connaissance proprement scientifique de la nature physique ?

1. *Quod ipsum nullam ad aliam rem, ad it autem res referuntur omnes.* Cicéron, *Fin.*, I, 42. Cette définition est présentée comme universelle, parce qu'elle est aussi celle du souverain bien « d'après tous les philosophes » (*Fin.*, I, 29), ce que souligne J. Brunschwig, « L'argument des berceaux chez les Épicuriens et chez les Stoïciens », *op. cit.*, p. 74, n. 1. Néanmoins, ce qui est proprement épicurien ici, outre l'identification de la fin au plaisir, c'est la volonté manifeste de donner à la notion de fin sa signification la plus économique.

2. Cela ne veut pas dire que le fait de référer les vertus au plaisir comme *telos* ne pose aucun problème. Les stoïciens dénoncent assez logiquement une éthique qui relèguerait les vertus au rang de simples moyens du plaisir (voir notamment *Fin.*, II, 51-77). Notons cependant que Diogène d'Œnoanda envisage une solution originale à ce problème, en montrant que les vertus ne sont pas de simples instruments, des moyens qui produiraient le plaisir comme un effet distinct de leur activité, mais qu'elles comptent parmi les activités qui produisent leurs effets simultanément à leur propre accomplissement (fr. 33 Smith). On ne peut donc pas dire que les vertus, sous prétexte qu'elles ne sont pas la fin, ne sont que des conditions antécédentes du plaisir.

3. Lucrèce, *DRN*, IV, 851-852.

La difficulté est certaine : la limite est effective dès lors que nous recourons au critère intime et immédiat que constitue le *pathos* de plaisir ou de douleur. C'est ce qui permet aux animaux de s'orienter, dès leur naissance, en fonction du plaisir « naturellement et sans raisonnement » (φυσικῶς καὶ χωρίς λόγου), et c'est pourquoi nous refusons la souffrance « en vertu d'un sentiment spontané » (αὐτοπαθῶς)[1]. La limite, en ce sens, est affectivement donnée, indépendamment de toute référence rationnelle à la nature et, *a fortiori*, à la nature entendue en son sens technique. Si la connaissance intellectuelle de la nature vient à notre secours – en nous révélant par exemple que la mort n'est rien par rapport à nous et que, de ce fait, il est naturel de se défaire du désir vain de l'immortalité – ce n'est pas tant parce qu'elle nous montre la limite, déjà donnée par l'affection immédiate, que parce qu'elle nous évite de la perdre de vue. Les arguments physiques permettent de réfuter les opinions fausses, mais ils n'ont pas en eux-mêmes de nécessité immédiate et naturelle.

La réponse à cette difficulté est en fait donnée par une investigation plus fine des textes d'Épicure concernant le *telos*. Il ne paraît pas, en effet, que *telos* soit dans tous les cas un simple substitut de *peras*. En évoquant le *telos*, Épicure lui associe notamment une opération à la fois empirique et rationnelle, qui ne peut être contenue dans l'affection immédiate par laquelle la limite nous est indiquée. Cette opération est l'*epilogismos*. La *MC* XX, nous l'avons vu, évoque « la pensée qui a analysé la fin de la chair et sa limite ». La *MC* XXII recourt à la même terminologie : « il faut analyser la fin fondamentale (τὸ ὑφεστηκὸς δεῖ τέλος ἐπιλογίζεσθαι) et, dans sa totalité, l'évidence à laquelle nous rapportons les objets d'opinion. Sans cela, tout sera rempli de confusion et de trouble. » De même, nous l'avons vu également, le sage est celui « qui a analysé la fin de la nature » (τὸ τῆς φύσεως ἐπιλελογισμένου τέλος)[2]. La fin est donc impliquée, en un double sens, par l'analyse : en tant qu'elle nous est immédiatement donnée – dans une affection –, elle en constitue le point de départ; en tant qu'elle se révèle à nous comme la fin véritable, elle en est le résultat. En tout état

1. DL, X, 137. Sur le débat interprétatif qui oppose un « hédonisme psychologique », qui inscrit en quelque sorte la recherche du plaisir dans la nature et l'instinct, et un « hédonisme éthique », qui supposerait que l'homme reste libre d'y souscrire ou non, on se reportera à J. Warren, « VI - L'éthique », dans A. Gigandet, P.-M. Morel (éd.), *Lire Épicure et les épicuriens*, Paris, P.U.F., 2007, p. 117-143.

2. *Mén.*, 133. Voir aussi l'expression τὸ τοῦ τέλους αὐτοῦ ἐπιλόγισμα dans le *PHerc*. 1191 ; 34, 31.9 Arrighetti; S. Laursen, « The Later Parts of Epicurus, *On Nature*, 25th Book », *CErc* 27, 1997, p. 5-82 (p. 43). Indice supplémentaire du rôle de l'*epilogismos* dans la considération de la fin, le fragment 68 Usener indique que la stabilité de la chair et l'espoir fiable qui s'y rapporte contiennent la joie la plus élevée et la plus solide « pour ceux qui sont capables d'analyser » (τοῖς ἐπιλογίζεσθαι δυναμένοις), Plutarque, *Qu'il est impossible de vivre avec plaisir si l'on suit Épicure*, 1089 D.

de cause, si l'on admet que cette opération consiste à partir, au moins dans certains cas, de la pluralité et des variations des phénomènes pour inférer, par généralisation, des caractères constants [1], nous constatons que le rapport épicurien à la fin est aussi un rapport complexe, qui rend toute sa place à une attitude intellectuelle.

En voyant dans l'*epilogismos*, une forme d'analyse, j'entends souligner qu'il s'agit d'une opération qui consiste à dégager, à partir de la considération et de la comparaison des phénomènes, une vérité théorique ou pratique. L'*epilogismos* qui nous livre la « fin de la nature » n'est pas en effet réductible au simple calcul hédoniste [2], si celui-ci doit être réduit à une démarche purement pragmatique, mais il constitue l'opération déjà rationnelle, même si elle est empiriquement fondée, grâce à laquelle nous nous représentons la fin. À l'inverse, il n'a sans doute pas pour objet de fonder théoriquement

1. Comme l'a clairement montré Ph. De Lacy, « Epicurean ΕΠΙΛΟΓΙΣΜΟΣ », *American Journal of Philology* 79, 1958, p. 179-183, bien que l'expérience immédiate du plaisir comme quelque chose de bon soit un simple *pathos*, l'identification de la fin et du plaisir, c'est-à-dire la généralisation de l'idée selon laquelle il n'y a pas d'autre fin que le plaisir, impose le recours à l'*epilogismos*. L'assimilation de l'*epilogismos* à une inférence a été contestée par D. Sedley, « Epicurus, *On Nature*, Book XXVIII », *CErc* 3, 1973, p. 5-83 (p. 31), suivi sur ce point par M. Schofield, « *Epilogismos* : An Appraisal », *in* M. Frede, G. Striker (eds.), *Rationality in Greek Thought*, Oxford, Clarendon Press, 1996, p. 221-237 (voir p. 232-235), qui le comprend comme une « évaluation » (*appraisal*), une « comparaison critique » (*critical comparison*) des phénomènes, susceptible de servir de base à une inférence. E. Asmis, *Epicurus'Scientific Method*, Ithaca-London, 1984, p. 177-178, oppose l'*epilogismos*, « an analysis of what is observed », à la démonstration, qui seule porterait sur les choses cachées. Toutefois, si l'on admet que l'*epilogismos* conclut, en l'occurrence, à l'identification du plaisir à la fin naturelle, et qu'il révèle en quoi consiste cette dernière, il est clair qu'il saisit quelque chose qui n'apparaît pas communément. E. Asmis nuance d'ailleurs elle-même sa première approche, en précisant que l'*epilogismos* est une certaine manière de connaître l'inapparent (*ibid.*, p. 205-206). Dire du sage, comme le fait Épicure, qu'il « a analysé la fin de la nature » signifie précisément – ce que signale peut-être le parfait du verbe – qu'il est parvenu à un résultat de portée générale, résultat irréductible en tant que tel à une simple revue vigilante des phénomènes. Du reste, il n'est pas très facile de distinguer entre le moment de la « comparaison critique » dont parle Schofield et le moment de l'inférence proprement dite. Voir l'exemple de l'épilogisme qui permet de caractériser la nature commune du feu, en tenant pour négligeables les multiples variations des phénomènes qu'elle provoque, Philodème, *De signis*, 39 ; xxiv, 2-9 De Lacy.

2. Comme le soutient G. Manolidis, *Die Rolle der Physiologie in der Philosophie Epikurs*, *op. cit.*, p. 137, avant de convenir pourtant qu'il s'agit d'un « processus de pensée rationnel » (*ein rationaler Denkprozeß*). Il s'autorise sur ce point de D. Sedley, « Epicurus, *On Nature*, Book XXVIII », art. cit., p. 27-34, bien que ce dernier multiplie les nuances et rende justice à la complexité de l'*epilogismos* épicurien, en le comprenant à la fois comme « *empirical reasoning* », « *empirical calculation* » ou « *reasoning based on empirical data* » (p. 27).

cette assertion générale que le plaisir est la fin, ce que le lecteur des Maximes ou de la *Lettre à Ménécée* sait en principe déjà [1]. Il consiste plutôt à appliquer cette assertion à la situation pratique ; à analyser, dans le cadre de l'expérience pratique, les comportements et les affections, de manière à retrouver ce qui, en général, constitue la fin de la nature, à savoir le plaisir.

Il est tout à fait possible que, dans ce contexte, nous devions distinguer entre, d'une part, un usage commun de l'*epilogismos*, un usage « de tous les jours » et, d'autre part, un usage technique et plus proprement philosophique [2]. Nous ne pouvons cependant faire comme si Épicure n'avait pas associé, aussi étroitement qu'il l'a fait, recherche du bonheur et philosophie naturelle. Nous ne pouvons isoler les expressions qui désignent les attitudes mentales ou les opérations cognitives du cadre philosophique dans lequel elles prennent sens. La recherche de la limite, c'est-à-dire de la « fin de la nature », doit être instruite par la *phusiologia*, puisque celle-ci détermine les limites des douleurs et des désirs [3] et permet d'éprouver des plaisirs purs [4]. Nous savons par ailleurs que les épicuriens, à la différence des stoïciens, n'ont pas distingué entre une éthique du sage – auquel seul serait réservée la connaissance technique de la nature – et une morale des progressants. Il est dès lors logique que le rapport à la fin de la nature s'accompagne d'une représentation savante de la *phusis*, considération irréductible à une intuition purement pratique et affective de *notre* nature. Il ne s'agit pas de dire que l'*epilogismos* dont il est ici question est l'application directe de la *phusiologia*, mais qu'il ne peut être mené avec succès que si l'on est, par ailleurs, instruit de philosophie naturelle. Nous pouvons l'être de manière schématique, parce que nos occupations ne nous permettent pas d'entrer dans le détail de la doctrine, ainsi qu'Épicure l'envisage au début de la *Lettre à Hérodote*, mais nous devons toujours l'être d'une certaine manière, si nous voulons analyser la fin en situation. Je suppose que le sage ne fait qu'accéder à un degré de synthèse supplémentaire dans la représentation de la fin. En d'autres termes : tout le monde éprouve le plaisir et en use avec plus ou moins de réussite et de mesure, mais tout le monde ne sait pas qu'il est l'unique *telos* auquel nous devons

1. Voir en ce sens M. Schofield, « *Epilogismos* : An Appraisal », art. cit., p. 230.

2. Comme le suggère M. Schofield, *ibid.*, qui penche cependant en faveur de l'usage commun.

3. *MC* XI.

4. *MC* XII.

rapporter l'ensemble de nos états et activités[1]. Seul le sage – que nous pouvons être – semble avoir la science et la capacité de généralisation qui lui permettent de savoir que cette limite, qu'il est donné à tous d'éprouver, est le seul principe de bonheur.

Il n'est pas certain, par ailleurs, qu'Épicure ait distingué les usages de *telos* et de *peras* au point de réserver systématiquement au premier terme un traitement rationnel qui serait refusé au second. La *MC* XX montre du reste que *peras* peut être associé à l'évocation de l'*epilogismos*. Néanmoins la récurrence des expressions suggérant un traitement épilogique de la fin donne à penser que *telos* appelle plus directement que *peras* le travail d'inférence, ou encore que la véritable appréhension de la fin de la nature présuppose un savoir de ce qu'est la fin en tant que fin. L'analyse pratique fait donc appel, non seulement à l'expérience directe que nous faisons de *notre* nature, mais aussi à une représentation scientifiquement instruite de *la* nature, ou tout au moins à la connaissance du principe de limitation qui sous-tend la nature dans son ensemble.

La philosophie épicurienne est un naturalisme complexe : la nature est en elle-même dépourvue de finalité, mais l'homme doit vivre selon la fin naturelle que constitue le plaisir. Les épicuriens entendent cependant dépasser cette difficulté. En premier lieu, ils prennent à leur compte la neutralité de la nature. La conformité à la nature n'est pas la soumission à un devoir-être objectif, mais la référence à un état de fait : le désordre est aussi naturel que l'ordre et celui-ci n'est qu'un arrangement provisoire de celui-là. Or, c'est par la conscience même de cet état des choses que nous pouvons mettre de l'ordre dans notre âme et la préserver du trouble. En second lieu, les épicuriens cherchent dans la nature, non pas des prescriptions, mais des limites : celles que fixent les pactes naturels, mais aussi celles des désirs et des maux ; celle enfin que constitue le plaisir, indicateur fiable de satisfaction réelle. Ainsi, le sage, en éliminant les opinions fausses, « se contient dans les limites de la nature » (*naturae finibus contentus*)[2]. Le *telos* éthique n'est donc pas l'accomplissement d'une puissance naturellement

1. Comme le dit très justement Ph. De Lacy, « Epicurean ΕΠΙΛΟΓΙΣΜΟΣ », art. cit., p. 180, la sensation trouve tout plaisir bon, tandis que le discernement de la limite du plaisir est la tâche propre du philosophe, qui échappe ainsi au malheur auquel sont sujets la majorité des hommes. J. Brunschwig, « L'argument des berceaux chez les Épicuriens et chez les Stoïciens », *op. cit.*, p. 82, montre dans le même ordre d'idées que la position épicurienne à l'égard de l'« argument des berceaux » « réalise un équilibre délicat entre l'appel à l'intuition et le recours au raisonnement », entre l'observation de l'enfant nouveau-né et le caractère argumentatif du traitement de l'exemple.

2. Cicéron, *Fin.*, I, 44.

orientée vers lui, mais l'arrêt ou le point de repère grâce auquel l'action s'organise et auquel on reconnaît le bien. Il s'agit d'une fin actuelle et non pas d'une fin potentielle. Enfin, en situation, ce *telos* minimal n'est lui-même pleinement reconnu comme *telos* qu'à l'aide d'inférences. Il n'y a en tout cas ni contradiction ni affaiblissement conceptuel dans l'usage épicurien de la notion de « fin de la nature ».

CHAPITRE III

LES AMBIGUÏTÉS DE LA CONCEPTION ÉPICURIENNE DU TEMPS

La *Lettre à Hérodote* d'Épicure, si l'on se réfère à son préambule, constitue un schème condensé de ce qu'il faut se rappeler en toute circonstance à propos de la nature, pour mener une vie exempte de trouble. Le temps du savoir doit s'accorder au temps de la vie heureuse. Il doit se ramasser sur lui-même comme le temps éthique est ramassé sur lui-même grâce à la mémoire, qui nous rappelle les biens passés, et grâce à une anticipation sereine de l'avenir, dont nous savons qu'il n'est pas à craindre[1]. Il est donc d'emblée question du temps, bien que de manière implicite, et l'on est en droit d'attendre de la *Lettre* qu'elle nous en propose une définition. Épicure passe de l'implicite à l'explicite aux paragraphes 72-73. Or ce passage est particulièrement abscons. C. Bailey notait dans son édition traduite et commentée d'Épicure que l'idée générale en est claire mais que l'expression est d'une obscurité inhabituelle[2]. L'idée générale est en réalité loin d'être transparente, et les autres textes relatifs à la question ne font que renforcer cette impression. La conception épicurienne du temps pose en effet des difficultés considérables, que l'on peut rassembler sous trois chefs principaux.

1) Le temps est-il externe et objectif ou bien intime et subjectif? Nous pouvons en effet parler de *minima* temporels, comme le fait Lucrèce lorsqu'il emploie l'expression « *puncto temporis* »[3] et parler de temps à propos des

1. *Mén.*, 122. Pour la *Lettre à Hérodote*, voir 35-37 ; 83. Sur ce thème, on se reportera à J. Salem, *Tel un dieu parmi les hommes, op. cit.*, p. 52-55, qui montre qu'Épicure nous invite à une « hygiène "chronique" de l'âme ». L'ouvrage de référence sur la conception épicurienne du temps est désormais celui de S. Luciani, *L'éclair immobile dans la plaine, philosophie et poétique du temps chez Lucrèce*, Leuven, Peeters, Bibliothèque d'études classiques, 2000.

2. C. Bailey, *Epicurus. The Extant Remains*, Oxford, Clarendon Press, 1926, p. 241.

3. Voir Lucrèce, *DRN*, I, 1109 ; IV, 164, 193.

mouvements des atomes, qui échappent à la sensibilité, mais plusieurs textes, à commencer par notre passage de la *Lettre à Hérodote*, semblent rapporter la nature même du temps à la perception qu'on en a[1].

2) Comment connaissons-nous le temps ? Alors que, comme on vient de le voir, la saisie du temps semble relever de la sensation, il y a des temps « saisis par la pensée » ou la raison[2], certains étant même jugés « insaisissables par la pensée »[3]. Dans le passage de 72-73, la connaissance du temps jouit de l'immédiateté de « l'évidence » (τὸ ἐνάργημα), alors que, par ailleurs, nous ne pouvons pas nous référer à une prolepse, ou préconception, du temps lui-même.

3) Enfin et surtout, l'unité même du temps est très problématique, ce que suggérait déjà la distinction que je viens de signaler entre les différents modes de saisie du temps : le temps saisi par la raison est-il le même que le temps sensible ? La multiplicité des temps imperceptibles peut-elle former, comme par agrégation, un temps unique ?

Il serait illusoire de penser que l'on puisse ici résoudre intégralement toutes ces difficultés. Toutefois, les paragraphes 72-73 de la *Lettre à Hérodote* apportent une solution indirecte, en posant en filigranes le problème de la pertinence du langage. Ce texte, en effet, semble moins avoir pour objectif de *définir* positivement le temps, que de faire en sorte que, lorsque nous employons le mot « temps », nous sachions tout au moins ce que nous voulons dire. La difficulté théorique s'estompe devant les enjeux pragmatiques. Est-ce une façon de battre en retraite et de renoncer devant la difficulté du problème, ou une manière, bien plus positive, de désigner le mode de réalité qui caractérise le temps ? Mon hypothèse est que son défaut d'unité n'est pas seulement un problème gnoséologique, la conséquence des difficultés que nous éprouvons à définir le temps, mais un défaut réel. Or, en le comprenant ainsi, nous cessons de faire du temps un motif d'inquiétude : comment le temps serait-il à craindre s'il n'a pas de véritable unité et s'il n'existe pas par soi, mais en fonction de phénomènes extérieurs ou d'états affectifs ?

La première difficulté apparaît, implicitement, dans le texte central de ce dossier, les paragraphes 72-73 de la *Lettre à Hérodote* :

1. Selon Sextus Empiricus, *Contre les savants*, X, 185-186, le temps est une image (*phantasma*) du jour composé des heures ou de l'air en tant qu'il est illuminé par le soleil. Dans le traité *De la nature*, *PHerc*. 1413, *Incertus Liber*, 37, 17 Arrighetti, le temps est présenté comme une image (*phantasia*) des jours et des nuits.

2. *Hrdt*. 46-47 ; *De la nature* 37, 44, 47 Arrighetti.

3. *Hrdt*. 46.

[72] De plus, il faut profondément méditer ce qui suit : sur le temps, il ne faut assurément pas mener la recherche comme on le fait sur toutes ces autres choses que nous recherchons dans un substrat en les rapportant aux préconceptions que nous percevons en nous-mêmes, mais il faut procéder par analogie en nous référant à l'évidence même qui nous fait déclarer le temps long ou bref, et à laquelle nous nous rapportons comme à quelque chose qui nous est apparenté. Et il ne faut pas prendre à la place d'autres expressions que l'on estimerait meilleures, mais se servir à propos du temps de celles qui existent. Il ne faut pas non plus le qualifier par quelque autre caractère, supposé avoir la même essence que cette propriété particulière. Certains le font en effet. Mais il faut se contenter de prendre principalement en compte ce à quoi nous relions ce caractère propre et par quoi nous le mesurons. [73] En effet, cela ne requiert pas que l'on fasse une démonstration supplémentaire, mais que l'on prenne en compte le fait que nous le relions aux jours et aux nuits, et à leurs parties, et de même aussi aux affections et aux absences d'affections, aux mouvements et aux repos, concevant en retour, à propos de ces choses, un certain accident particulier, cela même à quoi nous nous référons quand nous employons le mot « temps » [*Il dit cela aussi dans le livre II de son* Sur la nature *et dans son* Grand abrégé.] [1].

Commençons par les arguments qui militent en faveur d'une conception objectiviste du temps. En premier lieu, l'expression « comme à quelque chose qui nous est apparenté » traduit ici συγγενικῶς, faute de pouvoir sans équivoque rendre cet adverbe par « naturellement », « immédiatement » ou « spontanément » [2]. L'adverbe se rapporte manifestement à περιφέροντες, et qualifie ainsi la manière dont nous nous référons à l'évident. Il s'agit du même type de rapport que celui dans lequel nous nous trouvons vis-à-vis

1. La scholie renvoie notamment au *Peri phuseôs*. De fait, le *PHerc*. 1413, qui appartient manifestement à cet ouvrage, contient plusieurs fragments significatifs sur le temps. Toutefois, son intégration au Livre II pose des difficultés qui ont conduit Arrighetti à le classer comme un *liber incertus*. Il faudrait donc conclure, selon lui, à une erreur du scholiaste, qui aurait voulu renvoyer en fait au livre XXII ou au livre XXXII. Voir Raffaele Cantarella, Graziano Arrighetti, « Il libro "Sul tempo" (Pherc. 1413) dell'opera di Epicuro "Sulla natura" », *CErc* 2, 1972, p. 5-46 (p. 6-7 sur ce point précis) ; G. Arrighetti, *Epicuro, Opere*, Turin, Einaudi, 1973, p. 650, contre l'intégration au livre II défendue par Adelmo Barigazzi, « Il concetto del tempo nella fisica atomistica », *Epicurea in memoriam Hectoris Bignone. Miscellanea Philologica*, Università di Genova. Facoltà di lettere. Istituto di filologia classica, 1959, p. 29-59.

2. Parmi les autres traductions françaises : J. Bollack, M. Bollack, H. Wismann, *La Lettre d'Épicure*, Paris, 1971 : « dans notre nature » ; M. Conche, *Épicure, Lettres et Maximes*, Villers-sur-Mer, 1977 ; Paris, 1987 : « d'une manière conforme <à cette évidence> » ; J.-F. Balaudé, *Épicure. Lettres, maximes, sentences*, Paris, Le Livre de Poche, 1994 : « congénitalement ».

du plaisir, car celui-ci est un bien « premier » et « connaturel » ou « apparenté » (συγγενικός)[1]. Épicure veut sans nul doute suggérer l'idée d'un rapport naturel, et en ce sens d'une relation de parenté, entre l'évidence du temps et ce que nous sommes. Il faut toutefois noter que cet adverbe ne porte pas directement sur le mode d'être du temps et ne nous autorise donc pas à affirmer d'emblée que le temps est purement subjectif ou intime. En effet, comme nous avons commencé de le voir, les atomistes admettent l'existence d'unités indivisibles de temps, qui échappent en tant que telles à notre expérience. Ainsi, lorsqu'il se fait l'écho de la théorie de la propagation des simulacres, exposée aux paragraphes 46-47 de la *Lettre à Hérodote*, Lucrèce précise que « dans un temps que nous percevons unique, celui d'une seule émission de voix, se dissimulent de multiples moments que la raison découvre »[2]. La même doctrine apparaît indirectement chez Épicure, lorsque celui-ci évoque le *minimum* perceptible de temps continu, par opposition à ce qui se déplace « selon les temps saisis par la raison » (κατὰ τοὺς λόγῳ θεωρητοὺς χρόνους)[3]. En effet, comme pour la supposition de l'existence de *minima* atomiques à partir des *minima* perceptibles[4], nous pouvons procéder dans le cas du temps « atomique » à une inférence par analogie à partir du temps sensible et considérer qu'il est, comme ce dernier, composé d'instants indivisibles. Il ne s'agit pas d'atomes de temps à proprement parler, puisque l'atome épicurien est un corps – et un corps lui-même composé de parties –, mais d'entités temporelles ultimes, correspondant sans doute au *minimum* de vitesse. Par ailleurs, ces *minima* temporels ne sont manifestement pas de pures fictions théoriques ou des êtres de raison, car Lucrèce ne dit rien de tel.

D'autre part, le temps est rapporté aux mouvements, comme on le voit au paragraphe 73 de notre texte, et il en permet la mesure[5]. Il est donc fonction d'événements qui ne sont pas tous des états affectifs. Plus précisément, il est rapporté aux mouvements à titre d'accident (σύμπτωμα). Or un *sumptôma* n'est pas une qualification fictive. Même s'il n'apparaît qu'au niveau des réalités perceptibles, c'est une qualité objectivement déterminante : aucune propriété n'existe par soi et les accidents accompagnent

1. *Mén.* 129.

2. *Quia tempore in uno, / cum sentimus, id est, cum vox emittitur una, / tempora multa latent ratio quae comperit esse* (*DRN*, IV, 794-796). Sur la possible origine démocritéenne de cette doctrine, voir J. Salem, *Démocrite, Épicure, Lucrèce, op. cit.*, p. 163 *sq*.

3. *Hrdt.* 62.

4. *Hrdt.* 58-59.

5. Voir aussi *De la nature* 37, 17 et 37, 31 Arrighetti. Sur ce point, comme on le note généralement, Épicure est l'héritier de la théorie du temps exposée par Aristote au livre IV de la *Physique*. Je reviendrai plus loin sur les limites de ce rapprochement.

les corps de manière non permanente, par opposition aux *sumbebêkota*[1], mais Épicure refuse d'en faire une sorte de non-être[2]. Il se démarque sur ce point de la thèse de Démocrite, selon laquelle les qualités sensibles n'ont d'existence que conventionnelle, ou en vertu de notre croyance[3]. Ainsi, le mouvement ou le repos d'un corps composé – les atomes ne sont jamais en repos – sont des propriétés provisoires et non permanentes, mais ce sont des propriétés réelles. Les exemples donnés par Lucrèce aux vers 451-458 du Chant I le montrent implicitement, qu'il s'agisse d'exemples de *coniuncta* (poids de la pierre, chaleur du feu, fluidité de l'eau, etc.) ou d'exemples d'*eventa* (esclavage, pauvreté et richesse, liberté, guerre, concorde). La différence entre ces deux catégories de propriétés tient à ceci que la perte des premières entraîne celle du sujet, tandis que celle des secondes « laisse la nature intacte », mais Lucrèce n'estime certainement pas que l'esclavage ou la pauvreté, la guerre ou la concorde, sont de pures projections mentales.

Sextus Empiricus rapporte enfin que le temps n'est pas simplement un accident parmi d'autres, mais un « accident d'accidents » (σύμπτωμα συμπτωμάτων)[4]. Cette formule énigmatique est en fait de Démétrius Lacon qui, précise Sextus, « interprète » (ἐξηγεῖται) sur ce point les propos d'Épicure, ce qui pourrait nous faire douter de l'authenticité de la définition. Démétrius est toutefois présenté par Sextus et par Diogène Laërce comme l'un des successeurs remarquables d'Épicure au sein du Jardin[5], école dont on souligne généralement la fidélité exégétique lorsqu'il s'agit de son fondateur. Il faut comprendre, non pas que le temps est un accident encore moins stable que les autres, ni que son existence est douteuse, mais qu'il se rapporte à des propriétés qui sont elles-mêmes des accidents. Il accompagne (παρεπόμενον), précise Sextus, les jours et les nuits, les heures, les affections et les absences d'affections, les mouvements et les états de repos, et c'est lui qui fait que nous les disons longs ou brefs[6].

Il y a là une difficulté : le temps accompagne en permanence ces accidents provisoires, qui sont nécessairement longs ou brefs, et l'usage d'*eventum*

1. *Hrdt*. 68-71. Chez Lucrèce, *coniuncta* désigne les propriétés et *eventa* les accidents (I, 449-450).

2. *Hrdt*. 71.

3. Voir notamment Aétius, IV, 9, 8 [DK 67 A 32]; DL, IX, 72 [DK 68 B 117]; Galien, *Des éléments selon Hippocrate*, I, 2 [DK 68 A 49]; *De l'expérience médicale*, XV, éd. Walzer-Frede [DK 68 B 125]; Sextus Empiricus, *Contre les savants*, VII, 135 [DK 68 B 9].

4. Sextus Empiricus, *Contre les savants*, X, 219; *Hypotyposes pyrrhoniennes*, III, 137; Aétius, I, 22, 5.

5. Sextus Empiricus, *Contre les savants*, VIII, 348; DL, X, 26. Démétrius aurait vécu entre 150 et 75 av. JC.

6. X, 225.

chez Lucrèce pour désigner le *sumptôma* signifie qu'un accident est toujours un « événement ». Il est en ce sens immédiatement lié au temps, si bien qu'il conviendrait plutôt de dire que le temps est non pas un accident mais une propriété permanente, un *sumbebêkos*, des accidents. C'est du reste ce que fait Sextus Empiricus[1], qui précise également que le mouvement et le repos ne sont pas séparés du temps[2]. *Sumptôma* désigne ordinairement ce qui arrive par chance – ou par malchance –, avant de désigner un attribut, puis un symptôme au sens médical. C'est en particulier le cas chez Aristote, où *sumptôma* a dans de nombreux cas le sens de « coïncidence »[3]. Par ailleurs, Épicure précise, au § 70 de la *Lettre à Hérodote*, qu'il parle d'«accident » en se référant à l'emploi le plus courant du terme. Un accident ne saurait donc se concevoir que par référence au temps, si bien que la formule de Démétrius a un caractère redondant. Il faut sans doute comprendre qu'un accident ne peut avoir de « propriété » au sens strict de *sumbebêkos*, mais seulement au sens large ou générique, parce qu'il est instable par essence et que ses propres caractérisations ne peuvent qu'être elles-mêmes instables. Les types de prédicats ne sont pas, chez Épicure, des types purement logiques, mais désignent des qualifications ontologiques : une propriété – au sens large – d'un accident est donc toujours un accident.

Toutefois, l'idée d'un temps objectif ne saurait être admise sans réserves, dans la mesure où, comme nous l'avons vu, un certain nombre de textes tendent à faire dépendre l'existence du temps de la perception qu'on en a[4]. Ainsi Lucrèce associe à la nature « sensible » du temps le fait qu'il n'existe pas par soi :

> Ainsi du temps : il n'a pas d'existence propre. / C'est à partir des choses que naît le sentiment / de ce qui est achevé pour toujours, / réellement présent ou encore à venir. / Personne, il faut l'admettre, n'a le sentiment du temps en soi, / abstrait du mouvement ou du paisible repos des choses[5].

On pourrait objecter que l'argument n'est pas décisif : si le temps n'existe pas par soi, pour Lucrèce, ce n'est pas qu'il n'aurait d'existence que « pour moi », mais parce qu'il est une propriété et que les propriétés

1. X, 225.
2. X, 226.
3. Voir Aristote, *Rhétorique*, I, 9, 1367b24 ; *Parva naturalia, De la divination dans le sommeil*, 1, 462b29 *sq*.
4. Sextus Empiricus, *Contre les savants*, X, 185-186 ; *De la nature* 37, 15 Arrighetti.
5. *Tempus item per se non est, sed rebus ab ipsis / consequitur sensus transactum quid sit in aevo, / tum quae res instet, quid porro deinde sequatur* ; / *nec per se quemquam tempus sentire fatendumst / semotum ab rerum motu placidaque quiete*, *DRN*, I, 459-463 (trad. fr. J. Kany-Turpin).

n'existent pas par soi. Cependant, Arrighetti[1] repère dans le passage de *Peri phuseôs*, 37, 15 – où l'on retrouve le thème du temps comme *phantasia* –, comme Barigazzi, un argument anti-platonicien[2] comparable par sa formulation au passage de *Physique*, IV, 10, 218a33 *sq.* : à l'image en nous de la grandeur du temps, Épicure oppose en effet la grandeur du tout elle-même[3]. Le temps n'est donc pas le mouvement de l'univers, non seulement parce qu'il n'existe pas par soi, mais aussi parce qu'il doit être défini par rapport à la représentation que nous en avons.

Par ailleurs, Épicure est attentif aux aspects « affectifs », c'est-à-dire physiologiques, de la représentation du temps. Il constate par exemple, contre les Cyrénaïques, que, si la chair est agitée par le présent, l'âme est pour sa part agitée par le passé, le présent et l'avenir[4]. Il dénonce ainsi à plusieurs reprises la crainte d'un avenir incertain[5] et, plus généralement, l'illusion d'un temps illimité qui entretient le vain désir de l'immortalité[6]. Mesurer le temps en vertu d'un juste calcul des plaisirs et des peines, comme Épicure nous y invite[7], c'est en ce sens choisir de vivre dans un temps limité et dans un présent continu[8], ce qui donne à penser que le temps lui-même, loin d'être l'effet d'une nécessité contraignante, est en notre pouvoir. Le rôle de la mémoire dans l'utilisation des doctrines fondamentales exposées par la *Lettre à Hérodote* ne se comprend que si l'on admet la possibilité de privilégier le présent, en attribuant au temps une certaine plasticité et une continuité[9] que nous ne pouvons pas attribuer, par définition, à des temps indivisibles. Le sage sait se rendre « actuelles »

1. G. Arrighetti, *Epicuro…*, *op. cit.*, p. 655-656.

2. Voir *Timée*, 37d *sq.* Voir encore l'étude de M. Isnardi Parente, « ΧΡΟΝΟΣ ΕΠΙΝΟΟΥΜΕΝΟΣ e ΧΡΟΝΟΣ ΟΥ ΝΟΟΥΜΕΝΟΣ *in* Epicuro, Pap. Herc. 1413 », *La Parola del passato*, vol. XXXI, 1976, p. 168-175, qui montre qu'Épicure polémique dans ces fragments contre une conception cosmologico-ontologique du temps propre aux platoniciens et qu'il dénonce l'idée d'un temps sans relation avec la conscience.

3. Τὸ πλῆθος τοῦ παντός chez Épicure ; ἡ τοῦ ὅλου κίνησις chez Aristote.

4. DL, X, 137.

5. Par exemple en *Mén.* 122.

6. *Mén.* 124-125 ; comparer avec *Maximes capitales* XIX-XX. Sur le rapport entre la crainte du temps et celle de la mort, voir D. Puliga, « ΧΡΟΝΟΣ e ΘΑΝΑΤΟΣ in Epicuro », *Elenchos*, 1983, fasc. 2, p. 235-260.

7. Voir par exemple *Mén.* 129 ; *Maximes capitales* III-IV.

8. Voir en ce sens Montserrat Jufresa, « Il tempo e il sapiente epicureo », *in* G. Giannantoni, M. Gigante, *Epicureismo greco e romano…*, *op. cit.*, p. 287-298.

9. Épicure le dit très clairement : voir συνεχῶς en *Hrdt.* 35 et 83, συνεχοῦς en 36, l'expression τὸ συνεχὲς ἐνέργημα en 37, ou encore συνεχῆ μνήμην en 82. La temporalité éthique est-elle dès lors compatible avec la définition physique du temps ? J. Salem, *Tel un dieu…*, *op. cit.*, p. 57, estime qu'il faut en fait relativiser la thèse de l'atomicité du temps pour préserver la continuité éthique. Je reviendrai sur ce point en conclusion.

les raisons d'être heureux, que les événements qui les fondent soient passés ou à venir[1].

Cet embarras peut être cependant en grande partie levé. La *phantasia*, en premier lieu, n'est pas un état purement interne, au sens où il s'agirait d'une pure représentation mentale. En effet, la formation de la *phantasia* à partir des répliques (*tupoi*) qui proviennent des choses, c'est-à-dire des simulacres, induit une continuité physique entre l'externe et l'interne : l'image (*phantasia*) de la forme ou des propriétés du substrat « est la forme même du solide »[2]. La *phantasia* ne constitue pas une image redoublée ou proprement mentale, mais la configuration même que porte, puis reproduit, le flux de simulacres. Elle est donc produite par la chose elle-même. Cela ne signifie pas que la sensation soit un état purement passif, puisqu'elle n'est proprement sensation qu'en étant aussi une *epibolè*, une projection ou une visée, un acte d'attention par lequel l'objet nous est donné. Cela montre en tout cas qu'une *phantasia*, fût-ce celle qui saisit le temps, ne saurait être radicalement interne ou subjective[3]. Dans ces conditions, le temps apparaît bien plutôt comme un rapport, tout à la fois mental et physique, entre les événements, externes ou internes, et notre perception de la longueur et de la brièveté. Si nous ne sommes pas toujours d'accord sur la longueur d'une même durée, c'est que nous ne sommes pas tous dans des dispositions identiques, mais ces dispositions mentales sont relatives à une durée réelle. Elles sont aussi des dispositions physiques et en ce sens des états objectifs. Nous devrons donc dire du temps qu'il est également

1. Voir en ce sens *Mén.* 122. Le thème de l'actualité du temps apparaît, sous une autre forme, dans la conception de la justice : l'application du critère du juste dépend de l'histoire en cours et de ce qui est actuellement utile à la communauté des hommes. Je renvoie à P.-M. Morel, « Épicure, l'histoire et le droit », *Revue des Études Anciennes* 102, 2000-3/4, p. 393-411.

2. *Hrdt.* 50.

3. Voir en ce sens A. Barigazzi, *op. cit.*, p. 45. C'est l'objection principale que l'on peut adresser à la thèse défendue par F. Caujolle-Zaslawsky, « Le temps épicurien est-il atomique ? », *Les Études philosophiques*, 1980/3, p. 285-306, qui estime que nous ne pouvons parler chez Épicure d'un temps objectif, parce que le temps consisterait en « un pur sentiment lié à notre expérience propre ». Elle refuse corrélativement d'admettre l'existence d'entités ultimes de temps, en arguant du fait que cette thèse est restituée par une tradition qu'elle juge peu fiable, en l'occurrence par Thémistius et Simplicius (voir le n°278 Usener). Nous avons vu cependant que Lucrèce, et probablement Épicure lui-même, donnent des indications qui vont incontestablement dans ce sens. D'une manière générale, pour reprendre les termes dans lesquels S. Luciani, *L'éclair immobile dans la plaine, philosophie et poétique du temps chez Lucrèce, op. cit.*, p. 95, répond à l'article précité, « le temps est lié aux corps composés, et en tant que tel, il est indépendant de la conscience humaine. (…) Seule la conscience peut donner une signification à ce temps, mais il ne lui est pas totalement subordonné ».

ou indifféremment objectif et subjectif, ou cesser de faire usage de ces catégories finalement inadéquates. La question est donc plutôt de savoir s'il est possible d'unifier les différents aspects du temps.

La deuxième difficulté tient d'abord au fait qu'il y a plusieurs manières de saisir le temps. Épicure n'est d'ailleurs pas d'une clarté totale lorsqu'il évoque notre connaissance du temps, au paragraphe 72 de la *Lettre à Hérodote*. Il y a bien de l'«évident », ou un « caractère d'évidence » dans la connaissance du temps, mais le texte ne nous dit pas que c'est le temps lui-même qui est évident. Il est probable que l'évident se rapporte en fait, comme le pense Elizabeth Asmis [1], aux propriétés provisoires et non au temps lui-même. Il est toutefois très vraisemblable que le temps lui-même reçoive, des accidents qu'il accompagne, le bénéfice de l'évidence. Pourtant, précise indirectement Épicure, nous n'avons pas de prolepse du temps [2]. Or si nous avons une sensation répétée du temps, nous devrions du même coup disposer de la prolepse du temps, puisque la prolepse est définie, dans le cercle épicurien, comme « le souvenir de ce qui s'est souvent manifesté à nous du dehors » [3]. Le fait que nous puissions parler du temps en général semble en outre s'opposer à cette absence de prolepse du temps.

La solution la plus acceptable consiste à dire qu'il n'y a pas de perception distincte du temps, puisqu'on ne peut l'abstraire du mouvement et du repos des choses, comme le montre bien le texte du Chant I de Lucrèce [4]. La prolepse du mouvement, par exemple, suppose le temps – puisque c'est toujours en tant qu'il dure un certain temps que nous percevons le mouvement. Toutefois, du temps lui-même, il n'y a pas de prolepse, parce qu'il ne se rapporte qu'au caractère provisoire des accidents, et non pas à ce qu'ils peuvent avoir de constant [5].

1. *Epicurus' Scientific Method*, Ithaca-London, Cornell University Press, 1984, p. 33, n. 35.

2. *Hrdt*. 72.

3. DL, X, 33.2-3.

4. *DRN*, I, 459-463.

5. D. K. Glidden, « Epicurean Prolèpsis », *Oxford Studies in Ancient Philosophy* 3, 1985, p. 175-217, explique pour sa part en ces termes l'absence d'une prolepse du temps : « There cannot then be a *prolèpsis* of time, because time as such represents a cognitive creation as opposed to a persistent condition regularly experienced in nature » (p. 210-211). Toutefois, comme nous l'avons vu, il est très difficile de réduire le temps à une *cognitive creation*. Je dirais plutôt que, parmi les accidents, certains sont donnés dans une prolepse, tandis que d'autres – au moins le temps lui-même – ne le sont pas. Cette particularité trouve probablement sa justification dans la formule de Démétrius Lacon. Il semble donc qu'il puisse y avoir prolepse des accidents, parce qu'ils qualifient directement les substrats et trouvent en ceux-ci le principe de leur stabilité relative, tandis que le temps ne se rapporte à aucun principe stable, puisqu'il ne qualifie que le provisoire en tant que tel.

Tout temps cependant n'est pas senti, comme le montre la distinction entre temps perçu et temps saisi par la raison, dans d'autres passages de la *Lettre à Hérodote*. Ainsi, le déplacement des simulacres, « s'effectuant sans rencontrer aucune résistance contraire, s'accomplit sur toute distance concevable en un temps insaisissable par la pensée » (§ 46). De la sorte, « ce n'est pas simultanément, selon les temps observés par la raison, que le même corps en déplacement atteint plusieurs lieux – c'est impensable en effet – et ce corps, y arrivant tout entier dans le temps sensible, de quelque endroit que ce soit dans l'illimité, s'éloignera sans que nous puissions saisir où commence son déplacement » (§ 47). En clair, nous ne voyons pas venir les simulacres. Je ne peux donc saisir directement le temps que les atomes mettent à se déplacer, car ils le font avec une vitesse absolue. Je dois cependant, « par la raison », me représenter une succession et un trajet entre le point de départ et le point d'arrivée du flux atomique pour expliquer le phénomène des simulacres. Ainsi, non seulement il y a dans ce cas des temps infra-perceptibles, mais la sensation elle-même est prise en défaut, l'image de l'objet me parvenant tout entière en un instant[1]. De plus, seule la raison peut nous permettre de comprendre comment le mouvement saccadé et désordonné des atomes peut sous-tendre le déplacement continu et unidirectionnel d'un composé sensible :

> (…) les atomes contenus dans les agrégats se portent vers un lieu unique dans le *minimum* de temps continu – même si ce n'est pas vers un unique lieu dans les temps observables par la raison, car ils se font obstacle sans interruption, jusqu'à ce que la continuité du déplacement tombe sous la sensation. Car ce qui est ajouté par le jugement à propos de l'invisible – à savoir que les temps observables par la raison, eux aussi, auraient la continuité du déplacement en question – n'est pas vrai dès lors qu'on considère de tels corps, puisque, aussi bien, tout ce qui est observé ou saisi par appréhension à l'aide de la pensée est vrai[2].

Il n'en demeure pas moins que l'idée même de temps observés par la raison s'accorde mal avec l'affirmation selon laquelle le temps est saisi par une *phantasia* ou un *phantasma*. La solution qui consiste à dire que nous procédons, lorsque nous parlons de « temps » à propos des *adêla*, à une inférence par analogie n'est qu'une demi-solution car l'incohérence littérale demeure.

1. Cette distinction apparaît également dans le *Peri phuseôs*, 37, 44 et 47 Arrighetti. Voir en ce sens, M. Isnardi Parente, *op. cit.*, p. 169.
2. *Hrdt.* 62

Enfin, peut-on légitimement parler de « temps » à propos des atomes si le temps est un accident et s'il n'y a d'accident qu'au niveau des composés ? Les propriétés de l'atome relèvent d'une autre dimension que l'on peut hésiter à qualifier de temporelle, celle de l'*aiôn* ou de l'*aidion* :

> (...) les atomes se meuvent de manière continue [<*scholie :* > *Il dit d'ailleurs plus bas qu'ils se meuvent aussi à vitesse égale, le vide offrant le même défaut de résistance au plus léger et au plus lourd.*] et cela éternellement... [1].

Sans doute ne faut-il pas durcir à l'excès les termes employés : les *sumbebêkota* sont en général qualifiés de perpétuels ou permanents [2] et la continuité attribuée ici au mouvement atomique ne désigne sans doute rien d'autre que son caractère incessant. Il n'en demeure pas moins que l'atome étant toujours en mouvement, et cela à une vitesse absolue, puisqu'elle n'est autre que l'absence d'obstacle, sa mobilité relève de l'*aiôn* plus authentiquement que du *chronos*. Relâchement de la définition du temps ou incohérence ? Épicure semble en tout cas avoir bien du mal à produire un concept unifié du temps.

La troisième difficulté rencontrée est donc celle de l'unité du temps lui-même. Comme nous l'avons vu, nous pouvons distinguer trois modalités du temps : les temps « inconcevables » – ceux, très brefs, dans lesquels les simulacres effectuent leur parcours –, mais que nous devons nous représenter comme des temps théoriques ou observés par la seule raison ; le temps perçu ; enfin l'*aiôn* ou l'*aidion* [3], bien qu'il ne s'agisse plus alors d'une modalité du temps à proprement parler. Or, il me paraît d'ores et déjà acquis que ces différences ne sont ni purement gnoséologiques, ni réductibles à des différences, graduelles, de vitesse. La vitesse elle-même n'est d'ailleurs qu'une propriété seconde ou dérivée, puisqu'elle n'est qu'un aspect ou « quelque chose qui ressemble » (*homiôma*) à la présence ou à l'absence d'obstacle dans le mouvement des atomes [4].

De plus, il est apparu que le temps atomique lui-même, bien qu'il soit en un sens continu, avait une unité éminemment friable. Il faut donc prendre

1. *Hrdt.* 43 : Κινοῦνταί τε συνεχῶς αἱ ἄτομοι (φησὶ δὲ ἐνδοτέρω καὶ ἰσοταχῶς αὐτὰς κινεῖσθαι τοῦ κενοῦ τὴν εἶξιν ὁμοίαν παρεχομένου καὶ τῇ κουφοτάτῃ καὶ τῇ βαρυτάτῃ) τὸν αἰῶνα. Pour *aidion*, à propos du mouvement et des chocs incessants des atomes, voir Sextus Empiricus, *Contre les savants*, X, 222.

2. *Hrdt.* 69-70.

3. Ce qui correspond à l'*aeternum* lucrétien. Voir I, 540 *sq*. Lucrèce accepte, dans ce cas précis, de parler d'un « temps infini » (I, 550).

4. *Hrdt.* 46.

au pied de la lettre le pluriel du texte parallèle d'Épicure : les temps observés par la raison sont effectivement multiples et ne sauraient constituer, comme par agrégation, un temps unique qui en serait la synthèse. La somme, illimitée, des temps atomiques ne constituera jamais un unique temps global et le temps ainsi conçu n'a d'unité que générique [1]. Cette dispersion du temps rend en tout cas illusoire la recherche d'un temps de référence susceptible de valoir comme unité de mesure.

Notons à ce propos qu'Épicure s'écarte d'Aristote sur plusieurs points fondamentaux. Tout d'abord, il est impossible de définir le temps par le mouvement en affirmant qu'il est « le nombre d'un mouvement selon l'antérieur et le postérieur » [2]. Bien qu'Aristote précise aussitôt que « le temps n'est pas mouvement, mais ce par quoi le mouvement a un nombre » [3], il fait sans doute partie de ceux qu'Épicure attaque au paragraphe 72 de la *Lettre à Hérodote* et qui confondent l'essence du temps avec celle d'une autre chose [4]. Du reste, le mouvement n'est pour Épicure que l'un des accidents auxquels le temps se rapporte, puisque nous lions également ce dernier aux jours et aux nuits, à leurs parties, aux affections et aux absences d'affections et au repos [5]. Le cas du repos est particulièrement révélateur de la distance prise par rapport à Aristote. Celui-ci précise assurément que le temps mesure non seulement le mouvement, mais aussi le repos. Toutefois, cette précision n'a qu'un statut marginal dans l'économie du traité aristotélicien sur le temps et la plupart des manuscrits, suivis en cela par Simplicius et Philopon, précisent en 221b8 que le temps ne mesure le repos que « par accident » [6]. Sans doute n'est-il pas indifférent qu'Épicure mette le repos sur le même plan que le mouvement et qu'il rapporte la perception du temps à des couples de contraires. Il n'est pas impossible qu'il veuille ainsi suggérer que le temps se caractérise, non pas par une illusoire continuité du mouvement, mais par l'alternance des phases événementielles, éventuellement contraires, et par les ruptures qui marquent leur succession.

1. Arrighetti, dans l'article de 1972, p. 11, parlait d'une « dissoluzione completa del "tempo" nei singoli e particolari "tempi" ».

2. Aristote, *Phys.*, IV, 11, 219b1-2.

3. 219b2-3.

4. Voir en ce sens D. Puliga, *op. cit.*, p. 247.

5. *Hrdt.* 73 ; Sextus Empiricus, *Contre les savants*, X, 219.

6. Pierre Pellegrin, dans sa traduction de la *Physique*, préfère pour sa part supprimer κατὰ συμβεβηκός. Il considère, à juste titre, que « le mouvement et le repos appartiennent à la définition des étants naturels » (*Aristote. Physique*, Paris, GF-Flammarion, 2000, p. 261, n. 1). Il n'en demeure pas moins que la mesure du repos est présentée dans cette phrase comme une conséquence de la mesure du mouvement et, de ce fait, comme un acquis secondaire de la définition canonique du temps par la mesure du mouvement.

D'autre part, si nous comprenons l'«absence d'affection » comme une absence d'états internes définis [1] – plaisir et douleur notamment –, Épicure nous donne l'impression de contourner la difficulté que pourrait représenter le cas des dormeurs de Sardaigne chez Aristote [2] : à cause de l'absence de sensation durant leur sommeil, ils ne perçoivent pas que du temps s'est écoulé. Il n'y a pas en fait de véritable difficulté pour Épicure, puisque les ruptures dans la perception du temps ne font que confirmer la discontinuité foncière de ce dernier. Enfin, nous l'avons vu, aucun mouvement particulier ne semble ici valoir comme un mouvement référentiel pour la mesure du temps, ce qui est le cas du mouvement circulaire de la sphère céleste chez Aristote [3]. Plus généralement, Épicure ne saurait, comme Aristote, fonder l'unité du temps sur une continuité réelle [4].

Faut-il dès lors conclure à l'incohérence d'une philosophie du temps qui voit en celui-ci un « caractère propre », une « propriété unique » [5] des événements et qui, sous certains aspects, en refuse pourtant l'unité ? L'aporie, cependant, n'est pas le dernier mot d'Épicure sur la question. Nous avons vu, tout d'abord, que le problème de l'«objectivité » du temps était en partie un faux problème. Revenons d'autre part sur la façon dont nous envisagions initialement le problème gnoséologique. Nous avions présupposé qu'Épicure avait pour propos, aux paragraphes 72 et 73 de la *Lettre à Hérodote*, de proposer une « définition » du temps. Si tel était le cas, force serait d'admettre que cette définition est, pour le moins, insuffisante. Elle viendrait du reste assez tard dans l'économie de l'argumentation, puisque Épicure fait usage de χρόνος dès le paragraphe 46. Or il n'est pas certain que l'intention d'Épicure soit véritablement de « définir » au sens strict, c'est-à-dire de produire une différence spécifique de cet accident particulier qu'est le temps [6]. Il faut en effet tenir compte des nombreuses allusions au

1. J. Bollack *et alii*, *La Lettre d'Épicure*, *op. cit.*, p. 232, estiment pour leur part que « le couple πάθος-ἀπάθεια s'applique aux événements de la nature et en particulier du ciel » et non pas aux « passions de l'âme », mais ils n'en donnent aucune justification.

2. *Phys.*, IV, 11, 218b23-27.

3. Aristote, *Phys.*, IV, 14, 223b12 *sq.*

4. Cette conception du temps n'est sans doute pas sans rapport avec le refus épicurien de se prononcer sur la contingence du futur dans les termes qui sont ceux du Stagirite, au chapitre 9 du traité *De l'interprétation.* Alors qu'Aristote estime nécessaire qu'il y ait *ou* qu'il n'y ait pas demain de bataille navale, Épicure refuse la nécessité anticipée de l'alternative, constatant qu'« une telle nécessité n'existe pas dans la nature » (Cicéron, *Ac.*, II, 30, 97).

5. *Hrdt.* 72-73.

6. Le procédé définitionnel fait semble-t-il l'objet d'une critique globale, de la part des épicuriens, au nom de la plus grande clarté de la désignation immédiate, comme le

problème de la désignation linguistique du temps qui scandent notre passage de référence : nous « déclarons » (ἀναφωνοῦμεν) le temps long ou bref; « il ne faut pas prendre, à la place, d'autres expressions (διαλέκτους) que l'on estimerait meilleures, mais se servir à propos du temps de celles qui existent » ; le temps est cet accident « en référence auquel nous employons le mot temps » (καθ' ὃ χρόνον ὀνομάζομεν). De même, lorsque nous parlons de *sumptôma*, il faut d'une manière générale « se servir de ce mot selon l'usage le plus commun » afin de le rendre clair [1]. D'autre part, dans le *PHerc*. 1413 du *Peri phuseôs*, la question de la désignation du temps se pose à plusieurs reprises et, le plus souvent, à partir de références positives au langage ordinaire [2]. Il est vrai qu'Épicure fait parfois la critique des conventions linguistiques, notamment au livre XXVIII du *Peri phuseôs*, mais il s'agit alors de dénoncer un usage du langage qui s'écarte des prolepses et des évidences immédiates dans la désignation des choses [3].

Épicure, on le sait, tient à propos de l'origine du langage une position complexe [4], et dont je me contenterai ici de rappeler schématiquement l'essentiel. Les noms ne sont pas initialement conventionnels, mais ils sont d'abord l'effet de processus naturels. Plus tard, la diversité des affections et les particularités ethniques ont produit des particularités linguistiques, afin de rendre les désignations plus claires et plus faciles [5]. Toutefois, en devenant conventionnel, le rapport entre le mot et la chose n'a pas pour autant perdu de son immédiateté, si bien qu'en désignant la chose, nous pensons à elle sans penser que nous employons un mot qui s'en distingue. Ainsi, à propos du temps, nous savons immédiatement que nous le désignons par "*chronos*", même si nous ne connaissons pas l'exacte définition de ce

montre Bernard Besnier, « Épicure et la définition », dans *Ainsi parlaient les Anciens. In honorem Jean-Paul Dumont*, Mélanges réunis par L. Jerphagnon et publiés par J. Lagrée et D. Delattre, Villeneuve-d'Asq, Presses Universitaires de Lille, 1994, p. 117-130. Sur ce point, voir Cicéron, *Fin.*, I, 7, 22. Je rejoins à ce propos les conclusions de S. Luciani, *L'éclair immobile dans la plaine, philosophie et poétique du temps chez Lucrèce, op. cit.*, p. 104-105.

1. *Hrdt*. 70.2.

2. Voir notamment les expressions διὰ λέξε[ως ἐθισ]μούς (37, 5 Arrighetti), et ἐκ τῆς ἐκκειμ[ένης] λέξεως (37, 20 Arrighetti).

3. Voir 31, 10 et 31, 13-14 Arrighetti, et les précisions données dans Long-Sedley 19 D-E. Cette interprétation de l'erreur est proposée par D.K. Glidden, « Epicurean Semantics », SUZHTHSIS. *Studi sull'epicureismo greco e romano offerti a M. Gigante*, Napoli, Bibl. della Parola del Passato, 16, 1983, I, p. 185-226 (voir p. 221).

4. Voir en particulier l'étude de J. Brunschwig, « Épicure et le problème du "langage privé"», reprise dans ses *Études sur les philosophies hellénistiques*, Paris, P.U.F., 1995, p. 43-68.

5. *Hrdt*. 75-76.

que nous désignons, et c'est probablement cette immédiateté que suggère, dans notre texte, le participe ἐννοοῦντες[1].

Il est donc naturel de rapprocher[2] le passage sur le temps des paragraphes 37-38 de la *Lettre à Hérodote* :

> Il faut tout d'abord saisir, Hérodote, ce qui est posé sous les expressions verbales, de sorte que l'on puisse, en s'y rapportant, juger de ce qui est objet d'opinion, de recherche ou d'embarras, et pour empêcher que, pour nous, tout soit indistinct à cause de démonstrations menées à l'infini, ou pour empêcher que nous n'ayons que des expressions vides. [38] Nécessairement, en effet, sous chaque expression verbale est perçue la notion première et celle-ci ne demande aucune démonstration supplémentaire…

La « notion première » (τὸ πρῶτον ἐννόημα) dont il est ici question semble bien annoncer le ἐννοοῦντες du paragraphe 73. Cet effet d'écho montre que la question du temps est un cas exemplaire de ces situations où nous devons nous rendre à l'évidence immédiate de la désignation linguistique si nous voulons nous prémunir contre le risque d'une recherche illusoire, parce qu'illimitée, d'une démonstration. Il est toutefois difficile de savoir ce que recouvre exactement le terme de « notion primitive » et en particulier de savoir s'il faut y reconnaître la prolepse. On est invité à le faire, avec un grand nombre d'interprètes[3], si l'on songe au paragraphe 33 du livre X de Diogène Laërce, qui complète l'exposé de la canonique. Dès que l'on prononce le mot – quand on dit par exemple qu'untel est un homme –, rapporte Diogène, l'on pense aussitôt, conformément à la prolepse (κατὰ πρόληψιν), à l'esquisse (τύπος) de la chose. Ainsi, toute dénomination semble s'accompagner d'une prolepse. Le problème, tout au moins si l'on suppose que la *Lettre à Hérodote* obéit totalement aux principes exposés par Diogène Laërce, est qu'il n'y a pas de véritable prolepse du temps, comme nous l'avons vu. Faut-il dès lors considérer que le cas du temps est dérogatoire par rapport à la règle d'association de la prolepse et du mot ? On pourrait toutefois s'étonner, s'il en allait ainsi, qu'un cas aussi

1. *Hrdt.* 73.6. Voir en ce sens Glidden, « Epicurean Semantics », *op. cit*, p. 197. Plus encore qu'Augustin et les célèbres pages qu'il consacre au temps au livre XI des *Confessions*, Pascal est peut-être un secret héritier d'Épicure, lorsqu'il demande à propos du temps : « Qui le pourra définir ? Et pourquoi l'entreprendre, puisque tous les hommes conçoivent ce qu'on veut dire en parlant de temps, sans qu'on le désigne davantage ? », *De l'esprit géométrique*, I.

2. Comme bon nombre de commentateurs, tel Glidden, « Epicurean Semantics », *op. cit.*, p. 197.

3. Comme Long-Sedley, remarque à 17 C 1. Voir sur ce point l'étude de J. Hammerstaedt, « Il ruolo della ΠΡΟΛΗΨΙΣ epicurea », *in* G. Giannantoni, M. Gigante (eds.), *Epicureismo greco e romano…*, p. 221-237.

extraordinaire ne fasse pas l'objet d'une mention spéciale. Il me semble bien plus éclairant d'admettre que la notion de *prôton ennoèma* a une extension plus large que celle de prolepse et qu'elle recouvre, non seulement des évidences proleptiques, mais aussi des évidences non proleptiques, comme celle qui accompagne l'usage du mot temps. Dès lors, le fait qu'il n'y ait pas de prolepse du temps, parce que celui-ci ne saurait être abstrait de ce qui prend du temps, ne signifie pas que nous ne puissions en avoir une notion première, en l'occurrence une perception immédiate, une *epibolê*, et que nous ne sachions pas à quoi le mot « temps » renvoie.

En quoi tout cela nous aide-t-il, cependant, à résoudre le problème de l'unité du temps ? Épicure n'est sans doute pas sur ce point « nominaliste », au sens où l'existence du mot constituerait un mode de réalité suffisant pour que la réalité du temps lui-même s'y trouve contenue. L'existence du temps, on l'a vu, est avérée par son statut d'accident des événements. Il importe moins, en fait, de parvenir à une parfaite unification théorique du temps que de savoir à quoi nous en tenir lorsque nous parlons du temps. L'unité linguistique n'est pas nécessairement l'expression d'une unité objective : elle peut être, plus simplement, l'expression d'un caractère commun à une pluralité de phénomènes ou d'événements distincts. Dès lors toutefois que le mot remplit sa fonction pratique, il manifeste suffisamment son évidence propre [1]. L'absence de définition et de prolepse n'est donc pas l'expression d'une situation d'échec, et cela pour deux raisons : parce qu'il est dans la nature du temps de ne pas avoir d'unité substantielle, mais aussi parce que cette absence ne remet pas en cause la fonction pragmatique du mot qui désigne la chose. Il n'y a donc rien à changer dans les termes du langage ordinaire et le problème purement théorique est, sinon totalement dépassé, du moins relégué au second plan. Le texte épicurien suggère ainsi que nous cessons de nous inquiéter du temps lorsque nous admettons qu'il n'a pas d'unité réelle. En ce sens, la difficulté que nous éprouvons à concilier la discontinuité du temps avec la continuité vécue peut être considérablement réduite. Je peux en effet me représenter la discontinuité du temps par la raison sans, pour autant, me condamner à un recommencement éternel et incessant : l'essentiel est de se représenter continûment que le temps physique est discontinu. La discontinuité temporelle, en fondant ma tranquillité, réalise, par un effet éminemment paradoxal, la condition physique d'un bonheur continu, non

1. Voir en ce sens, E. Asmis, *op. cit.*, p. 34, mais aussi, sur ce point précis, D. Glidden, « Epicurean Semantics », *op. cit.*, p. 187 : « Epicurean linguistics is less a theory of language than a theory of behavior. »

pas éternel mais ininterrompu. La formule de Démétrius Lacon nous apporte finalement la clé de l'énigme, si nous la comprenons de la manière la plus radicale : c'est précisément parce que le temps n'est qu'un « accident d'accidents », et qu'il n'est rien par soi, que je peux être dans un état continu de bonheur, sans avoir à présupposer l'existence objective d'un unique temps continu. En d'autres termes : quand je suis sans trouble, c'est la continuité de mon état d'ataraxie qui produit la continuité du temps durant lequel je suis dans cet état, et non l'inverse. Cela n'empêche pas que certains mouvements soient discontinus – notamment au niveau atomique – et qu'ils s'effectuent, pour cette raison même, dans un temps discontinu. L'événement prime le temps.

Épicure procède ainsi à une critique positive, doublement justifiée, de l'usage du mot « *chronos* ». Contre les complications des philosophes, il simplifie la notion du temps au bénéfice d'une explication qui entend être la plus claire possible – ce en quoi, il faut bien l'admettre, il n'a pas totalement réussi. Contre les inquiétudes liées à la temporalité, et en se conformant au langage ordinaire, il invite à s'en tenir à une représentation du temps qui, par son économie, est aussi une promesse de bonheur[1].

1. Parmi les études consacrées au temps et parues après la première publication de ce texte, voir : F. Verde, « *Rebus ab ipsis consequitur sensus*. Il tempo in Epicuro », *Elenchos*, 2008-1, p. 91-117 et F. Verde, *Elachista. La dottrina dei minimi nell'epicureismo*, Leuven, Leuven University Press, 2013, p. 110-127, qui conclut dans le sens de la présente analyse, en insistant à la fois sur la complexité de la conception épicurienne du temps et sur sa cohérence doctrinale, cette dernière tenant avant tout à sa dimension thérapeutique : la compréhension de la nature et de la structure du temps, selon Francesco Verde, est fonctionnellement liée à l'atteinte du plaisir de l'imperturbabilité (p. 127).

Deuxième partie

L'EMPIRE DE LA NÉCESSITÉ

CHAPITRE IV

DÉMOCRITE ET LE PROBLÈME DU DÉTERMINISME

Il y a d'assez bonnes raisons pour voir en Démocrite un philosophe déterministe. Nous trouvons en effet dans les fragments et témoignages plusieurs éléments qui permettent d'identifier une pensée de type déterministe et une longue tradition, depuis l'antiquité, nous invite à le faire. En premier lieu, Démocrite est l'un des premiers philosophes de l'antiquité à s'être interrogé sur le statut de la cause en tant que telle et à avoir défini sa tâche propre comme une recherche des explications causales ou étiologies [1]. En second lieu, il semble avoir admis – au moins implicitement ou *de facto* – l'équivalent d'une *loi* de causalité, à savoir que les mêmes causes produisent toujours les mêmes effets. Les textes conservés attestent en tout cas que Démocrite s'est attaché à identifier des causes de régularité dans la production des phénomènes. Ainsi, comme nous le verrons, l'olivier provient toujours de la semence de l'olivier et l'homme provient toujours de la semence de l'homme. De même, le principe du rapprochement des corps de figures semblables ne semble pas souffrir de dérogation et il produit ses effets aussi bien au niveau des mouvements atomiques qu'au niveau des composés observables, comme l'atteste le tri spontané des galets le long des plages ou l'accouplement des animaux de même espèce [2]. Enfin, le catalogue des œuvres de Démocrite, établi par l'astrologue Thrasylle et transmis par Diogène Laërce [3], donne une liste de traités sur les causes – causes des phénomènes célestes, causes des phénomènes aériens, causes des sons, etc. – qui confirme également cette impression [4].

1. Denys d'Alexandrie chez Eusèbe de Césarée, *Préparation évangélique*, XIV, 27, 4 [DK 68 B 118].

2. Sextus Empiricus, *Contre les savants*, VII, 116-118 [DK 68 B 164].

3. DL, IX, 46-49 [DK 68 A 33].

4. Voir P.-M. Morel, *Démocrite et la recherche des causes*, *op. cit.*

Par ailleurs, Démocrite et son probable maître Leucippe semblent admettre un *principe* de causalité, parce qu'ils considèrent que rien n'arrive sans cause [1]. Ce point est confirmé par l'esprit général de la doctrine et par plusieurs indications textuelles. La physique abdéritaine, réduite à ses éléments les plus simples et les plus connus, établit en effet : (a) que seuls existent les atomes et le vide ; (b) que les atomes sont en nombre illimité, de même que leurs différences de formes ; (c) que les différences atomiques sont les seules causes des propriétés des composés. Dès lors, les causes étant illimitées, tous les phénomènes sont proprement des *effets* et ils sont explicables, en droit, par la seule présence des atomes en mouvement dans le vide. Ainsi, Simplicius, à propos de la combinatoire atomique, à laquelle il associe le principe du rapprochement spontané des corps semblables, reconnaît aux atomistes l'intention suivante :

> En bonne logique, les principes étant illimités, ils <les atomistes> assuraient pouvoir rendre compte de tous les accidents et de toutes les substances, et montrer en vertu de quoi et comment une chose quelconque est engendrée. C'est pourquoi ils disent que c'est seulement pour ceux qui posent les éléments comme illimités que tout se produit conformément à la raison [2].

Les affirmations de Démocrite et Leucippe concernant la toute-puissance de la nécessité vont dans le même sens. Le maître mot de la physique démocritéenne est bien connu : tout arrive en vertu de la nécessité [3].

Comme nous le verrons, les épicuriens vont dénoncer ce qu'ils percevront comme une réduction abusive de la causalité naturelle. Selon eux, Démocrite propose, non seulement une explication insuffisante des phénomènes naturels [4], mais encore un déterminisme hyperbolique qui plonge l'action humaine et la croyance en la liberté dans un embarras insurmontable [5]. Ce verdict, éminemment polémique, est sans doute excessif : les fragments éthiques de Démocrite, parce qu'ils ne renoncent ni à la responsabilité

1. Voir en ce sens C. C. W. Taylor, *The Atomists* : *Leucippus and Democritus. Fragments*, a Text and Translation with a Commentary, Toronto-Buffalo, University of Toronto press, 1999, p. 188 : « the atomists's universe is purposeless, mechanistic, and deterministic ; every event has a cause, and causes necessitate their effects. »

2. Simplicius d'après Théophraste (*Opinions physiques*, fr. 8 Diels), *Commentaire sur la Physique d'Aristote*, 28.22-24 [DK 68 A 38].

3. Voir notamment DL, IX, 45 [DK 68 A 1] ; Pseudo-Plutarque, *Stromates*, 7 [DK 68 A 39] ; Aristote, *Gén. an.*, V, 8, 789b2-4 [DK 68 A 66].

4. Voir P.-M. Morel, *Démocrite et la recherche des causes, op. cit.*, p. 266-282.

5. Voir notamment Épicure, *De la nature*, 34, 30 Arrighetti ; Long-Sedley 20 C 13-14. Voir encore Diogène d'Œnoanda, fr. 54 II 4 - III 15 Smith ; Long-Sedley 20 g. Voir, ci-dessous, p. 139-158.

morale ni à la possibilité d'un effort autonome en vue d'atteindre la tranquillité de l'âme, invitent à concevoir une nécessité qui ne serait pas intégralement contraignante, au moins pour l'action humaine. La difficulté est double : elle tient à la question du bien-fondé de la critique épicurienne, mais aussi au problème déjà évoqué de la cohérence propre de l'éthique de Démocrite. Quoi qu'il en soit, si nous admettons que les fragments éthiques de Démocrite ne sont pas sans rapport avec sa doctrine physique, nous devons supposer que l'Abdéritain avait lui-même envisagé les moyens de sortir de l'aporie. En tout cas, l'unique fragment significatif que nous ayons conservé de Leucippe affirme clairement l'hégémonie de la nécessité, montrant ainsi que la difficulté rencontrée par l'atomisme abdéritain n'est pas seulement l'effet artificiel des constructions doxographiques et des malveillances polémiques :

> Aucune chose ne se produit fortuitement (μάτην), mais toutes procèdent de la raison et sont produites par la nécessité (ἐκ λόγου τε καὶ ὑπ' ἀνάγκης) [1].

Il est assurément difficile de délimiter le champ d'application de ce fragment et d'en deviner les sous-entendus, étant donné qu'il nous est parvenu isolé de son contexte originel. Nous savons seulement qu'il provient d'un traité intitulé *De l'intellect* (Περὶ νοῦ). Concerne-t-il l'ensemble des phénomènes naturels ? concerne-t-il également les activités humaines ? A-t-il pour objet d'exclure ou au contraire d'inclure une forme de téléologie organisatrice ? Ce texte confirme, dans tous les cas, que l'école abdéritaine souscrit à l'idée selon laquelle rien n'arrive sans cause et que la justification ontologique de cette thèse réside dans le pouvoir de la nécessité.

Je dois cependant, dès maintenant, apporter deux restrictions à ce qui vient d'être dit. En premier lieu, la nécessité comme principe cosmique de causalité n'est pas le seul sens que Démocrite donne à ἀνάγκη. En second lieu, ce type de déterminisme ontologique n'implique pas nécessairement un déterminisme épistémologique : il ne signifie pas que la connaissance complète de l'état du système à un moment *t1* permet de déduire la connaissance complète de ce même système à un moment *t2*, et *a fortiori* à des moments *t3*, *t4*,…*tn*. Nous ne trouvons pas, dans les fragments et témoignages, d'indications qui préfigureraient l'épistémologie idéale de Laplace et, si Démocrite s'est intéressé aux pronostics, comme semble le supposer Plutarque [2], c'est sans doute à propos de phénomènes particuliers et à partir de leurs signes sensibles, plutôt que comme une conséquence

1. Cité par Aétius, I, 25, 4 [DK 67 B 2].
2. Plutarque, *Préceptes de santé*, 14, 129 A [DK 68 B 147].

directe de la doctrine fondamentale des atomes et du vide. Une chose est de donner un principe explicatif général susceptible de multiples applications – ce que font les atomistes en rapportant toutes choses au vide et aux différences atomiques –, une autre est d'élaborer une méthode et une logique de la prédiction. D'une manière générale, toute spéculation sur la valeur de vérité des propositions portant sur les événements futurs et sur d'éventuelles « batailles navales » à venir, pour faire allusion au chapitre dans lequel Aristote établit la contingence des propositions portant sur les événements particuliers futurs[1], semble absente de la réflexion démocritéenne. La recherche des causes s'accomplit, non pas sur le mode de la prévision ou de l'anticipation, mais selon un procédé régressif vers les causes antécédentes d'un phénomène donné : étant donné un phénomène *x*, quelles sont les causes antécédentes a, b, c qui suffisent à expliquer l'apparition de *x* ? Il convient donc de limiter l'usage implicite que Démocrite a pu faire de ce que, par commodité, je propose d'appeler principe de causalité.

De plus, l'identification de la présence même d'un tel principe n'est pas aussi simple que nous pourrions le croire en lisant les quelques textes que j'ai évoqués sur l'hégémonie causale de la nécessité. La position de Démocrite concernant les faits de fortune (τύχη) ou de hasard (αὐτόματον) est en effet équivoque, tout au moins si l'on en croit les témoignages sur la question. À côté du Démocrite radicalement déterministe, nous trouvons aussi un Démocrite qui admet le hasard, terme générique que nous pouvons, dans ce contexte, utiliser aussi bien pour τύχη que pour αὐτόματον. Un Démocrite n°2 semble en effet adopter une conception complexe de la nécessité et admettre, de manière apparemment contradictoire, que certains faits se produisent par pur hasard. Enfin, on invoque également un Démocrite n°3 qui verrait dans la fortune une cause divine ou « démonique ». Or il s'agit là d'une alternative très problématique au principe de causalité tel que Démocrite l'a manifestement conçu : toute cause réelle est, en principe, une cause naturelle.

La difficulté est pour nous d'autant plus grande que nous retrouvons ces trois figures dans un même texte, le chapitre 4 du livre II de la *Physique* d'Aristote. Ce texte, qui est lui-même le point de départ de plusieurs témoignages antiques postérieurs, est donc proprement crucial si nous voulons sauver la cohérence de la position abdéritaine. Pour le dire dès à présent, c'est le Démocrite 2, dont Aristote dénonce sans doute trop vite l'incohérence, qui exprime le mieux le type de déterminisme que nous devons attribuer aux premiers atomistes.

1. Aristote, *De Int.*, 9.

La structure du chapitre 4 du livre II de la *Physique* se présente ainsi :

I – Préambule : opinion selon laquelle la fortune et le hasard [F-H] font partie des causes (195b31-36).

II – Opinion contradictoire de ceux qui nient l'existence de F/H et admettent l'existence de faits de [F-H] (195b36-196a24). [Démocrite 1]

III – Opinion de ceux qui expliquent par [(F)-H] les phénomènes extra-cosmiques et eux seuls (196a24-196b5). [Démocrite 2]

IV – Opinion de ceux qui conçoivent [F-(H)] comme une cause cachée à la raison humaine et divine (196b5-7). [Démocrite 3]

V – Conclusion : il faut poursuivre l'examen de F et H (196b7-9).

Le chapitre commence par un préambule (I) qui en fixe le programme (195b31-36) : le hasard et la fortune sont réputés faire partie des causes; il faut donc se demander s'ils font partie des quatre types de causes étudiées dans les chapitres précédents, s'ils sont identiques et quelle est leur essence. Dans un deuxième temps (II) (195b36-196a24), Aristote montre que la réponse à ces questions ne va pas de soi, parce que « certains <*i.e.* : certains physiciens> sont dans l'embarras, quant à savoir s'ils existent ou non ». En réalité, l'opinion envisagée est la négation pure et simple de la fortune : si un homme fait une rencontre imprévue sur l'agora, c'est parce qu'il avait l'intention de s'y rendre pour ses affaires. Aristote, on le sait, va proposer, au chapitre 5, une analyse différente de ce type de situation : il y a bien un effet de fortune dans le fait de rencontrer sur l'agora quelqu'un que l'on n'avait pas prévu de trouver là, car l'intention de venir sur l'agora ne suffit pas à expliquer la rencontre; la fortune, bien qu'elle ne soit pas une cause par soi, est la cause *par accident* de la rencontre imprévue. On constate donc que l'opinion des physiciens auquel il fait ici allusion est une position *dure*, qui peut se résumer ainsi : si un événement x a une cause, alors x n'est pas un effet de fortune; or aucun x n'arrive sans cause; donc il n'y a pas de fortune.

Dans les lignes suivantes (196a11-196a24), Aristote dénonce l'incohérence de ceux qui nient purement et simplement l'existence de la fortune : il y a bel et bien des faits de fortune et de hasard, non seulement selon l'opinion commune, mais aussi selon ceux qui en nient pourtant l'existence. Ainsi, Empédocle, le seul physicien qui soit ici nommément cité – il est important de le noter –, admet que l'air ne va pas « toujours » dans la région la plus élevée et il estime que les parties des animaux sont, pour la plupart, engendrées « par fortune » (ἀπὸ τύχης). De manière plus subtile, Aristote dénonce la contradiction de l'analyse causale des négateurs de la fortune, dans un passage où, précisément, l'on voit traditionnellement une allusion à Démocrite :

> Car beaucoup de choses arrivent et existent par fortune et par hasard, choses dont on n'ignore pas qu'il est possible de les rapporter toutes à quelque cause, comme le dit le vieil argument qui élimine la fortune, et pourtant, tout le monde dit que les unes sont par fortune, d'autres non [1].
>
> Πολλὰ γὰρ καὶ γίγνεται καὶ ἔστιν ἀπὸ τύχης καὶ ἀπὸ ταὐτομάτου, ἃ οὐκ ἀγνοοῦντες ὅτι ἔστιν ἐπανενεγκεῖν ἕκαστον ἐπί τι αἴτιον τῶν γιγνομένων, καθάπερ ὁ παλαιὸς λόγος εἶπεν ὁ ἀναιρῶν τὴν τύχην, ὅμως τούτων τὰ μὲν εἶναί φασι πάντες ἀπὸ τύχης τὰ δ' οὐκ ἀπὸ τύχης.·

Si l'on comprend bien l'intention critique d'Aristote, cela signifie la chose suivante : rapporter des faits de fortune et de hasard à une certaine cause, cela revient à concéder qu'il y a, *de fait*, de la fortune et du hasard. Ainsi, ceux qui veulent nier l'existence d'*effets* de fortune, reconnaissent nécessairement l'existence de *faits* de fortune. Dès lors, ou bien les *faits* de fortune sont en réalité des *effets* de fortune, et la fortune devient un certain type de cause ; ou bien ils arrivent sans cause. Dans les deux cas, on parvient à une conclusion que refusent les négateurs de la fortune.

L'essentiel, pour notre propos, réside dans l'expression « le vieil argument qui élimine la fortune » (ὁ παλαιὸς λόγος… ὁ ἀναιρῶν τὴν τύχην), à la ligne 196a14. En effet, c'est là que semble se cacher Démocrite 1 – le Démocrite radicalement déterministe –, comme on le pense généralement, en se fondant sur un témoignage de Simplicius. Diels-Kranz intègrent d'ailleurs à la doxographie de Démocrite, sous le n°68 A 68, non seulement les lignes 195b36-196a2, qui précèdent notre passage, mais aussi le commentaire de Simplicius. Luria place les lignes 195b36-196a16 et le témoignage de Simplicius sous le n° 24 de ses *Democritea*. Le texte de Simplicius se présente ainsi :

> L'expression « le vieil argument qui élimine la fortune » paraît désigner Démocrite. Celui-ci, en effet, bien que dans la cosmogonie il semble avoir eu recours à la fortune, dit que, dans les faits plus circonscrits [2], la fortune n'est cause de rien, et il remonte à d'autres causes. Par exemple : pour la découverte du trésor, le fait que l'on creuse ou que l'on plante un olivier ; pour l'éclatement du crâne du chauve, le fait que l'aigle ait lâché la tortue, si bien que la carapace a fracassé le crâne. C'est ainsi, en effet, qu'Eudème rapporte les choses [3].

1. 196a11-16 ; 24 Luria ; 71.a Taylor.

2. L'expression ἐν τοῖς μερικωτέροις n'est pas parfaitement claire. C. C. W. Taylor, *The Atomists : Leucippus and Democritus. Fragments*, *op. cit.*, propose « in his more detailed discussions ».

3. *Commentaire sur la Physique d'Aristote*, 330.14-20.

Ce texte inspire en vérité quelques doutes sur l'authenticité de l'allusion à Démocrite. En premier lieu, Simplicius encadre sa notice de deux prudentes restrictions : la formule, selon lui, « paraît » (ἔοικεν) concerner Démocrite et il termine en précisant qu'il rapporte là une explication de seconde main, celle qu'avait avancée Eudème [1], ce qui, malgré toute la fidélité dont on crédite généralement le disciple d'Aristote, nous éloigne encore un peu plus de Démocrite. Eudème, d'après ce que rapporte ailleurs Simplicius, « défend ceux qui ne placent pas la fortune parmi les causes », parce que, comme l'enseignait Aristote, elle est par accident ; or seul existe ce qui est par soi [2]. Je ne me prononcerai pas ici sur les intentions d'Eudème, mais je note simplement qu'il n'est pas impossible que celui-ci cherche à grossir les rangs des négateurs de la fortune en y incluant la figure emblématique de Démocrite. Par ailleurs, Aristote se réfère à un « vieil argument », ce qui donne à penser que cette thèse est très ancienne. Or Démocrite n'est pas, pour lui, un adversaire très ancien. Tout au moins ne le présente-t-il pas généralement comme tel. Il semble donc que, si Démocrite est bien concerné par ce passage, il est associé à une antique tradition, dont il ne fait que symboliser la continuité. On mesure en tout cas, en lisant le texte de Simplicius, à la fois l'importance historique du passage de *Phys.*, II, 4 pour toute la doxographie postérieure [3] et l'épaisseur interprétative de la superposition des strates successives que représentent les témoignages plus tardifs.

Simplicius, néanmoins, ne pouvait-il pas déceler, dans le texte même d'Aristote, une confirmation expresse de l'allusion à Démocrite ? La distinction d'Eudème entre le point de vue cosmogonique et l'analyse des événements internes au *kosmos* apparaît dans la section III de notre chapitre. En réalité, cette distinction n'intervient qu'à partir de la ligne 196a24, où entre en scène, toujours implicitement, Démocrite 2 : Aristote reproche à ses adversaires de recourir au hasard pour expliquer la formation des mondes, alors qu'ils l'excluent des événements particuliers qui se produisent à l'intérieur de notre monde. Or, si Simplicius – ou Eudème, si le texte qu'il lisait ressemblait à celui que nous avons sous les yeux – y fait ici référence, par anticipation, c'est au mépris de la structure manifeste du texte d'Aristote, puisque celui-ci, après avoir ouvert la section II, à la ligne 195b36, par la formule ἔνιοι γὰρ (« certains, en effet… »), ouvre la section III par une périphrase, εἰσὶ δέ τινες… (« certains, par ailleurs… »), qui

1. Fr. 54a Wehrli.
2. Simplicius, *Commentaire sur la Physique d'Aristote*, 332.16-18 ; 55 Wehrli.
3. À laquelle il faut ajouter sa reprise implicite dans le *De fato* d'Alexandre d'Aphrodise, même si celui-ci ne mentionne pas Démocrite.

suggère clairement qu'il ne s'agit plus des mêmes adversaires [1]. On pourrait m'objecter que la position théorique de la section III n'est peut-être qu'une spécification de ἔνιοι γὰρ à la ligne 195b36. Cependant, l'argument de la section III fait intervenir un élément qui n'apparaît pas dans la section II, à savoir la distribution cosmologique des faits qui impliquent le hasard et des faits qui l'excluent : dans la section II, Empédocle recourt à la *tuchê* aussi bien pour expliquer la cosmogonie que pour expliquer la formation des parties des animaux. Je reviendrai plus loin sur l'argument de la section III. Nous verrons, à cette occasion, que celui-ci, mais aussi plusieurs éléments externes au texte de *Phys.*, II, 4, nous interdisent de nous contenter de Démocrite 1. Par ailleurs, si nous suivons malgré tout l'interprétation donnée par Eudème et Simplicius, force est d'admettre que l'image d'un déterministe *dur* ne convient plus à Démocrite.

L'attribution de la position *dure* à Démocrite trouve peut-être son origine dans la dénonciation, correctement attestée, de l'attitude vulgaire qui consiste à faire de la fortune un asile de l'ignorance et à invoquer cette dernière pour compenser notre méconnaissance des causes [2]. Nous verrons cependant que Démocrite ne réduit pas le hasard ou la fortune à une pure construction subjective et ce n'est pas ainsi, du reste, qu'Aristote nous le montre. Il est tout à fait possible que Démocrite critique l'invocation ignorante de la fortune dans le cas où une cause déterminée pourrait être invoquée, tout en admettant qu'il y ait *réellement*, par ailleurs et en un certain sens, des faits de fortune ou de hasard.

Pour toutes ces raisons, il est très peu probable que l'expression « le vieil argument qui élimine la fortune » soit, de la part d'Aristote, une référence directe et exclusive à Démocrite, comme l'ont pensé, à la suite d'Eudème, non seulement Simplicius, mais aussi la plupart des commentateurs modernes [3]. Tout au plus s'agit-il d'une allusion à une famille doctrinale mal délimitée. Même si Démocrite en fait partie, la formule a une très faible valeur informative en ce qui concerne sa propre conception de la détermination causale.

1. Ainsi, P. Pellegrin, *Aristote. Physique*..., *op. cit.*, insiste sur l'opposition avec ce qui précède : « il y en a d'autres, par contre, qui… »

2. Voir les textes de Denys d'Alexandrie chez Eusèbe de Césarée et de Stobée placés sous le n°68 B 119 DK.

3. Voir, outre Diels-Kranz et Luria : après D. Ross – qui suit sans hésitation Simplicius –, P. Pellegrin, *Aristote. Physique*..., *op. cit.*, p. 135. C. C. W. Taylor, *The Atomists*..., *op. cit.*, p. 91-92, inclut l'ensemble des sections II-III sous le n°71.a de sa collection de témoignages et il n'intègre pas, dans le passage de Simplicius (71.b), la proposition dans laquelle figure la référence à Eudème.

Passons maintenant à la brève section IV de notre chapitre, où apparaît Démocrite 3, celui qui croit au caractère divin de la fortune :

> Certains, par ailleurs, pensent que la fortune est une cause, mais qu'elle est cachée à la raison humaine, dans l'idée qu'elle est quelque chose de divin et de trop surnaturel [1].
>
> Εἰσὶ δέ τινες οἷς δοκεῖ εἶναι μὲν αἰτία ἡ τύχη, ἄδηλος δὲ ἀνθρωπίνῃ διανοίᾳ ὡς θεῖόν τι οὖσα καὶ δαιμονιώτερον.

Simplicius, cette fois, ne mentionne pas Démocrite, mais les invocations delphiques et celles d'Orphée, ainsi qu'un passage des *Lois* de Platon (IV, 709b). Il indique que cette croyance archaïque ne diffère pas fondamentalement de l'opinion des stoïciens [2]. Pourtant, Diels-Kranz placent ce passage sous le n°68 A 70 de la doxographie de Démocrite et Luria fait de même sous le n°28 de sa propre collection. Ils s'en remettent à l'une des versions d'une notice d'Aétius [3], d'après laquelle la fortune est une cause invisible à la raison humaine pour Anaxagore, Démocrite et les Stoïciens. Or les éditeurs procèdent ici à une reconstitution discutable, trouvant le nom de Démocrite chez Théodoret [4], alors que le Pseudo-Plutarque et Stobée ne mentionnent qu'Anaxagore et les Stoïciens. L'origine de cette association semble purement polémique : la doxographie chrétienne reproche en effet à la physique atomiste de livrer le monde à un hasard irrationnel et inintelligible, comme le montrent les critiques de Denys d'Alexandrie chez Eusèbe de Césarée [5] et de Lactance [6]. C'est donc à juste titre que Ross ne mentionne pas Démocrite à propos de ce texte mais préfère l'hypothèse d'une allusion à Anaxagore. Le choix de Diels et de Luria, il est vrai, a peut-être également sa source dans les fragments théologiques, ou plutôt « démonologiques », de Démocrite. Selon Démocrite, les images divines qui nous parviennent peuvent être bénéfiques ou maléfiques, ce qui justifie que l'on « prie pour recevoir des images favorables » [7]. Toutefois, le fait que les rencontres d'images divines relèvent de la chance ne signifie pas que la chance elle-même soit nécessairement divine.

Nous pourrions il est vrai comprendre ce texte autrement : l'idée de la fortune comme cause cachée à la raison humaine serait en réalité une

1. 196b5-7 ; 68 A 70 DK ; 28 Luria.
2. *Commentaire sur la Physique d'Aristote*, 332.35-333.25.
3. Aétius, I, 29, 7 [DK 59 A 66 et 68 A 70].
4. Théodoret, VI, 15 ; 72 Taylor.
5. Eusèbe de Césarée, *Préparation évangélique*, XIV, 27, 4-5 [DK 68 B 118 ; 119].
6. Lactance, *Institutions divines*, I, 2 [DK 68 A 70] ; 73 Taylor.
7. Sextus Empiricus, *Contre les savants*, IX, 19 [DK 68 B 166].

critique de l'attitude vulgaire [1] – la fortune comme *asylum ignorantiae* –, si bien que Démocrite ne croirait pas réellement, pour sa part, à la divinité de la fortune, voire à la fortune *tout-court*. Toutefois, nous reviendrions ainsi à la position de Démocrite 1. Or le texte d'Aristote les distingue indiscutablement : la section IV commence par une formule qui rend inconcevable l'hypothèse qu'il puisse s'agir encore, en cet endroit, de Démocrite, s'il s'agit bien de lui dans les lignes précédentes.

Il me semble donc que Démocrite 3 est une pure construction exégétique, dont Aristote lui-même ne peut être tenu pour responsable, et que les témoignages qui en dressent le portrait ne sont pas réellement informatifs.

Remontons maintenant de quelques lignes dans le texte, à la section III, où l'on rencontre Démocrite 2 [2] :

> Certains, par ailleurs, font du hasard la cause de notre ciel et de tous les mondes. <Ils pensent> en effet que c'est par le hasard que sont engendrés le tourbillon et le mouvement qui a produit la séparation et la constitution du tout dans l'ordre qui est le sien. Et il y a vraiment là de quoi s'étonner. Ils disent en effet, d'une part, que les animaux et les plantes ne doivent ni leur existence ni leur naissance à la fortune, mais que c'est en vérité la nature ou l'intellect ou quelque autre chose du même genre qui en est la cause – ce n'est pas en effet un être quelconque qui naît par hasard de chaque semence, mais de cette semence-ci naît un olivier et de cette autre un homme –, et d'autre part que le ciel et les plus divins des objets apparents sont engendrés par le hasard et qu'il n'y a là aucune cause semblable à celle des animaux et des plantes [3].
>
> Εἰσὶ δέ τινες οἳ καὶ τοὐρανοῦ τοῦδε καὶ τῶν κόσμων πάντων αἰτιῶνται τὸ αὐτόματον· ἀπὸ ταὐτομάτου γὰρ γενέσθαι τὴν δίνην καὶ τὴν κίνησιν τὴν διακρίνασαν καὶ καταστήσασαν εἰς ταύτην τὴν τάξιν τὸ πᾶν. καὶ μάλα τοῦτό γε αὐτὸ θαυμάσαι ἄξιον· λέγοντες γὰρ τὰ μὲν ζῷα καὶ τὰ φυτὰ ἀπὸ τύχης μήτε εἶναι μήτε γίγνεσθαι, ἀλλ' ἤτοι φύσιν ἢ νοῦν ἤ τι τοιοῦτον ἕτερον εἶναι τὸ αἴτιον (οὐ γὰρ ὅ τι ἔτυχεν ἐκ τοῦ σπέρματος ἑκάστου γίγνεται, ἀλλ' ἐκ μὲν τοῦ τοιουδὶ ἐλαία ἐκ δὲ τοῦ τοιουδὶ ἄνθρωπος), τὸν δ' οὐρανὸν καὶ τὰ θειότατα τῶν φανερῶν ἀπὸ τοῦ αὐτομάτου γενέσθαι, τοιαύτην δ' αἰτίαν μηδεμίαν εἶναι οἵαν τῶν ζῴων καὶ τῶν φυτῶν.

1. Hypothèse envisagée par C. C. W. Taylor, *The Atomists* : *Leucippus and Democritus. Fragments*, *op. cit.*, p. 190-191, à propos du témoignage de Théodoret. Voir également en ce sens – mais sans référence à Démocrite – la lecture d'Alexandre d'Aphrodise dans son *De fato*, 174.1-11.
2. Voir 68 A 69 DK ; 18 Luria ; 71.a Taylor.
3. 196a24-35 ; 68 A 69 DK ; 18 Luria ; 71.a Taylor.

L'intention critique d'Aristote est transparente : les adversaires en question inversent l'ordre du monde, attribuant la contingence à ce qui est le mieux ordonné – les phénomènes célestes – et ne l'attribuant pas aux phénomènes sublunaires, qui l'admettent pourtant [1].

Concernant l'identification exacte de l'adversaire, force est d'admettre que le texte est en partie décevant : il ne cite aucun nom et l'énumération « la nature ou l'intellect ou quelque autre chose du même genre » suggère que Démocrite n'est pas la seule cible d'Aristote. Si l'allusion à l'intellect concerne un principe cosmogonique, elle ne peut convenir à l'Abdéritain, mais s'appliquerait mieux à Anaxagore [2]. Cependant, comme nous allons le voir, il est légitime de placer Démocrite au premier rang des physiciens qui sont ici visés, et cela pour plus de raisons encore qu'Aristote ne semble lui-même l'admettre. En premier lieu, Simplicius, nous l'avons vu, attribue clairement à Démocrite le recours à la fortune dans l'explication de la formation des mondes [3]. Il cite plus haut un fragment d'après lequel il y a eu formation d'un monde parce qu'un « tourbillon (δίνη) de toutes sortes de formes s'est séparé du tout », et il ajoute : « il semble penser qu'il a été engendré par hasard et par fortune » [4]. Jean Philopon, qui reconnaît lui aussi Démocrite dans le passage d'Aristote [5], rapporte que, selon Démocrite, le fait que tel monde soit engendré dans telle partie du vide illimité se produit *kata tuchên* parce que le mouvement des atomes est lui-même hasardeux. Il ajoute que, dans les choses particulières, rien ne se produit *apo tuchês* [6]. Les commentateurs modernes s'accordent généralement pour reconnaître l'authenticité de cette doctrine. Ainsi, nous pouvons supposer que la formation d'un tourbillon cosmogonique est due au hasard, mais qu'une fois le processus engagé, et *a fortiori* une fois le monde constitué, tout se produit selon une intangible nécessité.

1. Voir également Aristote, *Parties des animaux*, I, 1, 641b15-23.

2. On peut aussi supposer que l'allusion à l'intellect ne se situe pas au niveau cosmogonique. Dans ce cas, il pourrait être question des techniques, par exemple l'agriculture, dont Démocrite s'est préoccupé, et qui nécessitent l'intervention causale de la raison humaine. Cette hypothèse est toutefois impossible à vérifier, étant donné qu'Aristote ne s'intéresse pas, pour sa part, au Démocrite technicien.

3. *Commentaire sur la Physique d'Aristote*, 330.15-16 [DK 68 A 68].

4. *Commentaire sur la Physique d'Aristote*, 327.24-26 [DK 68 A 67 ; 68 B 167].

5. Comme Thémistius, *Commentaire sur la Physique d'Aristote*, 49.12 [18 Luria ; Taylor 71.d].

6. Philopon, *Commentaire sur la Physique d'Aristote*, 261.31-262.20. Ce texte est retenu dans la collection de W. Leszl, *I primi atomisti*..., sous le n° 72.5. Voir aussi 265.5-9 (72.6 Leszl).

Cependant, parvenus à ce point de l'analyse, nous ne voyons pas encore comment concilier l'image du Démocrite 1 – radicalement déterministe – avec ce Démocrite 2 – en quelque sorte semi-déterministe –, car si l'allusion d'Aristote, dans la section II de notre chapitre, est très imprécise, il est indiscutable que Démocrite entend rendre compte de toutes choses par la nécessité.

Il faut en réalité revenir à la signification du terme même de nécessité tel qu'il apparaît chez Démocrite. Je laisse ici de côté l'usage classique du terme ἀνάγκη entendu au sens de besoin, nécessité vitale ou contrainte pratique, qui apparaît dans plusieurs fragments éthiques, comme on l'a vu plus haut. Ainsi, selon le fragment 68 B 289 DK, « il est déraisonnable de ne pas s'accorder aux nécessités de la vie ». Je considère donc uniquement les sens indiscutablement physiques de la notion. Au premier sens, nous l'avons vu, la nécessité implique l'équivalent d'un principe de causalité ou de raison suffisante : rien n'arrive sans cause et la seule cause est la nécessité. En un deuxième sens, « nécessité » désigne le mécanisme élémentaire des mouvements atomiques : « la résistance, le transport et le coup de la matière »[1]. Elle n'est autre, en ce sens, que le choc éternellement répété des atomes. Aristote critique cette origine sans commencement de tous les mouvements atomiques : il reproche à Démocrite de n'être pas parvenu à donner la cause première du mouvement et de se contenter de dire qu'il n'y a pas de commencement à ce qui est éternel[2]. Or, si l'on comprend la nécessité en ce sens et si l'on entend par αὐτόματον un processus purement spontané, nous constatons qu'elle ne diffère en rien du hasard : le mouvement premier et sans cesse renouvelé des atomes hors de toute structure définie et de toute série causale ordonnée est à la fois pure nécessité et pur désordre. On comprend ainsi que Cicéron, par exemple, puisse dire à la fois que, selon Démocrite, tout arrive selon le destin et la nécessité[3] et que, selon Démocrite et peut-être Leucippe, le ciel et la terre ont été engendrés par une rencontre hasardeuse (*concursu quodam fortuito*)[4]. En un troisième sens, ἀνάγκη désigne le tourbillon cosmogonique. Dans la partie doxographique de la section qu'il consacre à Démocrite, Diogène Laërce explique ainsi que « toutes les choses se produisent selon la nécessité,

1. Aétius, I, 26, 2 [DK 68 A 66]. Voir, dans le même sens, Aristote chez Simplicius, *Commentaire sur le Traité du ciel d'Aristote*, 294.33 ; Rose 208 [DK 68 A 37], où la nécessité est rapportée aux associations et dissociations atomiques.

2. *Gén. an.*, II, 6, 742b20-21. Voir aussi Cicéron, *Fin.*, I, 6, 17 [DK 68 A 56] ; Pseudo-Plutarque, *Stromates*, 7 [DK 68 A 39].

3. Cicéron, *Du destin*, 17, 39 [DK 68 A 66 ; 24 Luria].

4. *DND*, I, 24, 66 [DK 67 A 11].

le tourbillon étant la cause de la génération de toutes choses et [qu']il le nomme Nécessité »[1]. Ce témoignage, rapproché de la cosmogonie attribuée à Leucippe par Diogène aux paragraphes 30-33 du livre IX des *Vies*, suggère que la nécessité universelle, ou nécessité pré-cosmique, se différencie et se particularise à son état encosmique. Ainsi s'explique que tous les mondes ne soient pas identiques, certains n'ayant ni soleil ni lune, tandis que d'autres en ont plusieurs et que d'autres encore sont privés d'animaux, de plantes et d'humidité[2], alors que la nécessité les régit tous. Ainsi, ce même tourbillon dont Aristote et Simplicius disent qu'il est produit au hasard est également l'expression de la nécessité.

La superposition de ἀνάγκη et de αὐτόματον n'a rien d'exceptionnel. L'Étranger du *Sophiste*[3] envisage deux explications pour la production des êtres naturels : par une cause spontanée (ἀπό τινος αἰτίας αὐτομάτης), dépourvue de pensée ou par une cause de ce type accompagnée de raison et d'une science divine dont l'origine serait en dieu. Un passage parallèle des *Lois*[4] présente cette cause naturelle comme étant la « nécessité » elle-même, ce qui suggère qu'elle est spontanée au sens où elle n'est pas conduite par une pensée, intellect divin ou âme du monde. La nécessité du *Timée* recoupe en partie le hasard et la fortune, sans que Platon n'y trouve de contradiction ni de difficulté, dans plusieurs passages où il pense probablement à Démocrite[5]. De même, dans la polémique qui l'oppose aux physiques mécanistes, au livre X des *Lois*, Platon dénonce le fait qu'ils recourent, dans leurs explications cosmogoniques, à un « hasard nécessaire » (κατὰ τύχην ἐξ ἀνάγκης)[6].

Une première solution pour sortir de l'embarras se dessine donc : la contradiction dénoncée par Aristote dans la section III de notre chapitre de référence est levée, au moins sur le plan lexical et conceptuel, parce que Démocrite ne voit pas lui-même d'antinomie entre hasard et nécessité. Nous pourrions même faire un pas de plus et conclure que ces deux termes

1. DL, IX, 45 [DK 68 A 1]. Voir encore l'apposition de la nécessité et du tourbillon dans le témoignage de Sextus Empiricus, *Contre les savants*, IX, 113 [DK 68 A 83] ; Stobée, *Choix de textes*, I, 4, 7c. Voir aussi la *Suda*, art. ἀναγκαῖον, qui reprend la formule de Diogène Laërce.

2. Selon Hippolyte, *Réfutation de toutes les hérésies*, I, 13 [DK 68 A 40].

3. Platon, *Sophiste*, 265c.

4. Platon, *Lois*, XII, 967a.

5. Platon, *Timée*, 46e ; 77a ; 89b-c. Je renvoie sur ce point à P.-M. Morel, « Le *Timée*, Démocrite et la nécessité », dans M. Dixsaut, A. Brancacci (éd.), *Platon, source des présocratiques. Exploration*, Paris, Vrin, 2002, p. 129-150.

6. Platon, *Lois*, X, 889c.

sont, pour Démocrite, équivalents et que le hasard n'est finalement que le *sobriquet* de la nécessité, comme l'a soutenu Jean Salem [1].

Cette solution est particulièrement économique, mais elle l'est peut-être un peu trop. Tout d'abord, les fragments moraux conservent le sens spécifique de τύχη comme chance ou fortune, qu'elle soit bonne ou mauvaise. Ainsi, selon le fragment 68 B 176 DK, « la fortune (τύχη) est généreuse mais inconstante, alors que la nature se suffit à elle-même » [2]. De même, selon le fragment 68 B 269 DK, « l'audace est le commencement de l'action, mais la fortune est maîtresse de son accomplissement » [3]. Il est très difficile de reconnaître une nécessité intangible derrière cette fortune aléatoire, indépendamment même du problème de la compatibilité entre les fragments moraux et la doctrine physique. Ces fragments laissent en effet intacte la possibilité d'une action responsable et l'élément non contrôlable que représente la *tuchê* n'entre pas radicalement en concurrence avec l'intention humaine : elle concerne ses conditions d'achèvement et non pas ses conditions de possibilité pure et simple. Or, si la nécessité est hégémonique – que ce soit sous la forme de l'ordre des choses ou sous celle du désordre originel –, elle met en cause, non seulement les conditions secondaires, mais la possibilité même de l'initiative humaine.

On notera par ailleurs que l'interprétation subjectiviste du hasard démocritéen est en contradiction avec les textes que l'on vient de lire : si le hasard ou la fortune étaient une pure fiction destinée à masquer la méconnaissance des causes, on ne voit pas comment ils pourraient perturber objectivement l'enchaînement des événements. L'explication de la détermination du sexe de l'embryon apporte un autre exemple de la consistance des faits aléatoires. Pour Démocrite, la semence provient à la fois du père et de la mère et c'est l'*epikrateia*, la concurrence entre ces semences, qui explique la plus ou moins grande ressemblance de la progéniture avec l'un des deux parents. Or, selon l'une des versions de la doctrine, cette explication ne concerne que les parties sexuellement différenciées et non pas les parties communes aux deux sexes, qui « proviennent au hasard » (τύχῃ) de l'un ou l'autre des parents [4].

1. J. Salem, *Démocrite. Grains de poussière dans un rayon de soleil*, Paris, Vrin, 1996, p. 77-89. Vittorio Enzo Alfieri avait déjà défendu cette interprétation, aussi bien à propos des chocs atomiques que du tourbillon cosmogonique. Voir V. E. Alfieri, *Atomos Idea*..., *op. cit.*, p. 102; 106.

2. Stobée, II, 9, 5.

3. Τόλμα πρήξιος ἀρχή, τύχη δὲ τέλεος κυρίη, Stobée, IV, 10, 28.

4. Aétius, V, 7, 6 [DK 68 A 143].

Plus généralement, l'identification pure et simple de la nécessité avec le hasard-spontanéité et la fortune pose le problème suivant : Démocrite pense-t-il pouvoir expliquer tous les phénomènes de la même manière, aussi bien ceux qui témoignent d'un désordre originel que ceux qui témoignent d'une certaine constance ou d'une forme de régularité ? Si les intentions étiologiques de Démocrite s'en étaient tenues à un principe général d'explication, c'est-à-dire aux lois universelles des mouvements et des compositions atomiques, il n'y aurait aucune difficulté : tout est explicable dans les termes du mouvement atomique, dont nous pouvons dire qu'il est à la fois nécessaire et fortuit. Il se trouve cependant que Démocrite s'est également interrogé sur les causes particulières des phénomènes, qu'ils soient exceptionnels ou habituellement observables : la formation des embryons, les tremblements de terre, la vision, l'animation, la pousse des bois chez les cerfs, etc. Les exemples pris par Aristote dans la section III – la semence de l'olivier engendre un olivier ; la semence de l'homme engendre un homme – ne sont pas anodins : ils font probablement allusion à ces étiologies particulières dont témoigne le catalogue des œuvres de Démocrite transmis par Diogène Laërce. Beaucoup d'autres textes confirment que, si Démocrite rapporte toutes choses aux mouvements et aux différences atomiques, le champ d'application de ce principe explicatif s'étend aux corps composés et, du même coup, aux phénomènes ordonnés. Quelle que soit la manière dont on comprend les positions de Démocrite en matière de théorie de la connaissance, et sans oublier les nombreux fragments qui témoignent d'une attitude critique à l'égard de l'expérience sensible, voire d'un véritable pessimisme épistémologique, nous devons reconnaître que ses intérêts scientifiques vont tout autant vers les causes et les effets sensibles que vers les principes imperceptibles [1].

Dans ces conditions, le témoignage d'Aristote mérite d'être examiné de manière plus charitable : il invite à distinguer, au-delà de ses intentions polémiques, deux régimes distincts à l'intérieur de la causalité physique. Si l'on en croit le texte d'Aristote et les autres témoignages qui associent hasard et formation des mondes, le terme αὐτόματον semble s'appliquer à l'explication des mouvements pré-cosmiques de manière plus exacte qu'à toute autre. Il n'exclut pas la nécessité, mais paraît plutôt la spécifier. Nous savons d'autre part que, dans un passage de son traité *De la nature*, Épicure présente les abdéritains comme ceux qui font « du hasard et de la nécessité

1. J'ai analysé cette difficulté dans P.-M. Morel, « Démocrite. Connaissance et apories »..., art. cit., et proposé une interprétation non systématique – mais aussi, et de ce fait même, cohérente – de la théorie démocritéenne de la connaissance.

la cause de toute chose »[1]. Ce texte est très elliptique, indépendamment même des problèmes textuels qu'il pose. Il peut signifier que hasard et nécessité, loin de s'opposer, doivent être confondus. Il peut également donner à penser que Démocrite recourt, selon les cas, à deux concepts dont la signification n'est pas strictement la même.

Toute la difficulté est de distinguer *en tant que causes* ces deux types de production des phénomènes. Si, en effet, le tourbillon cosmogonique est le fait de rencontres fortuites entre des atomes initialement isolés, il n'en demeure pas moins que ces rencontres sont l'effet de la situation antérieure. Elles demeurent donc explicables, au moins en droit, dans les termes d'un rapport d'antécédent à conséquent. Le tourbillon cosmogonique lui-même ne naît pas de rien. En ce sens, il n'en va pas différemment du hasard cosmique et de la découverte du trésor ou de la fracture du crâne du chauve. La seule différence tiendrait au caractère particulièrement éloigné, dans l'espace et dans le temps, des faits extra-cosmiques, et ainsi, aux limites des facultés de connaissance.

Si nous voulons distinguer *réellement* entre les causes strictement nécessaires et des causes nécessaires-fortuites, nous en sommes réduits à imaginer des textes que nous n'avons pas. Dans ceux-ci, Démocrite distinguerait explicitement entre, d'une part, le hasard pré-cosmique comme production spontanée d'une structure ou d'une série régulière à partir de mouvements atomiques désordonnés et, d'autre part, le nécessaire au sens restreint comme production spontanée d'un effet à partir de structures ou de séries régulières déjà constituées. Il préciserait en outre que les événements fortuits de notre monde (la découverte du trésor ou la fracture du crâne du chauve) résultent de la rencontre fortuite de ces structures ou séries déjà constituées. Ce que nous constatons, en tout cas, au vu des textes que je viens de convoquer, c'est que Démocrite a distingué des types de phénomènes et qu'il a identifié des séquences de régularité – comme dans l'explication de la reproduction spécifique, dans l'explication de la vision, ou de l'animation – qui se distinguent, par le fait, des mouvements aléatoires ou des événements accidentels. La constance des structures et la répétition des séries de ce type contrastent au moins *par leurs effets* avec le régime de perturbation généralisée et d'incertitude qui caractérise les mouvements extra-cosmiques.

Que conclure sur le témoignage d'Aristote ? On conçoit très bien qu'Aristote dénonce l'attitude de Démocrite 2, dans la mesure où il lui

1. *De la nature*, 34, 30 Arrighetti; Long-Sedley 20 C 13. Voir aussi l'expression « nécessité hasardeuse » en 34, 27, qui est sans doute dirigée contre les Abdéritains. Voir ci-dessous, p. 143.

reproche de subvertir l'ordre naturel et cosmique en plaçant le hasard – c'est-à-dire, pour Aristote, les accidents de la causalité finale – là où règnent l'ordre et la régularité la plus stricte. Il n'ignore pas, cependant, que la nécessité est également invoquée, par ses prédécesseurs, pour rendre compte de faits que ces derniers jugent accidentels, comme l'accroissement ou la perte de la récolte, ou encore la forme des dents [1]. Sa critique ne porte donc pas tant sur la confusion du hasard et de la nécessité que sur la confusion entre l'ordre et le désordre, entre le nécessaire compris par opposition à l'accidentel et le nécessaire en tant qu'il qualifie l'accidentel. Aristote entend lui-même clarifier la situation en fixant la distinction modale entre le nécessaire et le contingent, mais il est clair que sa critique porte prioritairement sur une conception générale de l'univers, conception qui suppose, de fait, que Démocrite distingue entre le régulier – ici, la constance des espèces – et l'irrégulier – ici, la formation d'un tourbillon cosmogonique en un lieu et en un temps non déterminés.

Ainsi, au-delà des intentions polémiques, Aristote nous met sur la voie d'une estimation plus fine du type de déterminisme que nous devons prêter à Démocrite. Il s'agit bien d'un déterminisme au sens où rien n'arrive sans cause, ni conditions antécédentes. Toutefois, Démocrite n'élimine pas totalement la fortune, d'une part parce qu'il ne fait pas de distinction radicale entre hasard et nécessité, et d'autre part parce qu'il réserve aux faits de fortune ou de hasard un statut spécifique, à l'intérieur du régime de spontanéité qui régit l'univers et qui exclut toute intervention providentielle. En ce sens, rien n'arrive sans cause, mais il faut distinguer entre des causes de régularité et des causes de perturbation ou d'organisations inédites. Si l'on admet que Démocrite 2 a bien fait cette distinction, on peut sans doute lui reprocher d'avoir manqué de clarté sur le plan des principes, mais on doit aussi lui rendre hommage pour avoir été attentif aux effets, pour avoir ainsi suggéré que les effets en apprennent souvent beaucoup sur les causes, et pour avoir légitimé le recours à l'observation empirique dans la science de la nature. Démocrite est donc bien « déterministe », tout au moins si l'on admet, à l'intérieur d'un déterminisme global, l'originelle efficacité du désordre et la discontinuité des séries causales. Un tel déterminisme n'exclut donc pas les comportements aléatoires de la matière.

1. *Phys.*, II, 8, 198b17-32.

CHAPITRE V

LE VIVANT ET LA NÉCESSITÉ : DÉMOCRITE DANS LA PSYCHOLOGIE D'ARISTOTE

L'hégémonie de la nécessité, pour Démocrite, s'explique non seulement parce qu'elle ne laisse place à aucune autre cause – finale ou intentionnelle –, mais aussi parce que, prise en ce sens exclusif, elle englobe et pour ainsi dire absorbe la part d'aléatoire qu'implique le hasard. Elle s'explique encore par une troisième raison : la nécessité n'est pas seulement un principe premier, mais encore un principe diffus. Elle règne aussi bien au plan pré-cosmique et sur les processus cosmogoniques que sur l'organisation interne des mondes et les phénomènes particuliers. Cela n'a pas échappé à Aristote, qui dénonce l'exclusivité causale de la nécessité démocritéenne dans les phénomènes particuliers du monde sublunaire. De fait, pour la nouvelle physique qui se construit à partir du *Timée* de Platon, une physique qui établit la priorité des causes finales – qu'elles soient « intelligentes », comme dans le dialogue platonicien, ou non –, le type de nécessité qu'incarne l'*anankê* démocritéenne fait figure d'adversaire obligé [1]. La polémique sur le pouvoir et les limites de la détermination nécessaire est même un élément structurant de la physique aristotélicienne, et elle n'est sans doute pas étrangère à l'émergence de l'idée de « nécessité hypothétique », cette forme de détermination nécessaire qui demeure subordonnée à la finalité, comme la *nécessité que* la lame soit d'un métal dur *pour pouvoir* accomplir sa fonction, qui est de trancher. Ainsi, par ce jeu de miroirs que met en place la méthodologie dialectique aristotélicienne, dans la critique même de Démocrite, se reflète l'image de l'étiologie abdéritaine, où la nécessité est omniprésente.

1. Le fait que Platon ne mentionne jamais Démocrite ne signifie pas qu'il ne l'affronte pas implicitement ou indirectement, notamment dans le *Timée*.

Le cas de la présence démocritéenne dans les opuscules de psychologie d'Aristote, les *Parva naturalia* (*PN*), est un bon exemple de ce phénomène. Il révèle en effet, tout autant que les intentions positives d'Aristote dans la perspective de sa propre psycho-biologie, le rôle qu'a pu jouer la nécessité dans l'explication démocritéenne des phénomènes propres aux vivants. Les textes que l'on va parcourir ont pour propos commun d'interroger la capacité de l'atomisme démocritéen à rendre compte de la vie, en l'absence de tout principe incorporel d'animation. C'est un enjeu crucial pour la conception aristotélicienne du vivant, selon laquelle l'âme comprise comme forme incorporelle est le premier principe de la vie. C'est aussi un enjeu majeur pour l'ambition démocritéenne de recherche des causes.

Commençons par rappeler quelques éléments généraux, destinés à définir le cadre doctrinal du problème. Comme nous l'avons vu dans le chapitre précédent, Aristote donne souvent de la physique atomiste une image passablement réductrice, où seuls sont causes ou principes les atomes et le vide, ou encore la nécessité. Démocrite, en un mot, n'a aucune idée de la causalité finale et de la causalité formelle, il échoue à rendre compte de la causalité motrice et il réduit toute relation causale à la causalité matérielle [1]. Dans l'ensemble, on l'a vu, cette réduction est manifestement fondée.

Néanmoins, Démocrite ne s'est pas contenté d'invoquer les atomes et le vide pour fonder l'explication causale : les étiologies particulières auxquelles il a consacré un grand nombre de traités – en zoologie, en embryologie, en médecine ou encore en géologie – le conduisent à appliquer une idée complexe de la causalité. Bien que la physique démocritéenne soit fondamentalement réductionniste, elle cherche à identifier, sur le plan des composés, des convergences de facteurs et des effets dérivés que la théorie générale des atomes et du vide ne permet pas de définir à elle seule.

C. C. W. Taylor a fait remarquer qu'au niveau cinétique le plus élémentaire, celui des atomes, trois forces fondamentales sont à l'œuvre : une force de répulsion, qui correspond à l'impact ou au choc atomique, et deux forces d'attraction, l'une expliquant l'agrégation d'atomes de formes semblables, l'autre celle d'atomes dont les formes sont dissemblables [2]. Or, si l'on considère que l'attraction des semblables se produit également parmi les composés perceptibles, comme les galets ou les animaux de

1. Voir Aristote, *Mét.*, A, 4, 985b4-20 [DK 67 A 6] ou encore *Gén. an.*, V, 8, 789b2 *sq.* [DK 68 A 66] : « Démocrite oublie de parler de la cause finale et réduit à la nécessité tous les moyens dont use la nature. »

2. C. C. W. Taylor, *The Atomists*..., *op. cit.*, p. 192-194.

même espèce [1], la complexité causale se redouble lorsque l'on passe au niveau macro-physique. Il est donc particulièrement gênant de constater qu'un grand nombre de commentateurs modernes ont privilégié une vision schématique de la physique abdéritaine, estimant qu'elle ne connaît d'autres types de relations causales que la relation de composition ou d'inhérence – *x* a pour cause *y* et *z*, si *x* est composé d'*y* et de *z*. Un examen systématique des relations causales dans les témoignages et les fragments montre pourtant que Démocrite ne s'est pas contenté des relations d'inhérence, mais qu'il a aussi conçu la causalité comme une relation d'antécédence entre des séries causales ou à l'intérieur de séries causales – *x* a pour cause *y* et *z*, si *x* se produit à la suite d'*y* et de *z*. Or cette relation d'antécédence n'affecte pas seulement les mouvements des atomes, mais aussi ceux des composés. S'il est vrai, en un mot, que Démocrite est réductionniste en ce qui concerne la causalité matérielle – ce qui l'autorise à dire que les qualités sensibles n'existent que « par convention », alors que les atomes et le vide existent « en réalité » ou par nature [2] –, il ne l'est pas intégralement du point de vue des mouvements et propriétés des composés.

Ajoutons que l'usage abdéritain du concept d'ἀνάγκη n'est pas univoque. Ainsi que nous venons de le rappeler, le même terme désigne tour à tour une sorte de principe de raison suffisante – en vertu duquel nous pouvons dire que tout se produit selon une certaine raison –, le mécanisme des mouvements atomiques ou encore le tourbillon cosmogonique, la *dinê*. Enfin, ἀνάγκη et les termes de la même famille peuvent se rapporter aux besoins et aux contraintes de l'existence humaine.

Tout cela, Aristote ne pouvait l'ignorer. Je ne reviendrai pas sur ce qui est maintenant solidement établi, à savoir que le Stagirite ne s'est pas contenté de dépasser les théories antérieures, fût-ce de manière sélective, mais aussi qu'il en rend compte avec plus d'honnêteté, ou d'authentique curiosité, pour la doctrine originelle qu'on ne l'a longtemps dit. Toutefois, l'évaluation du scrupule historiographique et l'exercice qui consiste à décerner aux différents textes d'Aristote les bons et les mauvais points présentent à l'usage assez peu d'intérêt. Il est en revanche beaucoup plus fécond d'analyser les conditions et les fins de la polémique. Celle qui oppose Aristote à Démocrite, loin de se réduire à un motif unique de désaccord, ressurgit – non sans concessions importantes – dans plusieurs

1. Sextus Empiricus, *Contre les savants*, VII, 116-118 [DK 68 B 164].

2. Voir notamment Aétius, IV, 9, 8 [DK 67 A 32]; DL, IX, 72 [DK 68 B 117]; Galien, *Des éléments selon Hippocrate*, I, 2 [DK 68 A 49], *De l'expérience médicale*, XV, (éd.) Walzer-Frede [DK 68 B 125]; Sextus Empiricus, *Contre les savants*, VII, 135 [DK 68 B 9].

domaines de la philosophie naturelle. Ainsi, la complexité explicative qui est refusée à l'Abdéritain dans les textes les plus généraux est de fait attestée, lorsque la critique porte sur des questions particulières.

Le cas des *PN* est à cet égard exemplaire. Ce texte – ou cet ensemble d'opuscules – est en effet directement concerné par un problème qui oblige Aristote à confronter sa propre physique à celle de Démocrite : celui de la nécessité hypothétique ou conditionnelle [1]. Le propos des *PN* peut être ainsi défini : il s'agit de montrer ce que doit être la constitution du corps afin qu'il y ait des propriétés ou des affections communes à l'âme et au corps et que l'âme remplisse sa fonction de principe du vivant. L'explication de la vision, de la mémoire, du sommeil, des rêves, de la longévité, de la respiration ou de la mort suppose en effet une étude des processus mécaniques et des conditions matérielles. L'explication par la seule causalité finale immédiate n'est pas rejetée, mais elle est en la circonstance reléguée au second plan, au profit de la causalité motrice et de la causalité matérielle. Il n'est donc pas étonnant que le nom de Démocrite apparaisse six fois [2] dans les *PN* – sans parler des allusions – et que les critiques qui lui sont adressées s'accompagnent de nuances particulièrement intéressantes pour une reconstruction de la physique abdéritaine. On le verra en particulier à propos de la question de la respiration, qui est proprement cruciale, étant donné le rapport essentiel qui relie, chez Démocrite, l'animation à la respiration.

L'interprétation du projet même des *PN* pose un certain nombre de problèmes. Certains commentateurs considèrent qu'ils appartiennent, en totalité ou en partie, à une période de rédaction antérieure à celle du *De anima* ou tout au moins à la période de rédaction du livre II de ce traité. Ainsi, D. Ross [3] estime que les *PN* sont caractérisés par une conception encore dualiste des rapports entre l'âme et le corps, conception qui serait incompatible avec l'hylémorphisme du livre II du *De anima*. Néanmoins, avec le recul des interprétations génétiques d'Aristote, cette position a

1. Les *PN* ont généralement été oubliés dans les différentes reconstructions et interprétations de cette confrontation. Voir par exemple les analyses, par ailleurs très convaincantes, que constituent le premier essai du livre de M. Nussbaum, *Aristotle's De Motu Animalium*. Text with Translation, Commentary and Interpretive Essays, Princeton, Princeton University Press, 1978 ; 1985[2], p. 59-99, et les différents articles que J. Cooper a consacrés à la question, notamment : J. Cooper, « Hypothetical Necessity and natural Teleology », *in* A. Gotthelf, J.G. Lennox (eds.), *Philosophical Issues in Aristotle's Biology*, Cambridge, Cambridge University Press, 1987, p. 243-274.

2. Juste après celui d'Empédocle, qui apparaît sept fois.

3. D. Ross, *Aristotle. Parva naturalia*, a revised Text with Introduction and Commentary, Oxford, Oxford University Press, 1955, p. 12-18.

perdu de son poids au profit d'une datation approximative plus homogène de l'ensemble des traités psychologiques, dans la période de rédaction du *De anima*. L'unité des *PN* a fait également l'objet de débats, justifiés notamment par la diversité des questions abordées et par des problèmes de cohérence interne. Toutefois, sans aller jusqu'à faire des *PN* un unique traité, nous pouvons comprendre cette série d'opuscules comme l'expression d'un projet global, complémentaire du *De anima* : étudier les fonctions communes à l'âme et au corps pour rendre compte dans leur diversité des mouvements internes de l'animal[1].

Dans ces conditions, il est logique que les *PN* s'interrogent sur la nécessité conditionnelle et qu'ils rencontrent les théories mécanistes ou, pour le dire schématiquement, *matérialistes*, qui entendent précisément recourir à une explication par la nécessité. Aristote n'accorde pas, on le sait, que la nécessité puisse valoir, dans la nature, comme une cause suffisante[2]. Toutefois, il montre que le sommeil de l'animal, par exemple, s'explique par le besoin de repos, c'est-à-dire par sa nécessité conditionnelle, en vue de l'activité propre à l'animal accompli, à savoir la sensation à l'état de veille :

> Premièrement, puisque nous disons que ce en vue de quoi la nature agit, c'est un certain bien; que le repos est nécessaire et utile pour tout ce qui se meut par nature sans avoir pourtant la capacité de se mouvoir toujours et continûment avec plaisir; étant donné que c'est en accord avec la réalité que l'on dit métaphoriquement du sommeil qu'il est un repos; <de tout cela> il résulte que c'est pour sa sauvegarde que l'animal connaît le sommeil. Mais c'est la veille qui est fin. En effet, la sensation et la pensée constituent la fin pour tous les animaux qui possèdent l'une ou l'autre, car elles sont ce qu'il y a de meilleur, or la fin c'est ce qu'il y a de meilleur. Dès lors, il est nécessaire que chaque animal dispose du sommeil. Je veux parler de la nécessité conditionnelle, considérant que s'il doit y avoir un animal pourvu de sa nature propre, il faut par nécessité que certains <attributs> lui appartiennent et que, ceux-ci lui appartenant, d'autres encore lui appartiennent[3].

1. Je développe ces différents points dans l'introduction de Aristote, *Petits traités d'histoire naturelle* (*Parva naturalia*), traduction originale, introduction, notes et bibliographie, Paris, GF-Flammarion, 2000 et dans P.-M. Morel, *De la matière à l'action. Aristote et le problème du vivant*, Paris, Vrin, 2007.

2. La nécessité est cause si nous la comprenons sous ce que l'on désigne par « matière ». Voir *Phys.*, II, 9, 200a30-34. Les *Part. an.* parlent, à propos de la finalité et de la nécessité, de deux causes (I, 1, 642a1s.) ou de deux « modalités de la cause » (642a14), mais c'est pour insister sur l'antériorité ontologique et la priorité épistémologique de la causalité finale. D'autre part, la nécessité absolue n'appartient qu'aux êtres éternels (639b23 *sq.*).

3. *Du sommeil et de la veille*, 2, 455b17-28.

Si Démocrite n'est pas convoqué sur cette question, il l'est en revanche sur trois points essentiels : la vision, la formation des rêves conformes aux événements réels, la définition de la vie par la respiration.

Commençons par la vision. Aristote, au premier chapitre du *De sensu*, commence par montrer que l'ensemble des propriétés communes à l'âme et au corps se rapportent à la sensation, que celle-ci définit l'animal, et qu'elle coïncide ainsi à la fois avec sa cause formelle et avec la cause finale de l'ensemble de ses propriétés et activités. Il aborde ensuite, au chapitre 2, le cas de la vision, en partant des prémisses dialectiques qui lui sont fournies par les théories d'Empédocle et de Démocrite. Le passage consacré à Démocrite se présente ainsi :

> Démocrite, quant à lui, a raison de dire que <l'œil> est eau, mais il a tort de croire que la vision est l'image réfléchie. Ce <phénomène> se produit en effet parce que l'œil est lisse, et la vision n'est pas dans l'œil mais dans celui qui voit. Cette affection, en effet, est une réflexion. Mais, d'une façon générale, la production des images et la réflexion n'étaient alors pas encore clairement expliquées, semble-t-il. Il est également étrange qu'il ne se soit pas demandé pourquoi seul l'œil voit et aucune des autres choses sur lesquelles les simulacres se réfléchissent. Que donc l'organe de la vision soit fait d'eau, c'est vrai ; cependant la vision ne se produit pas en tant qu'il est eau, mais en tant qu'il est diaphane ; et c'est là <une qualité> qui est commune aussi à l'air. Mais l'eau se contient et se condense plus facilement que l'air. C'est pourquoi la pupille, et l'œil <en son entier>, sont faits d'eau [1].

La théorie démocritéenne de la vision est présentée de façon particulièrement économique, notamment si l'on compare cette relation au témoignage, beaucoup plus détaillé, de Théophraste [2]. Aristote reconnaît à Démocrite le mérite d'avoir compris que la vision s'exerce grâce à la présence de l'eau dans l'œil, mais il lui reproche de réduire la vision à un simple phénomène de réflexion d'image (*emphasis*). La vision, précise Aristote, « n'est pas dans l'œil, mais dans celui qui voit », ce qui peut se comprendre de deux manières : ou bien Aristote fait allusion à la faculté réfléchissante de la pupille et à la vision, par un autre sujet, de l'image reflétée [3] ; ou bien il suggère – ce qui n'est pas contradictoire – que la vision n'est pas tout entière dans l'organe sensoriel, mais qu'elle implique également l'organe central de la sensibilité, à savoir le cœur, et plus fondamentalement

1. *De la sensation et des sensibles*, 2, 438a5-16.
2. Théophraste, *Des sens*, § 50-55 [DK 68 A 135].
3. Voir en ce sens T. K. Johansen, *Aristotle on the Sense-Organs*, Cambridge, Cambridge University Press, 1997, p. 45-49.

qu'elle est d'abord une activité de l'âme. Ce n'est pas l'œil en tant que tel qui voit, mais l'âme par l'intermédiaire de l'œil. Aristote veut montrer que Démocrite, malgré le rôle qu'il attribue à la transparence de l'eau, ne parvient pas à comprendre le rôle du diaphane dans l'accomplissement du processus de vision. En arrière-plan, il reproche à Démocrite et à la plupart des physiciens de réduire toutes les sensations au toucher, c'est-à-dire à une sorte de contact[1].

Voyons maintenant ce qu'il en est des rêves. Dans le traité *De la divination dans le sommeil*, Aristote propose une typologie des rêves en fonction de leur rapport aux événements réels. Certains sont causes, d'autres signes (*sêmeia*) des événements, d'autres enfin sont de simples coïncidences (*sumptômata*). Certains rêves paraissent inspirés par la divinité, parce qu'ils prédisent les événements futurs ou rapportent les événements éloignés. Aristote entend donner une explication rationaliste de ce type de rêves, et c'est sans doute ce qui justifie la référence à l'explication de Démocrite, qui est, semble-t-il[2], animée par le même projet :

> (…) il vaudrait mieux, plutôt que de parler comme Démocrite, qui en attribue la cause à des simulacres et des effluves, s'exprimer de la façon suivante. De même en effet que, lorsque quelque chose a mis en mouvement l'eau ou l'air, cela met en mouvement une autre chose et que, cette chose-là ayant cessé <de mouvoir>, il arrive que ce mouvement se prolonge jusqu'à un certain point en l'absence du moteur, de même rien n'empêche qu'un mouvement et une sensation ne parviennent jusqu'aux âmes qui rêvent (à partir <des objets> dont <Démocrite> fait sortir ses simulacres et ses effluves)[3].

Démocrite, on le voit, propose une explication par les effluves de simulacres (*eidôla*) en provenance de l'objet représenté, alors qu'Aristote recourt à la théorie des projectiles et à l'explication des cas de motricité par contiguïté des corps mus[4]. Il montre ainsi que les rêves apparemment inspirés sont en fait mécaniquement provoqués par des événements réels.

1. *De la sensation…*, 4, 442a29-442b3.

2. Pour simplifier, disons que Démocrite n'exclut pas que les rêves aient quelque chose de divin (voir par exemple Diogène d'Œnoanda, fr. 9 Smith), mais il s'efforce de donner l'explication la plus naturaliste possible des influences divines et de la genèse des rêves.

3. *De la divination dans le sommeil*, 2, 464a5-11.

4. Ou *antiperistasis*, comme il le fait à plusieurs reprises dans les *PN*. Voir *De la mémoire et de la réminiscence*, 2, 453a14-31 ; *Du sommeil…*, 3, 457a27 ; *Des rêves*, 3, 461a22 ; *De la divination…*, 2, 463b17 ; 464a32. Voir aussi *Phys.*, IV, 8, 215a15, où le terme *antiperistasis* est implicitement réservé à la théorie exposée par Platon en *Timée*, 59a ; voir aussi Aristote, *Du ciel*, III, 2, 301b23-30 ; *Problèmes*, XXX, 1.

Il paraît donc considérer qu'ils appartiennent à la catégorie des rêves-signes. Démocrite a le mérite de tenter d'expliquer la formation des rêves en termes d'influences physiques et de rejeter par ce fait l'invocation de phénomènes surnaturels. Aristote rejoint donc l'esprit – mécaniste – de la solution démocritéenne, mais il refuse son moyen, le recours à des figures corporelles représentatives. Le texte est assez elliptique sur les raisons ultimes de ce refus, mais il se prête, me semble-t-il, à l'interprétation suivante. Aristote, en vertu de sa propre théorie générale de la représentation, ne peut se contenter d'invoquer les traces physiologiques, ou impressions sensibles (*aisthêmata*), laissées par les perceptions [1]. Il doit encore expliquer la dimension intentionnelle de l'image par la réception d'un *eidos*, en lui-même immatériel. Ainsi, Démocrite se trompe en confondant l'empreinte corporelle et le contenu de cette empreinte. Les rêves qui nous surprennent par leur véracité ne s'expliquent pas simplement par l'arrivée d'images considérées dans leur matérialité, mais aussi et surtout par la transmission mécanique de traces qui ne sont représentatives que parce qu'elles contiennent autre chose que leur propre matérialité.

Ces textes ont pour point commun de reprocher à l'atomisme une conception rudimentaire des mouvements internes du vivant. Toutefois, à l'occasion même de cette critique, et comme par une sorte de dénégation, Aristote révèle la complexité et la diversité des étiologies démocritéennes. Alors que le modèle de la causalité de type matériel ou de la relation d'inhérence domine dans l'explication de la vision, l'explication de la formation des rêves par les simulacres suppose également la transmission d'une configuration par l'intermédiaire d'une série de mouvements. La relation d'inhérence se double dans ce cas d'une relation d'antécédence : il faut non seulement que les *eidôla* transmettent le contenu de ce qui va constituer l'image onirique, mais encore qu'ils soient dotés d'une propriété cinétique, celle qui en fait des effluves [2]. Pour Aristote, l'explication démo-

1. Voir *De l'âme*, III, 8, 432a9 *sq.* : « les images (*phantasmata*) sont en effet comme des impressions sensibles (*aisthêmata*), sauf qu'elles sont sans matière. » Le même principe s'applique à la sensation, le sens ayant la capacité de « recevoir les formes sensibles sans la matière » (II, 12, 424a18 *sq.*).

2. Il est assez décevant de constater que Michel d'Éphèse, lorsqu'il commente ce passage et la réponse d'Aristote (*Commentaire au traité De la divination dans le sommeil*, 83.18-24), ne reconnaisse pas la dimension cinétique de l'explication démocritéenne : « il [i.e. Aristote] dit quant à lui qu'il ne faut pas invoquer comme cause les simulacres – il a en effet souvent montré que c'était faux –, mais certains mouvements » (83.23-24). Michel omet de parler des effluves et ne retient donc que la dimension matérielle de l'explication abdéritaine. Les simulacres et les effluves ne sont pas physiquement distincts, mais les deux termes qui les désignent ne sont pas interchangeables : ils renvoient respectivement aux images (au contenu intentionnel de l'empreinte) et au flux qui les porte.

critéenne invoque donc une double causalité : « Démocrite (…) en attribue la cause à des simulacres et des effluves. » L'une est matérielle – aspect sur lequel insiste la mention des « simulacres » –, tandis que l'autre est plutôt motrice – ce que souligne le deuxième terme, les « effluves ».

Au chapitre 4 du traité *De la respiration*, enfin, Aristote s'interroge sur la finalité de la respiration et son utilité en vue de la vie animale. Il commence par évoquer et critiquer la conception démocritéenne de la respiration, qui en fait une simple alternance d'absorption et de rejet des atomes sphériques constitutifs de l'âme :

> Démocrite, pour sa part, dit que la respiration a une utilité pour ceux qui respirent, car il explique qu'elle empêche la compression de l'âme. Il n'a toutefois nullement dit que c'était en vue de cela que la nature avait instauré la respiration, car, tout comme les autres naturalistes, il n'a pas perçu, lui non plus, ce type de cause. Il prétend que l'âme et le chaud sont une même chose, à savoir les premières figures sphériques. Celles-ci se séparant sous l'effet de la compression exercée par le milieu environnant, la respiration, à ce qu'il dit, vient à leur secours, car il y a dans l'air un grand nombre de ces figures, qu'il appelle « intellect » et « âme ». Ainsi, lorsqu'on respire et que l'air entre, ces figures, en pénétrant en même temps à l'intérieur et en résistant à la pression, empêchent l'âme qui se trouve à l'intérieur des animaux de se répandre. C'est pourquoi la vie et la mort consistent dans l'inspiration et l'expiration, car, quand la pression du milieu environnant l'emporte, et que <l'air> venant de l'extérieur ne peut plus résister, la respiration devenant impossible, alors survient la mort de l'animal. <Il dit> en effet que la mort, c'est la sortie, hors du corps, de ce type de figures sous l'effet de la compression exercée par le milieu environnant. Quant à la cause en vertu de laquelle tous les animaux doivent nécessairement mourir à un moment donné, non pas cependant n'importe quand au hasard, mais du fait de l'âge s'il s'agit de mort naturelle et par la force s'il s'agit d'une mort contre nature, il n'a rien dit de clair à ce sujet[1].

Aristote reproche à cette explication son caractère purement mécanique, son incapacité à rendre compte de la causalité finale et sa méconnaissance de la nature incorporelle de l'âme. En outre, elle ne parvient pas à expliquer la mort. Démocrite, d'une manière générale, ne voit pas que la fonction de la respiration est d'assurer le refroidissement qui doit compenser la chaleur de la région du cœur. Il le comprend d'autant moins que les atomes sphériques sont aussi les atomes constitutifs du feu, si bien qu'il « ajoute du feu au feu »[2].

1. *De la respiration*, 4, 471b30-472a18.
2. 4, 472b5.

En réalité, l'explication démocritéenne de la respiration, telle qu'elle est restituée par Aristote lui-même, ne se contente pas d'invoquer la composition atomique de l'âme et de lui donner pour matière les atomes sphériques : elle fait intervenir une pluralité de facteurs – la nature des atomes constitutifs de l'âme, mais aussi la qualité de l'air et les dispositions internes de l'animal –, dont seule la convergence cinétique explique l'équilibre instable qui définit la vie. Là encore, la relation d'inhérence – par la nature des composants – ne constitue qu'un aspect de la théorie. Cette complexité explicative est d'ailleurs confirmée par un autre témoignage d'Aristote[1]. Ce dernier texte montre plus clairement encore qu'il faut, du point de vue même de Démocrite, compléter l'explication par les figures atomiques en lui adjoignant la description du processus compensatoire. La vie est donc un état d'équilibre instable, si bien qu'en la définissant, Démocrite définit simultanément son interruption. Le moins que nous puissions dire, en tout cas, c'est que Démocrite n'a pas ménagé ses efforts pour expliquer la mort. Dès lors, et même en accordant que l'Abdéritain ne s'est pas soucié de la causalité finale pour rendre compte de la respiration, on se demande si Aristote est réellement fondé à lui reprocher un déficit d'explication causale à propos de la cessation de la vie.

On apprécie mieux les intentions polémiques d'Aristote, et du même coup la valeur de son témoignage, si l'on prête attention à la subtilité des termes qu'il emploie. Il indique en effet, de manière assez allusive, que Démocrite s'en remet finalement au hasard, parce qu'il n'aurait pas su expliquer « la cause en vertu de laquelle tous les animaux doivent nécessairement mourir à un moment donné, non pas cependant n'importe quand au hasard (τὴν δ' αἰτίαν διὰ τί ποτε πᾶσι μὲν ἀναγκαῖον ἀποθανεῖν, οὐ μέντοι ὅτε ἔτυχεν (…) ». Cette critique peut être comprise à deux niveaux. Selon une première lecture, elle est sans grande valeur doxographique : Aristote dénonce, de manière peu convaincante, un simple déficit explicatif, comme il le fait à d'autres occasions en des termes comparables[2]. Toutefois, une partie de l'argument pourrait être acceptée par Démocrite lui-même, dans la mesure où elle met en avant le caractère aléatoire et relativement indéterminé de la cessation de la vie. Non seulement l'équilibre vital est constamment menacé par des chocs ou des fluctuations parmi les atomes environnants, mais le moment même de la mort ne se laisse pas aisément définir. Tertullien rapporte ainsi que, selon les observations

1. *De l'âme*, I, 2, 404a1-16 [DK 67 A 28].
2. Voir par exemple *De la sensation*…, 2, 438b1.

de Démocrite, les ongles et les cheveux poussent encore un certain temps, une fois le cadavre enterré [1].

Dès lors, la critique peut revêtir une autre signification : Démocrite, qui est le philosophe par excellence de la nécessité, ne voit pas de cause nécessaire à la mort et s'en remet au hasard pour rendre compte du moment où elle se produit. La mort serait donc un phénomène non seulement graduel, mais aussi relativement indéterminé et subordonné au hasard des rencontres atomiques, ce qui aurait dû donner lieu, aux yeux d'Aristote, à des précisions complémentaires sur les limites de l'explication nécessaire.

On pourrait m'objecter que l'expression ὅτε ἔτυχεν n'a pas nécessairement un sens technique et qu'elle indique de manière assez vague une simple approximation. Elle ne traduirait donc pas, fût-ce indirectement, une cause positive du phénomène de la mort : la mort vient quand elle vient. Toutefois, je ne crois pas que la proximité d'ἀναγκαῖον et ἔτυχεν soit une pure coïncidence chez Aristote et elle me semble bien plutôt produire une sorte d'oxymore. En premier lieu, les expressions formées à partir d'ἔτυχεν ont souvent un caractère technique chez Aristote, en particulier lorsqu'il est question de la fortune ou du hasard et des théories mécanistes qui leur attribuent une véritable fonction causale [2]. D'autre part, les enjeux étiologiques de l'alternative ne sont pas négligeables, comme le montre la précision finale du passage : « mais du fait de l'âge s'il s'agit de mort naturelle et par la force s'il s'agit d'une mort contre nature » (ἀλλὰ κατὰ φύσιν μὲν γήρᾳ, βίᾳ δὲ παρὰ φύσιν). Aristote distingue en effet ces deux types de causes lorsqu'il explique la venue de la mort dans le dernier traité des *PN*, le traité *De la vie et de la mort* [3], et l'on sait l'importance, pour sa théorie générale du mouvement, de l'opposition entre mouvement naturel et mouvement forcé [4]. Enfin, ce passage a une structure

1. Tertullien, *De l'âme*, 51 [DK 68 A 160]. Voir aussi Celse, *De la médecine*, II, 6 [DK 68 A 160]. Cette conception graduelle du passage de la vie à la mort n'est peut-être pas sans rapport, chez Démocrite, avec la représentation éthique de la vie. Selon le fragment 160, en effet, une vie vicieuse n'est pas une vie mais une mort qui dure longtemps, Porphyre, *De l'abstinence*, IV, 21 [DK 68 B 160].

2. Voir par exemple ὅπως ἔτυχεν en *Phys*., II, 8, 199b14, contre l'idée selon laquelle la génération s'effectuerait à partir des semences « d'une manière hasardeuse ». La tournure ὅ τι ἔτυχεν est employée en IV, 1, 208b19 *sq*. pour dire que le haut et le bas ne sont pas « n'importe quoi », mais représentent les lieux naturels vers lesquels sont transportés le feu et le léger pour l'un, le terreux et le lourd pour l'autre. Or le chapitre 8 du même livre montre que cette thèse contredit les partisans du vide, car celui-ci est un milieu indifférencié.

3. 1, 478b24-26.

4. Alexandre d'Aphrodise dira d'ailleurs que les atomistes ne connaissent pas d'autre mouvement que le mouvement forcé, *Commentaire sur la Métaphysique d'Aristote*, 36.21-26 [DK 67 A 6].

argumentative sous-jacente qui confirme la valeur forte de l'expression ὅτε ἔτυχεν. Démocrite, comme l'indiquait déjà le début du texte, parle de la mort comme d'un effet sans rapport avec quelque cause finale que ce soit. Or il n'y a que deux alternatives, selon Aristote, à l'explication par la causalité finale : invoquer une pure nécessité matérielle ou mécanique (a), ou bien invoquer le hasard (b)[1]. Puisque Démocrite se voit reprocher de ne pas reconnaître le rôle que doit légitimement jouer (a), c'est qu'il s'en remet à (b). C'est donc d'abord au nom de la nécessité, et non pas directement au nom de la finalité, qu'Aristote formule sa critique. Celle-ci, ainsi comprise, est bien mieux fondée qu'elle ne le paraissait initialement. L'erreur de l'Abdéritain est un comble : lui, le nécessitariste, s'en remet au hasard, là où la nécessité est déterminante.

Cette critique n'a rien d'étonnant venant d'Aristote, qui adresse à Démocrite le même type de reproche, lorsqu'il le range implicitement parmi ceux qui vouent au hasard la formation des mondes, tout en refusant l'existence du hasard dans les phénomènes intra-cosmiques, comme la reproduction[2]. Ce qui est particulièrement significatif pour notre propos, c'est qu'Aristote introduit alors dans l'argument nécessitariste la négation même des termes qu'il emploie contre l'Abdéritain dans le traité *De la respiration* : « ce n'est pas en effet un être quelconque (ὅ τι ἔτυχεν) qui naît de la semence de chaque chose, mais de cette semence-ci naît un olivier et de cette autre un homme[3]. » Démocrite redoublerait donc d'incohérence lorsqu'il traite de la mort, en introduisant le hasard là même où il en nie l'existence, c'est-à-dire dans un phénomène intra-cosmique.

Nous sommes maintenant mieux à même de mesurer les conséquences de cette polémique, d'une part pour la connaissance de Démocrite, et d'autre part pour l'intelligence de la stratégie d'Aristote. Concernant le premier point, nous voyons une fois encore que la réfutation sert en partie les intérêts de la théorie qu'elle prend pour cible. L'attitude démocritéenne n'est une incohérence aux yeux du Stagirite que parce qu'il attribue à Démocrite une conception étroitement déterministe de la nécessité, excluant qu'elle puisse positivement recouper le hasard. Or, comme on l'a vu dans le chapitre

1. C'est en substance ce que montre *Phys*., II, 8, 198b10-32. L'explication par la nécessité conditionnelle ne peut être considérée comme une véritable alternative, dans la mesure où elle n'est, précisément, que « conditionnelle », c'est-à-dire subordonnée à la causalité finale.

2. Voir ci-dessus, p. 94. Voir aussi le texte parallèle de *Part. an*., I, 1, 641b15-23. Dans le cas présent, la distinction qu'Aristote fait ailleurs entre *tuchè* et *automaton* n'est pas opératoire.

3. *Phys*., II, 4, 196a31-33.

précédent, le corpus des fragments et témoignages relatifs aux Abdéritains nous donne plusieurs indices d'un tel recoupement. La solution consistant à dire qu'il n'y a de hasard que « subjectif » dans l'univers démocritéen – si bien que le hasard ne serait qu'un autre nom de la nécessité, un simple effet psychologique de notre ignorance des causes – n'est pas satisfaisante, même si elle peut invoquer certains textes. La notion d'*automaton* recouvre d'ailleurs aussi bien l'idée d'imprévisibilité et de spontanéité que celle de nécessité, par opposition à l'idée d'une causalité intelligente, finale ou providentielle. Nous pouvons fort bien concevoir que la nécessité soit principe de toutes choses, mais que la discontinuité dont le vide est le principe laisse place à des variations régionales de degré dans la détermination nécessaire. C'est d'abord vrai, si l'on suit Aristote, dans la phase préparatoire au processus cosmogonique, mais c'est également vrai, de manière résiduelle ou marginale, à l'intérieur de notre monde. Ainsi, dans l'embryon, les parties communes sont engendrées par les deux conjoints au hasard, et les parties propres à un sexe par rapport à l'autre le sont par la prédominance de l'un ou de l'autre [1]. Le traité *De la respiration*, en laissant entendre que Démocrite explique la mort par un système complexe d'interactions causales qui n'exclut pas l'indétermination, apporte un argument supplémentaire en faveur de cette lecture.

En ce qui concerne la stratégie d'Aristote, les remarques qui précèdent donnent à penser que le Stagirite gagne beaucoup à convoquer Démocrite, que la critique qu'il lui adresse à titre posthume n'est pas un simple passage obligé, et qu'il voit en lui un concurrent particulièrement utile. Cet aspect de la critique apparaît mieux si l'on prête attention au détail de la conception aristotélicienne de la mort. Pour Aristote, la destruction du vivant vient toujours d'un manque de chaleur [2] consécutif à un excès de cette même chaleur, qui se consume alors elle-même [3]. Chez les animaux qui respirent au sens strict – parce qu'ils ont des poumons –, l'équilibre thermique est assuré par la respiration, qui refroidit la région du cœur. La mort correspond donc à un échec du processus respiratoire [4]. Elle est en ce sens une nécessité, ce que suggère l'usage d'ἀναγκαῖον dans le passage commenté. Or il ne s'agit plus ici de nécessité conditionnelle, car la mort n'est pas elle-même en vue d'une fin. Même si elle est naturelle, elle ne contribue en rien à l'actualisation des potentialités qui caractérisent la nature propre du vivant

1. Aétius, V, 7, 6 [DK 68 A 143].
2. *De la vie et de la mort*, 1, 478b32.
3. 479a8-10.
4. 479a8-11.

concerné. Elle tombe sous une catégorie du nécessaire qui recoupe étroitement la nécessité sans fin des atomistes, et que l'on pourrait appeler « nécessité consécutive », par référence à plusieurs passages des *Parties des animaux*, qui invitent à expliquer certains phénomènes par une simple consécution mécanique. Aristote précise ainsi, à propos de l'inutilité des excréments, que « tels faits étant donnés, beaucoup d'autres découlent de ceux-ci par nécessité » (τινων ὄντων τοιούτων ἕτερα ἐξ ἀνάγκης συμβαίνει διὰ ταῦτα πολλά)[1]. Les rêves sont à peu près dans le même cas. Ceux-ci, en eux-mêmes, ne servent à rien, sinon par accident, lorsqu'un interprète avisé s'intéresse à leur éventuelle signification[2]. La mort relève semblablement d'une nécessité résiduelle, conséquence de la résistance de la matière à la domination de la forme[3]. Il n'est dès lors pas impossible qu'Aristote soit animé par le souci de se mesurer à Démocrite, champion de la nécessité, pour montrer que sa propre conception de la nécessité – une nécessité limitée dans ses effets et, le plus souvent, conditionnée dans son principe – est la meilleure possible.

1. *Part. an.*, IV, 2, 677a17-18. Voir aussi, à propos de la respiration, I, 1, 642a32-b2.

2. *De la divination*..., 2, 464b5 *sq*. P. Pellegrin, « De l'explication causale dans la biologie d'Aristote », *Revue de Métaphysique et de Morale*, 1990/2, p. 197-219, a montré que l'explication par la nécessité constituait, dans la biologie d'Aristote, un mode explicatif distinct de l'explication téléologique, lorsqu'il ne s'agit pas de nécessité conditionnelle. En effet de nombreux phénomènes correspondent à cette forme radicale de nécessité. C'est par exemple le cas de la bile et des résidus digestifs, qui ne se produisent pas en vue d'une fin (voir *Part. an.*, IV, 2, 677a11-5). Le rêve est d'ailleurs lui-même une sorte de résidu (un *hupoleimma*; *Des rêves*, 3, 461b21 *sq*.). Dans la même perspective, voir aussi M. L. Gill, « Material Necessity and Meteorology IV 12 », *in* W. Kullmann, S. Föllinger (eds.), *Aristotelische Biologie. Intentionen, Methoden, Ergebnisse*, Akten des Symposions über Aristoteles'Biologie vom 24.-28. Juli 1995, « Philosophie der Antike », Band 6, Stuttgart, 1997, p. 145-161. Pour une mise au point claire et plus récente sur l'intégration par Aristote des diverses formes de nécessité à la physique, voir S. Delcomminette, *Aristote et la nécessité*, Paris, Vrin, 2018, p. 295-305.

3. Voir en ce sens M. L. Gill, « Aristotle on Matters of Life and Death », *in* J. J. Cleary, D. C. Shartin (eds.), *Proceedings of the Boston Area Colloquium in Ancient Philosophy*, vol. 4, Lanham-New York-London, 1989, p. 187-205. Cette interprétation de la conception aristotélicienne de la mort a été discutée par R. A. H. King, *Aristotle on Life and Death*, London, Duckworth, 2001, qui considère que la mort naturelle relève en un sens de la causalité finale, dans la mesure où la forme, qui définit le « cycle de vie » du vivant, contribue aussi à la détermination de sa durée de vie. Il n'en demeure pas moins : a) que le moment même de la mort relève de la seule nécessité et b) que la mort ne contribue pas – c'est même le moins que l'on puisse dire – à l'accomplissement du vivant. Sur ce traité, voir également, désormais, L. Repici, *La fiamma nel cuore. Lunghezza e brevità della vita, Gioventù e vecchiaia, La respirazione, La vita e la morte*. Introduzione, traduzione e note, Pisa, Edizioni della Normale, 2017.

La polémique menée par Aristote sur les questions de psychologie et l'analyse de ses implicites permettent donc d'affiner l'image de la méthode de Démocrite dans ses enquêtes spécialisées, en l'occurrence sur le vivant : sous le regard pourtant critique d'Aristote, loin d'être grossière et schématique, elle prend les traits d'une démarche diversifiée, adaptée à la variété de ses objets. Démocrite fait ici figure d'interlocuteur désigné, de « *sparring partner* » idéal, pour traiter des manifestations locales de la nécessité, et c'est sans doute ce qui lui vaut d'être à la fois aussi présent et autant critiqué.

CHAPITRE VI

CORPS ET COSMOLOGIE DANS LA PHYSIQUE D'ÉPICURE *LETTRE À HÉRODOTE*, § 45

Pour qui s'intéresse à la notion de matière dans la philosophie ancienne, la référence aux atomistes s'impose. L'histoire du matérialisme est pourtant marquée par un paradoxe originel : ceux que l'on considère comme les fondateurs de la tradition matérialiste, et cela pour d'assez bonnes raisons, ne parlent pas eux-mêmes de « matière ». Rien ne nous indique en effet que Démocrite ait fait usage du terme ὕλη, que nous traduisons traditionnellement par « matière » [1], et celui-ci n'apparaît que de manière marginale dans les textes conservés d'Épicure [2]. Toutefois, Lucrèce fera un usage très fréquent de *materia* ou *materies* pour désigner les atomes. Aussi, bien que des études brillantes se soient employées à défendre l'idée selon laquelle l'atome démocritéen n'était pas un corps [3], et sans vouloir gommer les importantes mutations que connaît l'atomisme ancien de Démocrite à Lucrèce, il serait assez aventureux de prétendre que les constituants ultimes et indivisibles des corps ne sont pas, pour l'ensemble de cette tradition, des réalités corporelles et, en ce sens, matérielles. Cela ne signifie pas que les atomes constituent une « matière » au sens aristotélicien, c'est-à-dire un substrat indéterminé, qui s'opposerait – mais aussi s'offrirait – à une

1. Il emploie d'autres expressions, notamment *stoicheion, idea* et *rhusmos*. *Atomos* apparaît par exemple chez Simplicius, *Commentaire sur la Physique*, 36.1 [DK 67 A 14] où l'expression τὰ ἄτομα, pour désigner les corps premiers, est présentée comme authentiquement abdéritaine.

2. *Pyth.*, 93 ; 112 ; *De la nature*, *Incertus Liber*, *PHerc.* 1420 ; 35, 8.6 ; 11.17 ; 12.18 Arrighetti. Ces derniers emplois ne peuvent être interprétés, étant donné l'état très lacunaire des textes conservés.

3. Voir notamment l'article de H. Wismann, « Réalité et matière dans l'atomisme démocritéen », *in* F. Romano (ed.), *Democrito e l'atomismo antico...*, p. 61-74.

forme conçue comme son principe structurant[1]. Les atomes démocritéens, si l'on tient à se prononcer sur leur matérialité, sont en fait indissociablement forme et matière, puisqu'ils constituent une multiplicité indéfinie de polyèdres dont la forme, géométriquement déterminée, est elle-même inaltérable.

En réalité, les atomistes de l'antiquité ne cherchent pas tant à définir le statut ontologique des atomes qu'à montrer, par des voies diverses, qu'ils sont, avec le vide, causes ou principes de toutes choses. Les témoignages relatifs à la physique abdéritaine l'indiquent à de multiples reprises et Épicure établit assez tôt dans la *Lettre à Hérodote* que les atomes sont principes, au sens où ils constituent les natures des corps : « les principes insécables sont nécessairement les natures des corps » (§ 41). Il ajoute, au paragraphe 44, que les atomes et le vide sont « causes », en tout cas selon les manuscrits et si l'on estime inutile la correction de Gassendi en cet endroit[2]. Lucrèce, pour sa part, établit une stricte équivalence entre les expressions *materia*, *primordia rerum*, *corpora prima*, *principia rerum*. La véritable question qui anime, mais aussi – nous allons le voir – divise la tradition atomiste, est en fait de savoir comment, à partir d'atomes, peuvent être engendrés des corps composés et des mondes. Quel type de causalité doit-on attribuer aux principes insécables ? Aristote reprochait à Démocrite et à Leucippe de réduire toute explication à une causalité de type matérielle et d'être incapables de rendre compte, non seulement de la forme et de la finalité, mais aussi de la causalité motrice[3]. Ce reproche repose en fait sur une vision délibérément réductrice de la conception démocritéenne de la causalité, mais ce n'est pas sur ce point que je souhaite insister ici[4]. Il me semble en effet tout à fait révélateur des préoccupations des atomistes de l'antiquité qu'Épicure ne se contente pas de revenir à la source démocritéenne, comme si la critique d'Aristote était trop évasive pour qu'il soit nécessaire d'y répondre. Il cherche encore à résoudre la difficulté suivante : comment concevoir, en l'absence de toute énergie providentielle et de toute causalité finale, que l'atome soit autre chose

1. Étant entendu, par ailleurs, que le concept aristotélicien de matière ne renvoie pas nécessairement à une matière corporelle. La matière est, plus généralement, ce « de quoi » les choses sont faites. On ne comprendrait pas, sans cela, qu'Aristote attribue dialectiquement au vide des atomistes le statut de cause matérielle aux côtés des atomes – par exemple en *Mét.*, A, 4, 985b4-10 – ou encore qu'il fasse du genre la matière de la définition, par exemple en *Mét.*, Z, 12, 1038a6.

2. Αἰδίων pour αἰτίων.

3. *Mét.*, A, 4, 985b19-20 [DK 67 A 6].

4. Je renvoie sur cette question à P.-M. Morel, *Démocrite et la recherche des causes…*, *op. cit.*

qu'un composant et qu'il soit un véritable principe à la fois matériel, moteur et organisateur ? Nous avons plusieurs indices, dans les textes conservés d'Épicure, de la persistance de cette inquiétude et d'une volonté de rendre compte dans toute sa complexité de la causalité atomique. Tout d'abord, Épicure estime, comme le faisait déjà Démocrite, que le mouvement n'a pas à être provoqué et qu'il n'y a pas lieu d'en rechercher la cause première, étant donné que l'état actuel du Tout est éternel : « le Tout a toujours été tel qu'il est maintenant, et il sera toujours tel [1]. » Épicure considère d'autre part que l'atome est doté d'un poids propre qui entraîne un mouvement particulier vers ce que nous appellerons le bas [2], même s'il n'y a ni bas ni haut absolus dans l'univers illimité. Enfin, nous ne pouvons écarter radicalement la possibilité, présentée par Cicéron [3], Aétius [4] et Diogène d'Œnoanda [5] comme une certitude, qu'il ait lui-même formulé la théorie de la déviation ou déclinaison. Si tel était le cas, cela signifierait qu'il attribue au mouvement des atomes une propriété susceptible d'expliquer la genèse des corps et des mondes. Sans le *clinamen*, précisera Lucrèce, jamais la nature n'aurait rien créé [6]. Par ailleurs, comme on le sait, les écrits conservés d'Épicure ne portent nulle trace explicite de cette théorie. Ce dossier est donc particulièrement complexe et il serait hors de propos de l'aborder ici de front.

Il y a néanmoins d'autres indices, tout aussi révélateurs, de ce souci de raffinement dans la définition de la causalité atomique. C'est notamment le cas au début de la partie proprement physique de la *Lettre à Hérodote*. Au moment de justifier la thèse de l'infinité des mondes, Épicure parle en effet des atomes « à partir desquels peut naître un monde ou sous l'effet desquels un monde peut être produit » (ἐξ ὧν ἂν γένοιτο κόσμος ἢ ὑφ' ὧν ἂν ποιηθείη, § 45). Ce passage retient rarement l'attention des commentateurs, alors qu'il sollicite deux prépositions dont le sens est en grec généralement distinct, ἐκ et ὑπό, pour caractériser le rapport entre les atomes et les mondes qu'ils constituent. Il convient donc de s'interroger sur le sens de ce dédoublement. L'hypothèse que je voudrais défendre est la suivante : les atomes ont avec les mondes un rapport qui n'est pas de pure composition. Ils ont aussi, comme le suggère la deuxième partie du passage cité, une

1. *Hrdt*. 39.
2. *Hrdt.* 61.
3. *DND*, I, 25, 69. Voir également I, 26, 73 ; *Du destin*, X, 22-23 ; *Fin.*, I, 6, 19 ; I, 8, 28 ; voir aussi Philodème, *De signis*, 54.
4. Aétius, I, 12, 5, 6 et I, 23, 3, 4.
5. Diogène d'Œnoanda, fr. 54 Smith [contient DK 68 A 50].
6. *DRN*, II, 224.

véritable fonction cosmologique, c'est-à-dire une fonction d'agent de la production des mondes. Si tel est bien le cas, il faut s'entendre sur la nature de cette fonction et sur son origine : quelle(s) propriété(s) devons-nous attribuer aux atomes pour pouvoir dire qu'ils « produisent » effectivement les mondes et avec eux les composés ? On ne peut répondre à cette question qu'en revenant aux débats qui la motivent, c'est-à-dire aux insuffisances qu'Aristote avait dénoncées dans la physique de Démocrite [1]. Épicure, en effet, prend acte de ces insuffisances, même s'il le fait le plus souvent implicitement, et s'efforce sur la question cosmologique de se démarquer de son prédécesseur abdéritain. Il le fait de deux manières : en modifiant le rapport conceptuel des atomes aux composés et en donnant une explication différente du processus cosmogonique. Nous devrions donc parvenir, en analysant cette double démarcation, à une meilleure compréhension du paragraphe 45 de la *Lettre à Hérodote*.

Le problème du statut des composés, c'est-à-dire des agrégats relativement stables, ne peut se comprendre qu'en partant de Démocrite. Le fragment le plus fameux de l'Abdéritain, nous l'avons vu, oppose à la véritable *phusis*, constituée des atomes et du vide, l'ensemble des autres choses, qui n'existent que « par convention » ou « relativement à notre croyance » (νόμῳ). Les exemples donnés – le sucré et l'amer, le froid et le chaud, ou la couleur – suggèrent qu'il s'agit essentiellement des qualités sensibles. Toutefois, il est vraisemblable que cette exclusion hors du domaine de la *phusis* concerne également les corps composés. Ceux-ci devraient donc figurer sous la catégorie du *nomos*. C'est en particulier le cas dans un texte de Plutarque, qui rapporte la critique anti-abdéritaine de l'épicurien Colotès :

> Les propos de Démocrite *la couleur est par convention, le sucré est par convention* et un composé est par convention <comme toutes les autres choses, mais *existent en réalité le vide> et les atomes* sont une attaque contre les sens et quiconque s'en remettrait à ce discours et le mettrait en pratique ne pourrait pas même se concevoir lui-même comme <un homme> ou comme étant en vie [2].

1. David Furley, dans le travail très précis qu'il a consacré à la refondation épicurienne et aux réponses d'Épicure aux critiques d'Aristote, *Two Studies in the Greek Atomists*, Princeton, Princeton University Press, 1967, n'a pas prêté d'attention particulière au paragraphe 45 de la *Lettre à Hérodote* ni, d'une manière générale, à la question cosmologique. Pour un bilan argumentatif et bibliographique sur la question du rapport d'Épicure à Aristote, voir M. Gigante, *Kepos e Peripatos. Contributo alla storia dell'aristotelismo antico*, Napoli, Bibliopolis, 1999, p. 33-50 ; F. Verde, « Aristotle and the Garden », *in* A. Falcon (ed.), *Brill's Companion to the Reception of Aristotle in Antiquity*, Leiden-Boston, Brill, 2016, p. 35-55.

2. Τὸ γὰρ νόμῳ χροιὴν εἶναι καὶ νόμῳ γλυκὺ καὶ νόμῳ σύγκρισιν <καὶ τὰ ἄλλα, ἐτεῇ δὲ τὸ κενὸν καὶ> τὰς ἀτόμους ἀντειρημένον φησὶν ὑπὸ Δημοκρίτου ταῖς αἰσθήσεσι,

Nous avons affaire, visiblement, à une variante du fragment canonique. Il n'est pas impossible que la mention des composés soit un ajout de Colotès. Elle peut dès lors passer pour une radicalisation proprement épicurienne, à des fins polémiques, de la formule démocritéenne. Nous avons cependant d'autres éléments qui nous incitent à penser que, si la formule n'est pas authentique, elle est néanmoins l'expression du réductionnisme assumé de Démocrite. Il y a en effet d'autres variantes du fragment, qui prescrivent implicitement l'extension de la catégorie du *nomos* aux composés. Ainsi, Diogène Laërce introduit les grands principes de la philosophie démocritéenne en ces termes : « les principes de la totalité des choses sont les atomes et le vide, et toutes les autres choses sont simplement pensées »[1].

Diogène d'Œnoanda s'exprime à peu près de la même manière :

> [...] Démocrite lui aussi s'est trompé, d'une manière indigne de lui, en disant que les atomes seuls existent véritablement dans ce qui est, et que toutes les autres choses ne sont qu'en vertu de nos usages. Car selon tes propos, ô Démocrite, il sera impossible non seulement de découvrir le vrai, mais même de vivre, car nous ne nous protégerons ni du feu ni du meurtre ni [...][2].

Les expressions « toutes les autres choses » et « tout le reste » contrastent avec les autres versions du fragment, où seules les qualités sensibles sont opposées aux atomes et au vide. Il ne s'agit probablement pas d'une dérivation tardive, car certains témoignages d'Aristote conduisent à des conclusions équivalentes, et cela dans des passages plus descriptifs que directement polémiques[3]. Selon ces textes, et conformément, semble-t-il, aux propos de Démocrite lui-même ou de Démocrite et de Leucippe, il n'y a pas de génération de l'un à partir des multiples, si bien que la genèse d'un composé n'est pas la génération d'une nature réellement une. Il est

καὶ τὸν ἐμμένοντα τῷ λόγῳ τούτῳ καὶ χρώμενον οὐδ' ἂν αὑτὸν ὡς <ἄνθρωπός> ἐστιν ἢ ζῇ διανοηθῆναι, *Contre Colotès*, 1110 E-F. Ce texte n'est pas repris dans les *Fragmente der Vorsokratiker*. Il justifie pourtant le texte du témoignage DK 68 A 57, *Contre Colotès*, 1110 F. Je me fonde sur le texte établi par l'édition de B. Einarson et Ph. De Lacy, Plutarch's *Moralia* in Sixteen Volumes, vol. XIV, Cambridge, Massachusetts, Harvard University Press ; London, William Heinemann, Lœb Classical Library, 1967. Les crochets encadrent les lacunes, que je comble en me référant à cette édition.

1. Ἀρχὰς εἶναι τῶν ὅλων ἀτόμους καὶ κενόν, τὰ δ' ἄλλα πάντα νενομίσθαι, DL, IX, 44 [DK 68 A 1].

2. Ἐσφάλη δ' ἀνα̣ξίως ἑαυτοῦ καὶ Δημόκριτος, τὰς ἀτόμους μόνα̣ς κατ' ἀλήθειαν εἰπὼν ὑπάρχειν ἐν τοῖς οὖσι, τὰ δὲ λοιπὰ ν̣ομιστεὶ ἅπαντα. κατὰ γὰρ τὸν σὸν λόγον, ὦ Δημόκριτε, οὐχ ὅπως τὸ ἀληθὲς εὑρεῖν, ἀλλ' οὐδὲ ζῆν δυνησόμεθα, μήτε τ̣ὸ π̣ῦρ φυλαττόμενοι [μήτε τ]ὴν σφαγὴν..., Diogène d'Œnoanda, fr. 7 II 2 - 7 II 14 Smith.

3. *Du ciel*, III, 4, 303a4 *sq*. [DK 67 A 15] ; chez Simplicius, *Commentaire sur le Traité du ciel d'Aristote*, 294.33 [DK 68 A 37].

dès lors tout à fait possible que Démocrite ait lui-même donné plusieurs formulations de sa propre pensée dans différents ouvrages consacrés, en totalité ou en partie, aux problèmes épistémologiques [1]. Les atomes démocritéens sont donc les principes constitutifs des composés, et les formes des premiers déterminent les propriétés des seconds, mais ces derniers n'ont pas d'unité réelle. En ce sens, atomes et composés ne peuvent appartenir, dans la physique de Démocrite, à la même catégorie ontologique.

La situation est tout à fait différente dans le corpus épicurien. La première apparition d'*atomos* dans la *Lettre à Hérodote* est à cet égard exemplaire :

> De plus, [scholie : et cela il le dit également au premier livre de son *De la nature*, dans les livres XIV et XV, et dans son *Grand Abrégé*], parmi les corps, les uns sont des composés et les autres ceux dont les composés sont faits. Or ceux-ci sont insécables (ἄτομα) et immuables, si du moins l'on ne veut pas que tout se détruise dans le non-être, mais que ce qui est ferme subsiste sous la dissolution des composés, ayant une nature pleine et ne pouvant être dissous en aucune <partie> ni d'aucune manière. De sorte que les principes insécables sont nécessairement les natures des corps [2].

Si l'on admet que la *Lettre à Hérodote* suit une progression inférentielle [3], nous devons tenir pour significatif le fait que le concept d'atome intervienne après que le concept de corps (σῶμα) ait été posé [4]. Cette priorité conceptuelle se justifie d'abord par ses attendus épistémologiques, comme on le voit en remontant de quelques lignes dans le texte :

1. Sextus Empiricus, dans le long passage qu'il consacre à la théorie démocritéenne de la connaissance (*Contre les savants*, VII, 135-139 [DK 68 B 6-11]), se réfère au moins à trois traités différents, puisqu'il mentionne les *Confirmations* (§ 136), le *Sur les formes* (§ 137) et les *Canons* (§ 138).

2. *Hrdt.* 40-41. Les références aux livres XIV et XV du *Peri phuseôs* ne nous sont pas d'une grande utilité, les fragments qui subsistent n'apportant pas grand-chose de plus sur ce point précis. Voir les éditions du livre XIV par G. Leone, « Epicuro, Della Natura, Libro XIV », *CErc* 14, 1984, p. 17-107, et du livre XV par C. Millot, « Épicure, De la Nature, Livre XV », *CErc* 7, 1977, p. 9-39.

3. Comme l'a notamment montré D. Sedley, « The inferential Foundations of epicurean Ethics », *in* G. Giannantoni, M. Gigante (eds.), *Epicureismo greco e romano*..., *op. cit.*, 1996, p. 313-339; voir en particulier p. 313-316.

4. Sauf si l'on considère que l'ordre d'apparition des termes n'a pas de signification philosophique, mais obéit exclusivement à des considérations d'ordre stylistique et rhétorique, comme l'estime W. Lapini, *L'*Epistola a Erodoto *e il* Bios *di Epicuro in Diogene Laerzio*, note testuali, esegetiche e metodologiche, Roma, Edizioni di storia e letteratura, 2015, p. 33. Les lignes qui suivent montrent que la priorité du concept de corps sur celui d'atome se justifie par d'autres arguments que la seule antécédence du premier par rapport au second.

> Mais, en outre, [*cela il le dit aussi dès le début de son* Grand Abrégé *et au premier livre de son* Sur la nature.] le tout est <corps et vide>[1]. Car que les corps soient, la sensation elle-même l'atteste dans tous les cas, et c'est à elle qu'il faut se référer pour faire, par raisonnement, des conjectures sur le non manifeste, comme je l'ai déjà dit auparavant[2].

Nous procédons à une inférence à partir des corps perceptibles pour établir l'existence des corps en général et, secondairement, des principes indivisibles et invisibles qui assurent la pérennité de l'être. La subversion par rapport à l'épistémologie démocritéenne est sur ce point radicale : chez Démocrite, le caractère conventionnel – et, selon certains textes, trompeur – des qualités sensibles interdit que nous partions de l'expérience sensible pour poser l'existence des atomes et du vide[3]. Il faut donc comprendre qu'Épicure parle aussi bien des corps composés que des « corps insécables », comme plus loin, au paragraphe 42, où Épicure emploie l'expression τὰ ἄτομα τῶν σωμάτων καὶ μεστά (« ceux des corps qui sont insécables et pleins »). Plus fondamentalement, les atomes constituent une classe d'un ensemble plus large, celui des corps, ce qui justifie que les atomes soient désignés, non par un substantif, mais par l'adjectif *atomos*. Inversement, la classe des composés est, de plein droit, une classe de corps, dont l'existence en tant que corps va de soi.

Il ne s'agit donc pas seulement d'un ordre de priorité conceptuel et épistémologique. La subversion de la doctrine démocritéenne est également ontologique : ce sont les corps en général, et pas seulement les atomes, qui existent par soi, parce que ces derniers appartiennent à la même catégorie physique que les composés. La relation est une relation de composition, inférée non seulement de l'existence des corps, mais aussi de la dissolution des composés, en vertu du principe d'ontologie générale que rappelle le paragraphe 39 : « si d'autre part ce qui disparaît se détruisait dans le non-être, toutes les choses se seraient anéanties, n'ayant rien en quoi se décomposer. » L'ensemble des corps ne contient donc pas simplement deux types de corps (composés et atomes), mais deux niveaux de constitution des corps : les

1. L'ajout « corps et vide », initialement retenu par Von der Mühll pour combler la lacune, s'inspire d'une conjecture de Gassendi. Pour une argumentation récente en faveur de cet ajout, voir F. Verde, « Once again on Epicurus'Letter to Herodotus § 39-40 », *Classical Quarterly* 68, 2018, p. 736-739.

2. *Hrdt*. 39-40.

3. Pour éviter de reprendre ici cette question complexe, je renvoie à P.-M. Morel, « Démocrite. Connaissance et apories », *Revue Philosophique de la France et de l'Étranger*, 1998/2, p. 145-163.

composés et « ceux dont les composés sont faits »[1]. La catégorie fondamentale de la physique épicurienne est celle de corps, avant d'être celle d'atome.

Par la suite, une fois établie l'existence de corps insécables, le rapport pourra être inversé, au moins dans l'ordre du discours. Nous lisons ainsi, au paragraphe 42, que « ceux des corps qui sont insécables et pleins, à partir desquels les composés sont engendrés et auxquels aboutit aussi leur dissolution (τὰ ἄτομα τῶν σωμάτων καὶ μεστά, ἐξ ὧν καὶ αἱ συγκρίσεις γίνονται καὶ εἰς ἃ διαλύονται), sont impossibles à embrasser par l'esprit, du fait des différences de formes ». Nous pouvons donc dire que les atomes sont causes des autres corps, au sens où ils sont les éléments constitutifs des composés, sans que le mouvement régressif vers le niveau atomique aboutisse à la déréalisation de ces mêmes composés. Il n'y a plus, dès lors, de coupure ontologique entre les atomes et les composés, mais une simple distinction fonctionnelle à l'intérieur de l'ensemble des corps : certains corps sont causes des autres corps, au sens où ils en sont les éléments[2], mais le fait que les atomes soient causes ne leur confère pas l'exclusivité en matière d'existence.

Ainsi, pour Épicure, le rapport de provenance et de composition impliqué par l'expression ἐξ ὧν ne signifie plus, comme chez Démocrite, une déperdition ontologique, mais une continuité dynamique et structurelle. Les formes atomiques sont véritablement les principes, à la fois générateurs et structurants, des composés et il n'y a pas de rupture ontologique.

Les désignations lucrétiennes de l'atome ne font que confirmer ce que nous venons de voir. Les atomes, pour Lucrèce, ne sont pas seulement la « matière » (*materies* ou *materia*), les « principes premiers des choses » (*primordia rerum*), les « corps premiers » (*corpora prima*) ou les « principes » (*principia*) ; ce sont aussi les « semences des choses » (*semina rerum*) ou

1. Τὰ δ' ἐξ ὧν αἱ συγκρίσεις πεποίηνται, *Hrdt*. 40. Chez Lucrèce, *DRN*, I, 483-484, l'ensemble des *corpora* comprend les *primordia rerum* et les *concilia* : *corpora sunt porro partim primordia rerum / partim concilio quae constant principiorum*. L'expression *primordia rerum* signale clairement que les atomes ne sont pas seulement des corps parmi d'autres, mais les principes premiers de tous les corps. D. Sedley, *Lucretius and the Transformation of Greek Wisdom*, Cambridge, Cambridge University Press, 1998, p. 197, estime que la structure des deux vers de Lucrèce révèle une stratégie différente de celle d'Épicure en *Hrdt*. 41 : Lucrèce part des atomes, reprenant les acquis des vers précédents, et inverserait ainsi la méthode d'Épicure, qui consiste à passer de la thèse non controversée de l'existence des corps à la thèse controversée de celle des atomes. En fait, Lucrèce reprend le même schème argumentatif qu'Épicure aux vers 584-598, arguant de la constance des espèces pour établir l'existence d'un « corps de matière immuable », et il a déjà indiqué, dès les vers 422-423, que la sensation atteste l'existence *per se* des corps en général.

2. Comme le dit Sextus Empiricus, *Contre les savants*, IX, 212 : « les corps <sont causes> des corps, au sens où les éléments sont causes des composés ».

leurs « principes géniteurs » (*genitalia rerum*). Lucrèce, selon Pierre Boyancé, « a négligé de traduire le mot relatif à la structure de l'atome isolé, le mot physique pour multiplier les expressions qui se réfèrent à l'atome engagé dans la genèse des choses »[1].

Pourtant, David Sedley, dans le livre qu'il a consacré à Lucrèce[2], invite à distinguer les positions respectives de Lucrèce et d'Épicure à propos de la continuité des atomes aux corps. Il comprend l'usage lucrétien de *semen / semina rerum* comme l'indicateur d'une continuité proprement biologique entre les atomes d'une part et la régularité naturelle et les êtres vivants d'autre part, alors qu'Épicure partirait de la régularité naturelle observée pour poser les atomes. Nous avons déjà vu que l'argument fondé sur l'ordre des vers de Lucrèce pouvait se discuter. Il faut ajouter qu'il y a chez Épicure plusieurs occurrences de *sperma*, que *semen* semble traduire. Sedley estime toutefois qu'il s'agit dans la plupart des cas de semences biologiques[3]. C'est incontestablement le cas en *Hrdt.* 74 et dans la scholie – mais, précisément, ce n'est qu'une scholie – au paragraphe 66 : « la semence vient des corps dans leur entier. » Il n'en va pas de même, à mon avis, aux paragraphes 38-39 : « il faut voir, tout d'abord, que rien ne vient de ce qui n'est pas, car alors toute chose viendrait de tout, [39] sans qu'il soit en supplément besoin d'aucune semence[4]. » Selon Sedley, il s'agirait également d'une occurrence biologique, et il traduit la dernière proposition par « with no need for seeds ». Toutefois, si l'on considère, comme Sedley l'a lui-même fait ailleurs[5], que la *Lettre à Hérodote* suit un schéma inférentiel et progressif, on peut douter de la pertinence, dès le paragraphe 39, d'un argument fondé sur l'existence des semences. En effet, l'argumentation fait appel, dans ce passage précis, à une pure logique de l'être – sur ce point encore parménidienne – qui établit par elle-même la pérennité de la totalité de ce qui est.

Par ailleurs, προσδεόμενον signifie avoir besoin « en outre » ou « en plus », ce qui semble dans un premier temps donner un autre argument à l'interprétation de Sedley. Est-il toutefois nécessaire de supposer qu'il est ici question de réalités appartenant à un niveau de composition supérieur au niveau atomique, comme les semences biologiques ? Il y a en fait une alternative : Épicure peut très bien vouloir dire qu'il est besoin, non pas seulement de n'importe quels atomes, mais d'atomes supplémentaires qui

1. P. Boyancé, *Lucrèce et l'épicurisme*, Paris, P.U.F., 1963, p. 111.
2. D. Sedley, *Lucretius and the Transformation of Greek Wisdom*, *op. cit.*, p. 193-198.
3. *Ibid.*, p. 193, n. 6.
4. Πρῶτον μὲν ὅτι οὐδὲν γίνεται ἐκ τοῦ μὴ ὄντος· πᾶν γὰρ ἐκ παντὸς ἐγίνετ' ἂν σπερμάτων γε οὐθὲν προσδεόμενον.
5. Voir D. Sedley, « The Inferential Foundation… », art. cit.

sont de formes déterminées et appropriées à la configuration de l'agrégat. Cette hypothèse trouve une justification sur le plan cosmologique, dans la notion de « semences appropriées » qui apparaît dans la *Lettre à Pythoclès*, au paragraphe 89 [1]. Je reviendrai plus loin sur ce texte. Je remarque en tout cas que c'est Lucrèce lui-même, et non la *Lettre à Hérodote* d'Épicure, qui part des semences biologiques pour établir que « tout ne peut naître de tout » [2]. D'autre part, dans un passage du *Contre Colotès* (1109 C) où il utilise plusieurs termes propres aux épicuriens, Plutarque évoque le multiple « mélange des semences » (αἵ τε πολυμιξίαι τῶν σπερμάτων) qui sont présentes, selon les épicuriens, dans les saveurs, les odeurs et les couleurs, et qui expliquent les différences de perception entre différents individus. Il ne s'agit manifestement pas de semences au sens biologique du terme. Notons enfin que plusieurs témoignages attribuent à Démocrite l'usage du terme πανσπερμία [3] pour désigner l'inépuisable réserve, dans l'univers, d'atomes de toutes formes. Simplicius dit ainsi, en évoquant les propos des Abdéritains : « c'est d'eux <les éléments>, comme à partir de semences, que sont constitués tous les corps composés ; c'est pourquoi ils leur donnent le nom de semence universelle, en tant qu'ils sont les semences de toutes choses » [4]. On ne peut exclure que le témoignage de Simplicius soit contaminé par les textes épicuriens – ce qui d'ailleurs tendrait à confirmer mon interprétation –, mais il rend tout de même très probable la présence de l'usage de la métaphore séminale chez Démocrite. Celle-ci devait donc être familière à Épicure. Pour toutes ces raisons, la continuité des atomes aux structures et propriétés des composés semble, sinon expliquée, du moins fortement suggérée par la métaphore séminale qu'utilise Épicure, métaphore que Lucrèce va systématiser en lui donnant une véritable assise conceptuelle. La fonction causale des atomes excède donc la seule fonction de composition ou de constitution, la métaphore séminale suggérant également une fonction de production ou d'engendrement.

Le problème, nous avons commencé de le voir, doit être également posé sur le terrain cosmologique. Les paragraphes 89-90 de la *Lettre à*

1. D. Sedley n'est pas certain qu'il s'agisse dans ce texte des atomes. *Semen* est en tout cas utilisé par Lucrèce dans l'explication du processus cosmogonique, en un sens non biologique, en *DRN*, V, 456.

2. I, 159-173 ; texte cité par D. Sedley, *Lucretius…*, *op. cit.*, p. 194.

3. Voir Aristote, *Phys.*, III, 4, 203a21 ; *Du ciel*, III, 4, 303a16 [DK 67 A 15] ; *De l'âme*, I, 2, 404a4 [DK 67 A 28].

4. Ἐξ ὧν ὡς σπερμάτων τὰ σύνθετα πάντα συνίστασθαι σώματα. διὸ καὶ πανσπερμίαν αὐτὰ προσαγορεύει ὡς πάντων σπέρματα, *Commentaire sur le Traité de l'âme*, 26.2-4 (texte absent de DK).

Pythoclès, que l'on tient généralement pour un texte anti-démocritéen [1], donnent en effet de précieuses indications sur la fonction causale des atomes épicuriens. Nous y rencontrons notamment, je l'ai dit, la notion de « semences appropriées », qui est sans doute traduite par *semina certa* chez Lucrèce [2] : un monde peut naître lorsque « certaines semences appropriées affluent (ἐπιτηδείων τινῶν σπερμάτων ῥυέντων), venant d'un seul monde ou d'un intermonde, ou encore de plusieurs (...) » (§ 89). Ces semences atomiques déterminées sont donc « appropriées », dans la mesure où elles conviennent pour former un monde. Il faut un rapport de *convenance* entre certains types d'atomes et les conditions déjà présentes [3]. Du même coup, cela signifie que la présence de telles ou telles formes n'est pas indifférente : il faut une sélection initiale, et en ce sens une limitation, inaugurale, des formes atomiques. Il y a déjà quelque chose avant le premier moment cosmogonique [4], mais cela ne suffit pas.

À l'inverse, les témoignages et fragments abdéritains privilégient le tourbillon, qui se constitue à partir d'un nombre illimité de formes atomiques. La détermination par les formes et le rapprochement des semblables, que l'on retrouvera chez Lucrèce [5], interviennent dans un deuxième temps. Diogène Laërce, dans sa relation de la cosmogonie abdéritaine, rapporte ainsi qu'« un grand nombre de corps de toutes sortes de figures, se coupant de l'Illimité, se transporte dans un grand vide » [6] et il indique que la « membrane » cosmique renferme « toutes sortes de corps » [7]. Ce n'est qu'après la formation d'un tourbillon que les semblables se rassemblent. Aétius insiste sur la « grande diversité de formes et de grandeurs » [8] due au grand nombre des corps présents dans le premier rassemblement. Hippolyte parle plus allusivement de « beaucoup de corps » [9], dont la sélection s'opère dans un second temps, sous l'effet du rapprochement des semblables. Simplicius, à son tour, cite Démocrite lorsqu'il définit le premier moment cosmogonique

1. Voir notamment les remarques de G. Arrighetti, *Epicuro, Opere*, Turin, Einaudi, 1973, p. 525.

2. Par exemple : *DRN*, I, 169; 189.

3. L'intervention des atomes appropriés accompagne en effet, dans le texte du paragraphe 89, une correction de la cosmogonie abdéritaine : le premier moment s'accomplit « dans un lieu en grande partie vide et non dans un vaste lieu pur et vide, comme certains le disent ».

4. Un état de désordre ou de « discorde » (*discordia*), selon Lucrèce en *DRN*, V, 437.

5. *DRN*, V, 443.

6. Φέρεσθαι κατὰ ἀποτομὴν ἐκ τῆς ἀπείρου πολλὰ σώματα παντοῖα τοῖς σχήμασιν εἰς μέγα κενόν, IX, 31 [DK 67 A 1].

7. Παντοῖα σώματα, IX, 32 [DK 67 A 1].

8. Aétius, I, 4, 1 [DK 67 A 24].

9. Hippolyte, *Réfutation de toutes les hérésies*, I, 12 [DK 67 A 10].

abdéritain comme « un tourbillon de toutes sortes de formes qui se sépare du tout »[1]. Ces témoignages recoupent le principe d'isonomie ou d'indifférence qui fonde ontologiquement, en dehors même de l'explication du processus cosmogonique, toutes les différences de la matière. Les Abdéritains n'expliquent donc pas la formation des mondes par la présence initiale de formes atomiques déterminées, mais par leur nombre et leurs différences de poids[2] au sein du tourbillon. Ils ne nient pas que l'achèvement de la cosmogénèse suppose la présence de formes particulières, mais ils semblent lui réserver, au mieux, le second rang. Épicure, pour sa part, estime insuffisante l'invocation d'un tourbillon pour caractériser le premier moment cosmogonique :

> Il ne suffit pas, en effet, que se forme un agrégat ou un tourbillon dans un vide où, selon une certaine opinion, un monde peut, par nécessité, naître et croître jusqu'à ce qu'il se heurte à un autre, comme le dit l'un de ceux qu'on appelle « physiciens », car cela est en conflit avec les choses apparentes[3].

Le tourbillon, l'une des figures abdéritaines de la Nécessité[4], ne peut jouer le rôle qui est celui des semences appropriées. En effet, si nous acceptions cette explication « formellement » indifférente, nous devrions admettre, contrairement à ce que révèlent les phénomènes, des mondes totalement dissemblables[5]. Dans la cosmogonie épicurienne, les atomes appropriés ne sont donc pas seulement des composants, mais aussi les agents premiers et spontanément organisateurs de la production du monde.

Venons-en au paragraphe 45 de la *Lettre à Hérodote*. Épicure vient de définir les principes les plus généraux de la *phusiologia*. Il aborde maintenant la cosmologie et il établit par non-infirmation l'infinité des mondes : aucun monde ne saurait épuiser l'infinité des atomes si bien que, bien que nous ne puissions faire l'expérience de l'infinité des mondes, rien ne l'empêche[6] :

1. Δῖνον ἀπὸ τοῦ παντὸς ἀποκριθῆναι παντοίων ἰδεῶν, Simplicius, *Commentaire sur la Physique d'Aristote*, 327.24-25 [DK 68 A 67 et B 167].

2. Voir notamment DL IX, 31 [DK 67 A 1].

3. *Pyth.* 90.

4. Voir sur ce point P.-M. Morel, *Atome et nécessité. Démocrite, Épicure, Lucrèce*, Paris, P.U.F., 2000, p. 16-31, et ci-dessous, p. 152.

5. *Hrdt.* 74 précise que les mondes ne sauraient avoir toutes formes. Selon Hippolyte, *Réfutation de toutes les hérésies*, I, 13 [DK 68 A 40], Démocrite estimait, quant à lui, que certains mondes sont privés d'animaux, de plantes et d'humidité, ou de soleil et de lune.

6. Voir Lucrèce, *DRN*, II, 1044-1066.

> Mais, en outre, les mondes sont illimités en nombre, les uns semblables au nôtre, les autres dissemblables. Les atomes, en effet, étant illimités en nombre, comme cela vient d'être démontré, ils sont transportés même jusqu'aux lieux les plus éloignés. Car de tels atomes, à partir desquels peut naître un monde ou sous l'effet desquels un monde peut être produit, n'ont été épuisés ni par un seul monde, ni par un nombre limité de mondes, ni par ceux qui sont semblables au nôtre, ni non plus par ceux qui diffèrent de ces derniers. Par conséquent, il n'y a rien qui fasse obstacle à l'infinité des mondes[1].

Ce qui est ici remarquable, c'est que l'argument de l'infinité – des atomes et du vide – a un corollaire étiologique, puisqu'il est question des atomes « à partir desquels peut naître un monde ou sous l'effet desquels un monde peut être produit ». Épicure semble donc éprouver le besoin de donner une précision sur la relation causale entre les atomes et les mondes, comme si la simple invocation de l'infinité des premiers ne suffisait pas à expliquer celle des seconds. Il faut donc analyser de près cette proposition et, en particulier, s'interroger sur la signification du dédoublement qui la structure. Plusieurs commentateurs le passent sous silence ; d'autres avouent à son propos leur embarras[2]. Les traducteurs divergent d'ailleurs sur le sens de ὑπό et se répartissent globalement en deux camps : ceux qui lui donnent un sens matériel et ceux qui lui donnent un sens de relation d'agent. Appartiennent au premier camp : G. Arrighetti[3] (« dai quali ha origine o viene costituito un mondo »), M. Conche[4] (« desquels pourrait naître un monde, ou dont il pourrait être constitué ») ; au deuxième camp : C. Bailey[5] (« those atoms, which are of such nature that a world could be created out of them or made by them »), R. D. Hicks[6] (« the atoms out of which a world might arise, or by which a world might be formed »), J. Bollack *et*

1. Ἀλλὰ μὴν καὶ κόσμοι ἄπειροί εἰσιν, οἵ θ´ ὅμοιοι τούτῳ καὶ ἀνόμοιοι. αἵ τε γὰρ ἄτομοι ἄπειροι οὖσαι, ὡς ἄρτι ἀπεδείχθη, φέρονται καὶ πορρωτάτω. οὐ γὰρ κατανήλωνται αἱ τοιαῦται ἄτομοι ἐξ ὧν ἂν γένοιτο κόσμος ἢ ὑφ´ ὧν ἂν ποιηθείη, οὔτ´ εἰς ἕνα οὔτ´ εἰς πεπερασμένους, οὔθ´ ὅσοι τοιοῦτοι οὔθ´ ὅσοι διάφοροι τούτοις. ὥστε οὐδὲν τὸ ἐμποδοστατῆσόν ἐστι πρὸς τὴν ἀπειρίαν τῶν κόσμων.

2. C'est par exemple le cas de C. Bailey, *Epicurus. The Extant Remains*, Oxford, Clarendon Press, 1926, p. 188 : « It is difficult to see the difference between the two clauses. Perhaps ἐξ ὧν ἂν γένοιτο refers rather to the original creation of the world, ὑφ´ ὧν ἂν ποιηθείη to its maintenance. » En réalité, cette hypothèse ne trouve aucun appui dans ce passage.

3. G. Arrighetti, *Epicuro, Opere, op. cit.*

4. M. Conche, *Épicure, Lettres et Maximes*, Villers-sur-Mer, 1977 ; Paris, 1987.

5. C. Bailey, *Epicurus. The Extant Remains*, *op. cit.*

6. R. D. Hicks, *Diogenes Laertius, Lives of eminent Philosophers*, Harvard-London, The Loeb Classical Library, 1925.

alii[1] (« les atomes, en effet, tels qu'ils sont, dont pourraient naître un monde, ou qui pourraient le fabriquer »), J.-F. Balaudé[2] (« les atomes, tels qu'on les décrit, dont pourrait naître un monde, ou par lesquels il pourrait être produit »), A. Long et D. Sedley[3] (« les atomes qui ont la nature qu'il faut pour être les constituants d'un monde, ou pour être responsables de sa création »). Indépendamment du fait qu'il est intellectuellement plus satisfaisant de penser qu'Épicure ne s'est pas simplement répété et paraphrasé lui-même[4], il y a plusieurs raisons de choisir le second camp.

En premier lieu, l'opposition ἐκ / ὑπό est renforcée par l'opposition *genesis* (γένοιτο) / *poiêsis* (ποιηθείη). C'est là un indice fort de variation conceptuelle, même si *poiein*, dans la *Lettre à Hérodote* elle-même, a un sens très variable et ne renvoie pas nécessairement à une production au sens strict. D'autre part, ὑπό construit avec le génitif a toujours, dans la *Lettre à Hérodote*, un sens d'agent et non le sens de « constitué de », « fait de ». Par ailleurs, Hans Widmann, dans l'étude très attentive qu'il a consacrée à la syntaxe et au lexique d'Épicure[5], repère une seule occurrence du sens local de ὑπό avec le génitif[6]. Dans toutes les autres occurrences, ὑπό désigne une cause ou l'effet que transmet un agent. Or la première occurrence signalée dans ce dernier sens est précisément la nôtre. Il est vrai que, comme le signale Widmann, p. 193, ἐκ peut aussi avoir un sens causal, comme dans l'expression ἐξ ἀνάγκης, mais ce n'est pas, et de très loin, la majorité des cas. De plus, je ne nie pas que ἐκ a dans notre texte un sens causal, mais il s'agit alors d'une causalité matérielle[7] : ce dont la chose est constituée. Enfin, lorsque Épicure reprend la thématique cosmogonique, au paragraphe 73, il fait à nouveau usage des deux prépositions : les mondes se sont détachés « à partir de rassemblements particuliers » (ἐκ συστροφῶν ἰδίων) et subissent la dissolution, « les uns sous l'effet de tel type de corps, les autres sous l'effet de tel autre » (τὰ μὲν ὑπὸ τῶν τοιῶνδε, τὰ δὲ ὑπὸ τῶν τοιῶνδε). Une fois encore, l'opposition met face à face une relation de composition matérielle et une fonction d'agent, même si, dans le cas présent, l'agent provoque un mouvement qui aboutit à la destruction du monde. Comment dès lors expliquer le choix d'Épicure, sinon par la volonté d'attri-

1. J. Bollack, M. Bollack, H. Wismann, *La Lettre d'Épicure*, Paris, Minuit, 1971.

2. .J.-F. Balaudé, *Épicure. Lettres, maximes, sentences*, Paris, Le Livre de Poche, 1994.

3. Long-Sedley, 13 A.

4. La disjonction ne me paraît pas distributive, mais plutôt explicative, car les mondes sont *à la fois* composés et produits par certains atomes. Il ne s'agit donc pas d'une alternative, mais de deux manières complémentaires de caractériser le rapport entre les atomes et les mondes.

5. H. Widmann, *Beiträge zur Syntax Epikurs*, *Tübinger Beiträge zur Altertumswissenschaft*, XXIV. Heft, Stuttgart - Berlin, 1935, p. 209-210.

6. *MC* XIII : « sous la terre » (ὑπὸ γῆς).

7. Comme le confirme le classement de notre occurrence par Widmann, *op. cit.*, p. 193.

buer aux atomes eux-mêmes une fonction qui, sans être nécessairement cosmogonique, est en tout cas irréductible à la seule fonction de composant ?

Une telle fonction d'agent paraît pourtant de prime abord incompatible avec la « cécité »[1] des atomes et il n'y a, par ailleurs, aucune finalité ni aucune intention providentielle dans la réalisation des mondes. Les atomes, précise Lucrèce, « n'ont point stipulé quels seraient leurs mouvements »[2]. L'atome ne saurait être caractérisé par une *puissance* de production, car il n'admet précisément aucune potentialité, aucun programme, fût-il virtuel, des effets produits par son propre mouvement. L'atome est totalement indifférent à l'existence ou à la non-existence des mondes. Ainsi, J. Bollack *et alii* choisissent de donner à l'optatif une valeur irréelle, et à cette proposition une fonction d'hypothèse par l'absurde[3]. À vrai dire, rien n'oblige à cette complication. Nous pouvons très bien comprendre cet optatif comme l'expression d'une potentialité réelle, ainsi que le font Widmann[4] et la très grande majorité des traducteurs : pour que l'infinité des atomes donne naissance à un monde, il faut des conditions particulières, sans lesquelles les atomes n'ont pas de fonction cosmogonique. L'atome, en tout cas, ne contient aucune potentialité, même si c'est bien lui, et rien d'autre, qui explique le processus cosmogonique.

Dès lors, deux hypothèses se présentent. Tout d'abord, une hypothèse minimale : il faut non seulement que les atomes composent les mondes, mais aussi qu'ils se meuvent. Ils ne devraient donc leur fonction d'agent qu'au mouvement qui les transporte, comme peut le suggérer la proposition « ils se portent aussi aux lieux les plus éloignés ». Toutefois, on ne voit pas pourquoi Épicure passerait cet intermédiaire sous silence. De plus, il insiste sur les atomes eux-mêmes, en parlant des « atomes que l'on vient de décrire » (αἱ τοιαῦται ἄτομοι). D'où une seconde hypothèse : la fonction cosmogonique est la conséquence immédiate et mécanique des caractéristiques des formes atomiques. Or un monde ne peut être engendré par n'importe quelles formes. Nous sommes donc reconduits vers les « semences appropriées » : la cosmogénèse exige une combinaison particulière, qui suppose elle-même le principe de sélection que la *Lettre à Pythoclès* oppose à l'explication abdéritaine par le tourbillon et la nécessité. Ce qui est véritablement cause, c'est un substrat atomique (ἐξ ὧν) illimité, mais ce

1. Lucrèce précise à plusieurs reprises que l'atome est *caecus*, à la fois aveugle et obscur.

2. *DRN*, V, 421.

3. « L'hypothèse d'une intervention démiurgique, suggérée par le verbe (…) et la préposition ὑπό, vient renforcer la démonstration : aucun plan ne ferait entrer le nombre illimité dans un nombre limité de mondes », J. Bollack, M. Bollack, H. Wismann, *La Lettre d'Épicure, op. cit.*, p. 185.

4. H. Widmann, *Beiträge zur Syntax Epikurs, Tübinger Beiträge zur Altertumswissenschaft, op. cit.*, p. 156.

substrat est également délimité par le principe de sélection qu'implique la relation ὑφ᾽ ὧν.

On voit du même coup pourquoi ἐξ ὧν suffisait, au paragraphe 41, pour expliquer la formation des composés : il s'agissait alors de montrer, par une méthode régressive, que les composants sont insécables et immuables. Dans le paragraphe 45, Épicure entend prouver l'infinité de *mondes*, et montrer ainsi qu'il y a dans l'univers, non seulement une réserve inépuisable de composants, mais aussi un pouvoir indéfiniment producteur. Le principe de sélection ne borne pas l'infinité des atomes, mais discrimine en son sein. C'est en ce sens qu'il la limite : les mondes sont infinis, même si, dans l'infinité des atomes, tous ne prennent pas part à un processus cosmogonique. Nous devons donc conclure à une double causalité de l'atome : une causalité de type « matériel » et extensive – obtenue par l'addition des éléments qui composent les mondes – et une causalité productive et compréhensive – obtenue par le jeu de l'infinité des atomes d'une part et par celui de leur combinatoire d'autre part. Le dédoublement prépositionnel du paragraphe 45 vise très probablement à atténuer, voire à résoudre, le problème du rapport entre les atomes et les effets cosmiques qui résultent de leurs mouvements et de leurs associations. Il remplit en ce sens une fonction analogue au dispositif mis en place dans les paragraphes précédents, et qui avait notamment pour objet d'expliquer l'homogénéité physique entre les composants et les composés. L'argument de la continuité étiologique vient renforcer la thèse de la continuité ontologique.

L'idée de combinatoire, à vrai dire, était déjà présente chez Leucippe et Démocrite, comme le montre en particulier un témoignage de Simplicius :

> (…) en bonne logique, les principes étant illimités, ils assuraient pouvoir rendre compte de tous les accidents et de toutes les substances, et montrer en vertu de quoi et comment une chose quelconque est engendrée (ὑφ᾽ οὗ τέ τι γίνεται καὶ πῶς). C'est pourquoi ils disent que c'est seulement pour ceux qui posent les éléments comme illimités que tout se produit conformément à la raison. Ils disent également que le nombre des figures qui se trouvent dans les atomes est illimité parce que rien n'est plus ceci que cela. Telle est en effet la cause qu'ils donnent de l'illimité[1].

Nous retrouvons donc sous la plume de Simplicius – mais peut-être déjà sous celle de Théophraste, dont il reprend là un passage des *Opinions physiques*, ou *Opinions des physiciens* – l'usage efficient de ὑπό avec le génitif. Dans ce cas, cependant, c'est une isonomie beaucoup plus stricte qui prévaut : parce que la combinatoire est illimitée, une infinité de mondes

1. Simplicius, *Commentaire sur la Physique d'Aristote*, 28.22-27 [contenu dans DK 68 A 38].

peuvent naître et, une fois le tourbillon constitué, ils naissent effectivement. L'indifférence des formes atomiques est alors déterminante. Épicure s'oppose à Démocrite sur la nature même de cette infinité, refusant que les formes des atomes soient illimitées en nombre, afin d'échapper à l'aporie d'atomes qui atteindraient toutes tailles [1]. Il n'est pas sûr que Démocrite ne puisse lui-même échapper à cette aporie [2], et Épicure ne rend sans doute pas justice à la subtilité et à la complexité de la cosmogonie abdéritaine. Il amende en tout cas le principe d'isonomie en limitant le nombre des grandeurs atomiques, mais aussi en fondant la cosmogonie sur un principe de sélection initiale. Je ne crois pas que l'incise du paragraphe 45 soit expressément tournée contre Démocrite. Elle suggère néanmoins qu'il y a, dès la première étape de la formation d'un monde, quelque chose de plus que la seule présence d'une infinité d'atomes de toutes formes : il faut encore que ces formes soient déterminées pour que les atomes soient effectivement déterminants.

On objectera peut-être que l'interprétation cosmogonique de la fonction de ὑπό au paragraphe 45 la *Lettre à Hérodote* ne peut être qu'hypothétique, faute de confirmation textuelle directe et absolument probante. Si cette hypothèse apparaît trop aventureuse, qu'on lui reconnaisse au moins pour mérite d'attirer l'attention sur une chose : la subtilité des termes dans lesquels Épicure décrit la causalité proprement atomique [3].

1. *Hrdt.* 42-43 ; 55-56.

2. Voir notamment, sur ce point, D. O'Brien, « La taille et la forme des atomes dans les systèmes de Démocrite et d'Épicure (« préjugé » et « présupposé » en histoire de la philosophie) », *Revue Philosophique de la France et de l'Étranger*, 1982-2, p. 187-203.

3. Depuis la première publication de cette analyse, ses résultats ont été repris et discutés. Parmi les échos favorables qui ont été donnés à mon article et à ses conclusions, voir F. Verde, *Epicuro. Epistola a Erodoto*, Traduction, commentaire, introduction de Emidio Spinelli, Roma, Carocci, 2010, p. 115-116. Ils ont été en revanche contestés dans l'étude détaillée de W. Lapini, *L'*Epistola a Erodoto *e il* Bios *di Epicuro in Diogene Laerzio, op. cit.*, p. 29-36. J'y répondrai sur un point en particulier, qui joue un rôle central dans la critique que m'adresse W. Lapini. En traduisant ὑφ'ὧν par « sous l'effet desquels », j'userais non seulement d'une expression trop vague pour désigner le complément d'agent – sur ce point, chacun jugera –, mais encore d'une tournure à connotation téléologique, voire même « créationniste » (« *creazionistica* » ; *ibid.*, p. 34), qui ferait une trop bonne place à l'idée d'appropriation des atomes (évoquée cette fois en anglais : « *suitability* » ; *ibid.*, p. 35). Il est pourtant bien clair que la capacité d'organisation que mon analyse veut suggérer n'a rien de téléologique : il s'agit à l'évidence d'un ordonnancement mécanique et spontané. De plus, l'appropriation des formes atomiques à telle ou telle construction matérielle – idée bien attestée, comme on l'a vu, dans la *Lettre à Pythoclès* – ne signifie nullement qu'une quelconque causalité finale ou intentionnelle soit à l'œuvre. C'est un pur *fait* de la nature, à une étape donnée de la chaîne causale, sans orientation préalable vers un résultat final. Quant à l'expression « sous l'effet de », elle n'implique nullement l'intention ou la finalité, mais bel et bien une simple relation d'agent. Le sucre se dissout *sous l'effet* du liquide ; il n'y a là aucune finalité.

TROISIÈME PARTIE

LE PLAISIR ET L'ACTION

CHAPITRE VII

ÉPICURE ET LA DÉSACRALISATION DE LA NÉCESSITÉ

L'un des aspects les mieux connus de la conception épicurienne de la nécessité est incontestablement la critique du nécessitarisme. Entendons par « nécessitarisme » le type de déterminisme en vertu duquel tout événement – phénomène naturel ou action humaine – est exclusivement déterminé par la nécessité. Pour Épicure et les épicuriens, il est erroné, et même absurde, d'affirmer, comme le prétendent Démocrite et les Mégariques [1], que tout se produit selon la nécessité et par elle seule : la responsabilité humaine a une efficace réelle, car l'homme est véritablement un agent causal. Du reste, les conséquences de la croyance en une nécessité hégémonique sont catastrophiques pour la conduite de la vie, pour la moralité et pour le bonheur. La conception démocritéenne de la causalité, nous l'avons vu, est sans doute plus complexe que ces attaques ne le donnent à penser, mais il s'agit ici de comprendre le point de vue qui est proprement celui d'Épicure et de ses principaux héritiers.

La subtilité des arguments épicuriens, notamment au livre XXV du *Peri phuseôs*, a été justement soulignée, après l'article fondateur de D. Sedley sur la question [2], par des travaux plus récents, comme ceux de Francesca

1. Contre lesquels Épicure aurait écrit un traité, mentionné par Diog. Laërce (X, 27). Il réfute en effet l'argument Dominateur (Cicéron, *Académiques*, II, 97 ; Long-Sedley 20 I). Néanmoins, Démocrite est très probablement la première cible d'Épicure, si l'on considère qu'il est le représentant le plus emblématique de la formulation de la position déterministe en termes de nécessité naturelle. Voir notamment Diog. Laërce, IX, 44-45 [DK 68 A 1]. Voir encore l'unique fragment conservé de Leucippe, *ap.* Aétius, I, 25, 4 [DK 67 B 2], selon lequel « aucune chose ne se produit fortuitement, mais toutes procèdent de la raison et de la nécessité ». On s'accorde généralement pour reconnaître Démocrite dans la critique de certains « physiciens » en *Mén.* 134.

2. D. Sedley, « Epicurus' Refutation of Determinism », in *Suzètèsis. Studi sull'epicureismo greco e romano offerti a M. Gigante*, Napoli, 1983, Bibl. della Parola del Passato, 16, I, p. 11-51.

Masi et de Tim O'Keefe [1]. Je reviendrai brièvement sur cette critique, mais c'est sur un autre aspect de la nécessité épicurienne que je voudrais me pencher maintenant. L'intérêt que l'argumentation du livre XXV a légitimement suscité ces dernières décennies pourrait laisser croire que le problème auquel Épicure doit faire face est uniquement d'ordre psychologique et éthique. Ainsi, on pourrait être tenté de penser que la doctrine causale d'Épicure, et avec elle sa position sur le nécessitarisme, sont suffisamment élaborées dès lors que la thèse adverse est réfutée au nom de la responsabilité de l'agent rationnel. Je pense pour ma part que les arguments polémiques concernant les conditions mentales de la liberté de l'agent – ce que j'appellerai la critique « psychologique » du nécessitarisme – ne sont qu'un aspect d'une critique plus globale du nécessitarisme.

Nous sommes invités à cet élargissement, notons-le dès maintenant, par la doctrine du *clinamen*, qui chez Lucrèce opère à deux niveaux : non seulement celui, psychologique, de la liberté de l'agent, mais aussi celui, physique et cosmologique, de la formation des composés et des mondes. Sans qu'il soit besoin d'entrer de plein pied dans le débat complexe sur la nature et la fonction théorique de la déviation atomique telle qu'elle est présentée au Chant II du poème de Lucrèce, on admettra au moins qu'elle introduit un principe d'indétermination, et par conséquent une rupture dans l'enchaînement *nécessaire* des mouvements atomiques, à l'intérieur mais aussi au-delà des processus mentaux.

Il me semble néanmoins que l'attitude d'Épicure lui-même à l'égard de la nécessité mérite une attention renouvelée, car elle est plus complexe que cela n'apparaît souvent. Je prendrai pour point de départ la formule qu'avait utilisée M.L. Silvestre pour définir l'opposition d'Épicure à Démocrite sur cette question : l'idée d'une « limitation des pouvoirs de l'ἀνάγκη » (« *limitazione dei poteri di ἀνάγκη* ») [2]. On doit aller plus loin, à mon sens, et envisager, non seulement une limitation, mais encore une véritable redéfinition du statut causal de la nécessité. J'entends par là que les épicuriens en appellent, non seulement à une délimitation nouvelle, plus précise, du champ régi par la causalité nécessaire, mais aussi à une autre compréhension de l'idée même de nécessité. Dire en effet qu'il y a *d'autres causes* des événements que la seule nécessité cela implique à la fois qu'elle n'est pas la seule cause, mais aussi qu'elle n'est plus un empire

1. F. Masi, *Epicuro e la filosofia della mente. Il XXV libro dell'opera* Sulla Natura, Sankt Augustin, Academia Verlag, 2006, vol. 7 ; T. O'Keefe, *Epicurus on Freedom*, Cambridge, Cambridge University Press, 2005.

2. M. L. Silvestre, *Democrito e Epicuro*, *op. cit.*

ontologique et causal, le régime même de production des phénomènes sans exception. Elle n'est plus qu'une modalité particulière parmi d'autres de la détermination causale. Dès lors, il s'agit d'un réel changement de paradigme explicatif par rapport au modèle, monovalent, de la nécessité démocritéenne, plutôt que d'une simple *limitation* de ses pouvoirs.

Pour l'établir, je propose de suivre une voie à première vue paradoxale, qui consistera à étudier de quelle manière Épicure entend renverser le pouvoir hégémonique de la nécessité tout en lui reconnaissant un véritable statut physique. Il ne compte pas la supprimer, mais au contraire lui assigner une réelle puissance causale ; simplement, celle-ci doit être insérée dans un réseau plus vaste de déterminations, et par conséquent corrélée à d'autres types de causes. Je voudrais dès lors montrer les deux points suivants. D'une part, malgré son ferme rejet du nécessitarisme, Épicure fait un usage positif de la notion de nécessité, et reconnaît à l'ἀνάγκη une réelle efficacité causale. On peut déjà s'en rendre compte en songeant à la notion de désirs nécessaires dans la *Lettre à Ménécée*, c'est-à-dire de désirs nécessaires au bonheur, par opposition aux désirs simplement naturels et aux désirs vides ou vains[1]. Cela passe aussi, comme on le verra, par une critique des conceptions erronées de la nécessité. D'autre part, Épicure ne se contente pas de concevoir la nécessité comme l'opposé de la responsabilité. Il la replace dans un système d'explication plus complexe. Certains textes invitent en effet à identifier un dispositif à trois termes comprenant, outre la nécessité, la responsabilité et le hasard (ou la fortune). Le philosophe de la nature doit ainsi faire varier les types d'explications causales et se demander, dans chaque cas, si le phénomène considéré doit être expliqué par la nécessité, ou bien par la responsabilité de l'agent ou bien encore par la fortune, ou bien par une combinaison impliquant deux ou trois de ces types de détermination. La nécessité n'est donc pour lui que l'une des trois grandes catégories causales que l'on peut invoquer. En substance, la conception démocritéenne de la nature est décrite par les épicuriens comme un réductionnisme causal à un seul terme ; la conception épicurienne de la causalité, pour sa part, est une théorie à trois termes.

On le voit, cette nouvelle cartographie de la détermination causale engage bien plus que la seule capacité de l'agent rationnel à agir librement. Pour qu'une telle généralisation soit acceptable, il faut tenir compte, non seulement de la critique psychologique, dont je rappellerai brièvement les termes en insistant sur la place qu'elle réserve à la causalité nécessaire, mais aussi des autres approches de la notion de nécessité, en particulier

1. Voir en premier lieu *Mén.*, 127-128.

son traitement cosmologique. C'est pourquoi je reviendrai sur l'usage de la notion de nécessité dans la *Lettre à Pythoclès*. Alors que Démocrite considère que la nécessité est l'unique principe cosmogonique, c'est-à-dire le principe qui intervient dans la formation des mondes, Épicure rejette une telle explication. J'aborderai *in fine* les textes moraux, afin de compléter la vision générale – le dispositif causal à trois termes – que je propose d'identifier.

L'ALTERNATIVE PSYCHOLOGIQUE : DU BON USAGE DE LA NÉCESSITÉ

Partons de la Sentence vaticane 40 d'Épicure :

> Celui qui déclare que tout arrive par nécessité ne peut lancer aucune accusation contre celui qui déclare que tout n'arrive pas par nécessité, car il dit que cela même arrive par nécessité [1].
>
> Ὁ λέγων πάντα κατ' ἀνάγκην γίνεσθαι οὐδὲν ἐγκαλεῖν ἔχει τῷ λέγοντι μὴ πάντα κατ' ἀνάγκην γίνεσθαι· αὐτὸ γὰρ τοῦτό φησι κατ' ἀνάγκην γίνεσθαι.

Ce texte introduit un argument par auto-réfutation qui peut être compris de deux manières et à deux niveaux. En premier lieu, il signifie que, du point de vue du nécessitariste lui-même – même si c'est à son corps défendant –, la position contraire à la sienne est justifiée dans la mesure où la situation décrite par la thèse adverse est nécessaire : si tout est nécessaire, alors il est nécessaire que tout ne soit pas nécessaire. L'affirmation qu'il prétend réfuter traduit donc aussi bien que la sienne, comme tout événement, le statut de la détermination nécessaire. Elle est, tout autant que la sienne, nécessairement vraie. En second lieu, l'argument repose sur une prémisse implicite que le nécessitariste est supposé partager, à savoir que celui qui affirme une thèse assume la thèse qu'il affirme [2] : le déterministe, pour pouvoir soutenir sa propre thèse (*p*) et rejeter la thèse adverse (non-*p*), doit assumer *p* personnellement, donner son assentiment à la thèse qu'il profère. Or, en exigeant que chacun assume ses propres propos ou ses propres pensées, l'argument suppose que chacun en soit du même coup personnellement responsable, ce qui revient à dire que tout n'arrive pas

1. *SV* 40.
2. Voir en ce sens l'argument, assez proche, du *Peri Phuseôs*, 34, 28 Arrighetti ; Long-Sedley 20 C 6.

par nécessité, donc à admettre non-*p*. Dès lors, *p* implique non-*p*, et le déterministe est ce même sujet qui assume à la fois *p* et non-*p*.

Ceux qui défendent la position nécessitariste se réfutent donc eux-mêmes ou s'exposent à des conséquences désastreuses pour eux-mêmes, comme on le voit dans l'extrait suivant du traité *Peri phuseôs* (*Sur la nature*) d'Épicure :

> Les premiers qui ont exposé les causes de manière satisfaisante ([οἱ] δ'αἰτιολ[ο-]γήσαντες [ἐξ ἀρχῆς ἱκανῶς])[1], gens qui sont non seulement bien supérieurs à leurs prédécesseurs, mais à bien des coudées au-dessus de ceux qui les ont suivis, sont restés aveugles sur eux-mêmes – alors qu'ils ont apporté de grands soulagements en beaucoup de domaines – quand ils ont attribué la responsabilité de toutes choses à la nécessité et au hasard (ε[ἰ]ς τὸ τ[ὴ]ν ἀνάγκην καὶ ταὐτόματ[ο]ν πάντα α[ἰτι]ᾶσθαι)[2]. De fait, le raisonnement qui enseignait cela se trouva ruiné quand il tint caché au grand homme que ses actes entraient en conflit avec son opinion ; et s'il n'arrivait pas qu'un certain aveuglement à l'égard de la doctrine ne s'empare de lui quand il agissait, il serait dans un trouble continuel : dans la mesure où son opinion l'emporte, il tombe dans les pires maux ; si elle ne l'emporte pas, il se trouve rempli de dissension du fait de la contradiction entre son opinion et ses actes[3].

Il est généralement admis qu'Épicure critique ici Démocrite, emphatiquement désigné par l'expression « le grand homme » (ἀνήρ)[4]. Il fait remarquer que celui-ci ne peut à la fois dire que « la nécessité et le hasard sont causes de toutes choses » et continuer d'agir. Dans ce cas, en effet, sa doctrine entre en conflit avec ses actes, ses *erga*, qui sont, par définition, librement provoqués. Or cette situation contradictoire devrait le placer, à l'opposé du bonheur, dans une situation de trouble intérieur.

Ces deux textes appellent à mon sens trois remarques sur l'usage qui est fait par Épicure du concept de nécessité. Premièrement, on constate que, dans les deux cas, l'argument est lié à des thèses psychologiques, alors même qu'il se situe à première vue sur un plan logique ou formel. Il repose implicitement, dans un cas, sur un principe psychologique « d'autorité » :

1. Je suis l'édition d'Arrighetti. Selon l'édition Laursen : [οἱ] δ'αἰτιολογήσαντες ἐξ ἀρχῆς ἱκανῶς (*and those who from the beginning gave sufficient explanations of causes*). Voir S. Laursen, « The Later Parts of Epicurus, *On Nature*, 25th Book », *CErc* 27, 1997, p. 5-82.

2. Laursen : εντο τ[ὴ]ν ἀνάγκην καὶ ταυτομεγ[.]ν πάντα α[ἰτιᾶσ]θαι (*that necessity and... are the cause of everything*).

3. *Sur la nature* XXV, 34, 26-30 Arrighetti - Long-Sedley 20 C 13-14 (trad.fr. Long-Sedley / Brunschwig-Pellegrin)

4. Voir F. Masi, *Epicuro e la filosofia della mente, op. cit.*, p. 145 ; D. Sedley, « Epicurus'Refutation of Determinism », art. cit., p. 30.

la thèse de la responsabilité de la pensée propre de l'agent qui apparaît ainsi comme l'auteur de ses propres assertions. Il fait appel, dans l'autre cas, à l'explication du trouble psychique. De fait, Épicure ne montre pas un grand intérêt pour la définition purement modale et logique de la nécessité, dans laquelle il voit toujours, dans les deux cas, un principe physique. Cette attitude est peut-être liée à sa critique de la dialectique, c'est-à-dire dans ce contexte de la logique, et à son rejet de la doctrine des futurs contingents telle qu'elle a pu être comprise à son époque, à partir du *De interpretatione* d'Aristote. Épicure, d'après Cicéron, rejette en effet le principe de bivalence dans le cas des propositions portant sur le futur. Il estime que la disjonction « soit *p* soit *non-p* » n'est pas nécessaire s'il s'agit de propositions portant sur le futur, considérant qu'une telle nécessité n'existe pas dans la nature [1].

Deuxièmement, ces deux textes ne suggèrent nullement qu'il faille rejeter toute explication par la nécessité. Dans le premier texte cité, Épicure pourrait opposer à la thèse nécessitariste sa contradictoire, à savoir : « rien n'arrive par nécessité ». Or l'argument aurait fonctionné tout aussi bien : le nécessitariste aurait été également réfuté par sa propre position. Il me semble très significatif que la thèse convoquée pour pousser le nécessitariste à se réfuter lui-même soit la thèse selon laquelle « tout n'arrive pas par nécessité », ce qui revient précisément à laisser entendre que *certaines choses* arrivent par nécessité. De même, dans le texte déjà cité du *Peri phuseôs*, si les prédécesseurs se sont égarés, ce n'est pas parce qu'ils ont admis la causalité nécessaire, mais parce qu'ils ont cru que la nécessité – ou le couple ἀνάγκη-αὐτόματον, dont nous avons vu qu'il pouvait, du point de vue de Démocrite, exprimer une complexité explicative que les épicuriens refusaient de lui concéder – était une cause totale et unique. La négation du sujet universel, « tout » (πάντα), limite là encore la portée de la critique en se convertissant implicitement en une proposition affirmative de quantité indéterminée : *quelques* événements (seulement) se produisent par nécessité. Épicure laisse place à une attitude qui admettrait l'existence de la causalité nécessaire, pour autant qu'elle ne soit pas considérée comme exclusive. Je vois là une claire confirmation de la thèse que j'avais avancée en commençant, selon laquelle Épicure ne rejette pas par principe toute intervention de la nécessité dans les événements du monde. Le livre XXV du *Peri phuseôs* va du reste dans ce sens, lorsqu'il attribue le pouvoir de dissuader autrui des mauvaises actions à celui qui, précisément, « voit quelles choses sont

1. Cicéron, *Du destin* 37 ; Long-Sedley 20 H ; *Académiques* II, 97 (Us. 376) ; Long-Sedley 20 I.

soumises à la nécessité » (ὁ συνορῶν τὰ ποῖα κατ᾽ ἀνάγκην ἐστὶν)[1]. Le même texte indique, quelques colonnes plus haut, que « la responsabilité réside aussi en nous-mêmes et pas seulement dans notre constitution initiale et dans la nécessité hasardeuse (τὴν κατὰ τὸ αὐτόματον ἀνάγκῃ) de ce qui nous entoure et de ce qui pénètre en nous »[2]. La nécessité ne doit pas être rejetée : il s'agit simplement d'en faire bon usage, en admettant le réel pouvoir causal de l'agent rationnel sur ses actes et ses dispositions morales[3].

Troisièmement, et si l'on s'arrête quelques instants sur la dernière phrase citée, on note qu'ici comme dans le texte précédent du *Peri phuseôs* (34, 26-30 Arrighetti), la nécessité est étroitement associée au hasard (αὐτόματον). Cela n'a rien d'exceptionnel pour peu que l'on veuille bien se méfier des anachronismes. Si αὐτόματον renvoie à l'idée de spontanéité – le fait qu'une structure donnée produit d'elle-même certains effets – et non pas à celle de pure indétermination, alors il est tout à fait possible de l'associer à ἀνάγκη, surtout quand il s'agit de s'opposer à une explication par les causes finales ou intentionnelles. De fait, les simulacres et les corps en général qui se trouvent dans la périphérie de l'agent, et qui sont susceptibles d'influer sur son comportement, produisent leurs effets par eux-mêmes et sans obéir à aucune intention, ce qui caractérise assez bien les processus nécessaires. Ainsi, comme Démocrite avant eux, mais aussi comme Platon[4], Épicure pouvait fort bien estimer que les mouvements aléatoires des atomes relevaient sans contradiction de la nécessité entendue comme puissance de déclenchement spontané de mouvements. C'est pourquoi, plutôt que de chercher à distinguer, dans l'attaque du *Peri phuseôs* contre Démocrite, entre la part de la nécessité et celle du hasard, il est sans aucun doute plus naturel de supposer qu'Épicure évoque là un principe aveugle ou incontrôlable, une nécessité à la fois déterminante et aléatoire, qu'il qualifie d'ailleurs lui-même d'insensée (μώρα) dans le *Peri phuseôs*. Autrement dit, il est très peu vraisemblable, étant donné la radicalité des critiques formulées dans ce contexte, qu'Épicure attribue ici à Démocrite une conception complexe, selon laquelle deux principes seraient à l'œuvre : nécessité et hasard. Il désigne manifestement par un hendiadys, « nécessité et hasard », en accord avec un usage philosophique bien attesté[5], un seul principe hégémonique : la nécessité. Cela ne veut toutefois pas dire que tel soit le dernier mot

1. 34, 29 Arrighetti ; Long-Sedley 20 C 10.
2. 34, 27 Arrighetti ; Long-Sedley 20 C 2.
3. La *SV* 9 d'Épicure l'affirme assez clairement.
4. Chez Platon, voir *Sophiste*, 265c et *Lois*, XII, 967a ; *Timée*, 46e et 47e. Sur ces textes, voir ci-dessus, p. 97.
5. 34, 29 Arrighetti ; Long-Sedley 20 C 9.

d'Épicure sur la nécessité et que, dans certains cas, elle ne doive pas être opposée, précisément, aux processus aléatoires. J'y reviendrai.

J'évoquerai très brièvement l'argument par les conséquences. Il consiste à nier que le bonheur et la conduite morale soient possibles dans le cas où la nécessité physique serait toute-puissante, car celle-ci réduirait à néant la responsabilité de l'agent.

Diogène d'Œnoanda fait fond sur cet argument et l'articule à l'évocation de la déclinaison, en associant implicitement à Démocrite l'ensemble des théoriciens du destin[1] :

> … Donc, une fois la divination [éliminée], quelle autre preuve du destin y a-t-il ? Si en effet quelqu'un use du raisonnement de Démocrite, en disant que les atomes n'ont aucun mouvement libre à cause de leur collision réciproque, et qu'en conséquence toutes les choses paraissent mues par la nécessité, nous dirons à son encontre : « [Ne] sais-tu [pas], qui (col. 3) que tu sois, qu'il y a aussi dans les atomes un certain mouvement libre, que Démocrite n'a pas découvert, mais qu'Épicure a mis en lumière, qu'il y a un mouvement de déviation, comme ce dernier le montre à partir des phénomènes ? » Et le plus important : si l'on croit à un destin, on supprime toute admonestation et tout reproche, et de même les méchants, [il n'est pas juste de les punir, puisqu'ils ne sont pas responsables de leurs offenses][2].

Si tout est mû par la nécessité et qu'il n'y a pas de « mouvement libre » – c'est-à-dire de déclinaison – dans les atomes, et si l'on croit au destin, nous ne pourrons plus adresser d'avertissement ou de reproche, parce que nous nions la possibilité même de l'action responsable. De même, dans le *Peri phuseôs*, Épicure invoque le fait même du blâme – de fait, nous nous blâmons mutuellement pour nos mauvaises actions, dans l'idée que nous en sommes responsables – et le fait même de l'éducation morale pour réfuter l'idée selon laquelle nous serions entièrement déterminés par notre « constitution » (*sustasis*) initiale, par les influences extérieures et plus généralement par la « nécessité hasardeuse » dont on a parlé ci-dessus[3].

1. Fr. 54 II 4-III 15 Smith (Long-Sedley 20 G). L'argument par les conséquences est un argument de fait : la liberté de l'agent est une évidence empirique et n'a pas, pour cette raison, à être *démontrée* ; je renvoie à P.-M. Morel, « The Epicurean "up to us" : not to be Proved », *in* P. Destrée, R. Salles, M. Zingano (eds.), *What is up to us ? Studies on Causality and Responsibility in Ancient Philosophy*, Sankt Augustin, Academia Verlag, 2014, p. 221-234.

2. Diogène d'Œnoanda, fr. 54, col. II-III Smith.

3. 34, 27 Arrighetti ; Long-Sedley 20 C 2.

Comme dans le fragment 54 de Diogène d'Œnoanda et comme du reste chez Lucrèce[1], le *De fato* cicéronien oppose clairement le *clinamen* à la nécessité :

> Épicure a introduit cette théorie <i.e. : la déviation> parce qu'il craignait que, si le mouvement des atomes était toujours dû à une pesanteur naturelle et nécessaire, nous n'aurions aucune liberté, puisque ainsi notre esprit serait mû de la façon dont l'y contraindrait le mouvement des atomes. Démocrite, l'inventeur des atomes, a préféré accepter cette conséquence que tout arrive par nécessité, plutôt que de priver les corps atomiques de leurs mouvements naturels[2].

La nécessité cesse dès lors d'apparaître comme une force aux effets aléatoires et s'entend comme l'enchaînement inéluctable des mouvements à partir d'un état donné des corps concernés. Il est également remarquable que Diogène fasse intervenir la déviation sur un plan physique, celui du mouvement des atomes en général. Le lien avec la problématique de la responsabilité est seulement implicite et repose, de fait, sur un autre argument. Cela confirme que le débat avec les nécessitaristes ne saurait se situer sur le seul plan psychologique.

À ce point de l'analyse, il faut nécessairement dire un mot de la déviation atomique. Comme on le sait, la théorie du *clinamen* a été perçue, dès l'antiquité, comme la solution proprement épicurienne au problème de la responsabilité, et cela bien que nous ne trouvions aucune trace explicite de cette doctrine dans les textes conservés d'Épicure. Qu'on l'attribue ou non à Épicure lui-même, que l'on conçoive la déviation atomique comme la cause immédiate de la volition, comme la volition elle-même, comme la réponse à la volition ou comme une simple condition de possibilité cosmologique, dans tous les cas, elle est censée répondre au problème du déterminisme en introduisant un principe d'indétermination. La déclinaison rend concevable l'idée d'une rupture dans l'enchaînement des mouvements atomiques. Elle correspond à un arrêt dans la concaténation des chocs, et crée ainsi une sorte de jeu fonctionnel dans le mécanisme matériel, un intervalle de discontinuité causale à l'intérieur duquel peut se glisser l'idée de liberté. C'est du reste après avoir posé la déclinaison des atomes que Lucrèce affirme que l'esprit a un pouvoir propre. Il exclut qu'il soit dominé par la « nécessité interne » de ses dispositions antérieures, ou encore qu'il soit réduit à la passivité face aux mouvements atomiques en général[3].

1. *DRN*, II, 289-290.
2. Cicéron, *Du destin*, 23 (trad. Long-Sedley / Brunschwig-Pellegrin).
3. *DRN*, II, 284-293.

L'esprit met de lui-même l'âme et le corps en mouvement. J'estime inutile ici de développer ce point. Je rappellerai seulement que la déviation n'est pas un principe exclusivement psychologique : c'est un principe physique général, appelé à jouer un rôle, non seulement sur le plan psychologique, mais aussi sur le plan cosmologique : sans le *clinamen*, dit Lucrèce, « la nature n'aurait rien produit » [1].

J'en viens donc maintenant à l'autre alternative que les épicuriens opposent au nécessitarisme : la complexité causale des processus cosmologiques.

L'ALTERNATIVE ÉTIOLOGIQUE : LE PROCESSUS COSMOGONIQUE

Concernant la formation des mondes, la position d'Épicure est à première vue en accord avec celle de Démocrite. Les principes généraux de la cosmologie épicurienne sont en effet conformes aux indications que l'on peut trouver dans le *corpus* abdéritain, c'est-à-dire chez Leucippe et Démocrite [2]. On le voit en particulier dans deux passages de la *Lettre à Hérodote*, dont le premier a déjà retenu notre attention [3] :

> Mais, en outre, les mondes sont illimités en nombre, les uns semblables au nôtre, les autres dissemblables. Les atomes, en effet, étant illimités en nombre, comme cela vient d'être démontré, ils sont transportés même jusqu'aux lieux les plus éloignés. Car de tels atomes, à partir desquels peut naître un monde ou sous l'effet desquels un monde peut être produit, n'ont été épuisés ni par un seul monde, ni par un nombre limité de mondes, ni par ceux qui sont semblables au nôtre, ni non plus par ceux qui diffèrent de ces derniers. Par conséquent, il n'y a rien qui fasse obstacle à l'infinité des mondes.
>
> Épicure, *Hrdt.*, 45

> En plus de ce que l'on a déjà dit, il faut admettre que les mondes, ainsi que chaque composé limité étroitement similaire aux réalités observées, ont été engendrés à partir de l'infini, toutes ces choses s'étant formées par séparation à partir de rassemblements particuliers plus ou moins grands; et admettre qu'à l'inverse toutes subissent la dissolution, les unes plus vite et les autres plus lentement, les unes sous l'effet de telles <causes>, [74] les autres sous l'effet de telles autres.

1. *DRN*, II, 224.
2. Voir Leucippe, chez DL, IX, 31 [DK 67 A 1]; Hippolyte, *Réfutation de toutes les hérésies*, I, 12 [DK 67 A 10].
3. Voir ci-dessus, p. 130-135.

Ἐπί τε τοῖς προειρημένοις τοὺς κόσμους δεῖ καὶ πᾶσαν σύγκρισιν πεπερασμένην τὸ ὁμοειδὲς τοῖς θεωρουμένοις πυκνῶς ἔχουσαν νομίζειν γεγονέναι ἀπὸ τοῦ ἀπείρου, πάντων τούτων ἐκ συστροφῶν ἰδίων ἀποκεκριμένων καὶ μειζόνων καὶ ἐλαττόνων· καὶ πάλιν διαλύεσθαι πάντα, τὰ μὲν θᾶττον, τὰ δὲ βραδύτερον, καὶ τὰ μὲν ὑπὸ τῶν τοιῶνδε, τὰ δὲ ὑπὸ τῶν τοιῶνδε τοῦτο πάσχοντα.

Épicure, *Hrdt.*, 73-74

Des atomes en nombre infini se meuvent dans un vide infini et leurs rencontres donnent naissance à des mondes en nombre illimité. Les mondes sont soutenus par leur cohésion intrinsèque et voués à périr dès lors que d'autres rencontres atomiques plus fortes viennent détruire cette cohésion. Dans les deux cas, nous avons affaire à une cosmogénèse dépourvue de tout facteur téléologique, providentiel ou intentionnel, et fondamentalement contingente, au sens où aucun monde n'a plus de raison d'exister que de ne pas exister.

L'accord, cependant, n'est que superficiel. Le désaccord sur le processus cosmogonique est réel. Comme nous l'avons vu dans le chapitre précédent, il vient d'abord de ce que Démocrite invoque un principe indéterminé et non pas les conditions particulières de formation des mondes. Alors que Démocrite semble s'être contenté d'invoquer l'infinité des combinaisons atomiques pour admettre *a principio* la formation d'une infinité de mondes différents [1], Épicure introduit pour sa part un principe de limitation, en invoquant des conditions atomiques déterminées, sans lesquelles un monde ne saurait se former.

Dans le texte du paragraphe 45, notre attention a déjà été attirée par un détail qui, si l'on considère le style très dense et très calculé de la *Lettre*, ne saurait en aucun cas être fortuit. Le texte évoque certains atomes « à partir desquels (ἐξ ὧν) peut naître un monde ou sous l'effet desquels (ὑφ᾽ ὧν) un monde peut être produit ». La variation des particules et des verbes laisse entendre que le processus cosmogonique est complexe et qu'il dépend originellement de la nature ou des propriétés spécifiques des atomes impliqués. Il est assez probable, nous l'avons vu, qu'Épicure veuille insister ici sur le rôle que joue le matériau, à savoir les atomes, dans l'explication du processus cosmogonique, non seulement à titre de composants, mais encore en tant que principes producteurs. On peut donc supposer que la génération d'un monde nécessite des conditions particulières et que ces conditions tiennent aux propriétés des atomes concernés : la présence

1. Voir, pour la formulation de ce principe, Simplicius, *Commentaire sur la Physique d'Aristote*, 28.17-27 [DK 68 A 38].

d'atomes déterminés, de formes et de tailles définies, et non pas seulement l'infinité abstraite des atomes errant dans l'univers.

La *Lettre à Pythoclès* d'Épicure donne en effet de précieuses indications dans ce sens, ainsi que nous avons commencé de le voir[1]. Suivons la progression du texte concerné :

> [89] Que de tels mondes soient infinis en nombre, on peut le concevoir, comme aussi le fait qu'un monde de ce type puisse naître aussi bien dans un monde que dans un intermonde – c'est ainsi que nous appelons un espace intermédiaire entre des mondes –, dans un lieu en grande partie vide – mais pas dans une immensité absolument vide, comme certains le disent –, certaines semences appropriées ayant afflué – depuis un unique monde ou un intermonde ou depuis plusieurs mondes –, produisant peu à peu des adjonctions, des articulations et des migrations vers un autre lieu – au gré du hasard –, ainsi que des pluies de matériaux appropriés, jusqu'à un état d'achèvement et de stabilité, à proportion de ce que peuvent recevoir les fondations qui sous-tendent la structure. [90] Il ne suffit pas, en effet, que se forme un agrégat ou un tourbillon dans un vide où, selon une certaine opinion, un monde peut, par nécessité, naître et croître jusqu'à ce qu'il se heurte à un autre, comme le dit l'un de ceux qu'on appelle « physiciens », car cela est en conflit avec les choses apparentes.

Le contexte du passage montre des similitudes claires avec la cosmogénèse abdéritaine : l'univers est illimité et le monde naît dans une section délimitée de l'infini que constitue le vide. Au paragraphe 88, l'expression « une section, prélevée sur l'infini » (ἀποτομὴν ἔχουσα ἀπὸ τοῦ ἀπείρου) faisait déjà écho à la phrase « un grand nombre de corps de toutes sortes de figures se transporte de l'Illimité dans un grand vide » (φέρεσθαι κατὰ ἀποτομὴν ἐκ τῆς ἀπείρου πολλά σώματα παντοῖα τοῖς σχήμασιν εἰς μέγα κενόν) dans la cosmologie de Leucippe[2]. D'autres similitudes sont d'ailleurs repérables, comme l'usage des termes de la famille de περιοχή.

Le paragraphe 89 marque cependant une nette rupture, et témoigne d'une prise de distance par rapport aux prédécesseurs abdéritains. Premièrement, Épicure envisage deux types de milieux propices à la naissance d'un monde : monde ou intermonde. Deuxièmement, il corrige la caractérisation du vide dans lequel se forme le monde, en utilisant l'expression « dans un lieu en grande partie vide » (ἐν πολυκένῳ τόπῳ), qui s'oppose clairement à « dans une immensité absolument vide » (ἐν μεγάλῳ εἰλικρινεῖ καὶ κενῷ) qui, elle-même, fait écho à la localisation εἰς

1. Voir ci-dessus, p. 128.
2. DL, IX, 32 [DK 67 A 1].

μέγα κενόν, que l'on trouve chez Leucippe. Le vide propice à la naissance du monde n'est pas absolument vide, mais relativement vide, c'est-à-dire partiellement peuplé de structures atomiques. Les Abdéritains ont-ils commis l'erreur grossière de croire qu'une structure atomique ait pu se constituer à partir de rien ? Ce serait non seulement absurde, mais encore contraire à leur ontologie, qui veut que rien ne naisse de rien ni ne retourne au non-être. Les atomes sont en effet infinis, éternels et inaltérables. Quoi qu'il en soit, la participiale qui suit, « certaines semences appropriées ayant afflué » (ἐπιτηδείων τινῶν σπερμάτων ῥυέντων…), paraît bien donner l'explication : le vide n'est pas absolu, parce qu'il est le lieu d'un afflux de « semences appropriées ». Or ce point n'est pas sans conséquences. Comme nous l'avons vu, il est assez probable que les « semences » en question soient des atomes. Un monde peut donc naître dès lors que sont présents les atomes « appropriés » – ou « qui conviennent » –, par leur forme et leur taille, à sa formation. Dans ce cas, ce n'est pas l'infinité même des atomes et de leurs multiples combinaisons qui donne la raison, en droit comme en fait, de l'existence des mondes – comme chez Démocrite –, mais une sorte de sélection spontanée, à l'intérieur de cette infinité. Il faut des atomes dotés de propriétés déterminées, et non pas seulement une réserve infinie de matière, pour que se forme un monde. C'est peut-être pourquoi les mondes ne sauraient avoir toutes les formes possibles ni contenir tous les êtres imaginables [1], contrairement à ce que les Abdéritains avaient affirmé. Les mouvements s'accomplissent « au gré du hasard » (ἐὰν οὕτω τύχῃ), mais ils transportent des éléments matériels déterminés et appropriés à un processus de cosmogénèse. Ainsi, l'allusion à d'autres philosophes, dont les thèses seraient erronées (« ainsi que certains le disent » : καθάπερ τινές φασιν) a de fortes chances de concerner les Abdéritains et elle introduit ce qui apparaît dès lors comme une nouveauté dans l'histoire des cosmologies atomistes.

On doit du même coup comprendre que les circonstances hasardeuses qu'évoque Épicure ne sont pas un hasard pur, mais un hasard partiellement déterminé, limité par les conditions atomiques nécessaires à la formation du *kosmos*. L'expression « au gré du hasard » (ἐὰν οὕτω τύχῃ) n'est pas en elle-même une formule technique ; c'est une expression courante. On pourrait donc être tenté de la tenir pour négligeable. Toutefois, elle indique assez clairement que les mouvements évoqués sont aléatoires et qu'ils pourraient tout aussi bien ne pas se produire.

1. *Hrdt.*, 74.

Le paragraphe 90 franchit un pas de plus : il montre qu'il ne suffit pas d'invoquer un « tourbillon » originel d'atomes quelconques pour expliquer la formation d'une structure cosmique, ni de recourir à la seule « nécessité ». La double indication dialectique « selon une certaine opinion » (κατὰ τὸ δοξαζόμενον) et « comme le dit l'un de ceux qu'on appelle « physiciens » » (καθάπερ τῶν φυσικῶν καλουμένων φησί τις) invite à chercher une cible. Or les premiers atomistes expliquent la formation d'un monde par un tourbillon de toutes sortes de formes atomiques, phénomène que Démocrite désigne précisément sous le nom de « nécessité »[1]. La critique d'Épicure est donc ici très probablement tournée contre ce dernier, dont l'explication serait insuffisante, comme le laissent penser les conditions énumérées au § 89, conditions requises, selon Épicure, pour que se forme un monde. Le tourbillon n'est pas en lui-même une explication satisfaisante, car en se contentant de l'invoquer, on oublie de mentionner les semences appropriées, sans lesquelles il ne saurait y avoir de cosmogénèse. La nécessité, de ce point de vue, semble jouer le mauvais rôle d'un terme creux et, pour ainsi dire, incantatoire.

Enfin, l'argument du conflit avec les phénomènes est sans doute à double entente : d'une part c'est un principe méthodologique fondamental de la *Lettre à Pythoclès*, toute inférence sur les phénomènes éloignés devant être soumise au constat de ce qui se produit près de nous ; d'autre part, Démocrite est bien connu pour avoir défendu des positions épistémologiques très critiques à l'égard des phénomènes ou apparences sensibles.

On notera toutefois, pour en revenir à la nécessité, que ce n'est pas tant l'ἀνάγκη en elle-même qui se trouve rejetée qu'un certain usage de l'idée de nécessité. Épicure semble suggérer ici que l'erreur consiste non pas à invoquer la nécessité mais à lui confier toute la responsabilité dans la genèse et la destruction des mondes. D'une part, comme on l'a vu, le hasard joue lui aussi son rôle ; d'autre part, la nécessité reste un principe abstrait tant que l'on n'a pas statué sur la nature des matériaux impliqués, matériaux qu'Épicure qualifie d'appropriés.

On pourrait m'objecter que l'opposition entre nécessité et hasard n'est pas si nette ici, d'autant que, comme on l'a vu, leur distinction n'est pas certaine lorsqu'il s'agit de Démocrite. Il semble cependant qu'Épicure, en introduisant un facteur d'indétermination, montre que la genèse d'un monde

1. Voir notamment DL, IX, 31 ; 32 [67 A 1] ; 45 [DK 68 A 1]. Sur le tourbillon, voir encore Simplicius, *Commentaire sur la Physique d'Aristote*, 327.24 [DK 68 A 67 ; B 167]. Il est probable que la mention de la nécessité dans le passage cosmogonique de la *Lettre à Hérodote* (§ 77) renvoie également à Démocrite.

ne correspond pas au type de nécessité que l'on rencontre dans les phénomènes de la nature qui sont proches de nous. Or la *Lettre à Hérodote* fournit un certain nombre d'occurrences de relations nécessaires, qu'il s'agisse de désigner la liaison réciproque des propriétés permanentes [1] ou la consécution logique [2]. Je ne pense donc pas qu'Épicure entende, dans la *Lettre à Pythoclès*, substituer un hasard relatif à une nécessité toute puissante, mais plutôt qu'il refuse une causalité simple – ce que les Abdéritains appellent « ἀνάγκη » – au profit d'une explication complexe capable de prendre en compte à la fois les conditions nécessaires imposées par la matière atomique et les circonstances hasardeuses produites par ses mouvements. Pour l'historien de la philosophie qui s'intéresse à l'ensemble de la tradition atomiste, le prix à payer est assez fort : Démocrite avait déjà développé, tout en soumettant les phénomènes à une nécessité globale, une conception complexe de la causalité, et il avait sans doute cherché à caractériser les processus aléatoires par opposition aux processus réguliers. Le concept de nécessité, on l'a dit, est loin d'être uniforme si l'on considère l'ensemble des textes qui composent le *corpus* abdéritain [3]. L'image que les épicuriens nous laissent de sa physique est donc d'une assez médiocre exactitude. Toutefois, pour le sujet qui nous occupe ici, on retiendra essentiellement qu'Épicure entend rendre compte de manière plus précise des différentes modalités des phénomènes, et qu'il le fait en refusant à la nécessité le statut de cause totale et suffisante que certains de ses prédécesseurs lui avaient attribué.

Que par ailleurs la nécessité ne soit pas mise hors-jeu dans le processus, nous en avons la preuve dans la *Lettre à Pythoclès* elle-même, à propos du mouvement des astres :

> Pour ce qui est de leurs mouvements, il n'est pas impossible qu'ils soient produits par le tourbillon du ciel en son entier ; ou bien celui-ci est en repos, et ceux-ci sont emportés dans un tourbillon dû à la nécessité originaire, depuis l'engendrement du monde, [93] quand ils se levèrent dans le ciel [4].
>
> Τάς τε κινήσεις αὐτῶν οὐκ ἀδύνατον μὲν γίνεσθαι κατὰ τὴν τοῦ ὅλου οὐρανοῦ δίνην, ἢ τούτου μὲν στάσιν, αὐτῶν δὲ δίνην κατὰ τὴν ἐξ ἀρχῆς ἐν τῇ γενέσει τοῦ κόσμου ἀνάγκην ἀπογεννηθεῖσαν ἐπ᾽ἀνατολῇ.

1. Voir par exemple *Hrdt.*, 54 ; 61.
2. Voir par exemple *Hrdt.*, 58.
3. Sur ces différents points, je renvoie à P.-M. Morel, *Démocrite et la recherche des causes…*, *op. cit.* ; *Atome et nécessité…*, *op. cit.*, et ci-dessus, p. 96-100.
4. *Pyth.*, 92-93.

Nous sommes ici dans un cas typique d'application du principe épistémologique des explications multiples. Pour un même phénomène considéré, dès lors qu'il est impossible – du fait de son éloignement – de donner une explication unique avec certitude, différentes explications alternatives doivent être envisagées. La seconde alternative, qui invoque une « nécessité originaire » est donc admissible. Ce texte est d'autant plus remarquable qu'il maintient, à l'origine du monde, outre la nécessité, le tourbillon, ce qui suggère encore une fois que ce qui est erroné dans les explications antérieures, ce n'est ni le tourbillon ni la nécessité, ni même leur conjonction, mais l'usage qu'en font les prédécesseurs. En quoi celui-ci est-il fautif? D'une part, en ce qu'il se présente comme une explication unique et suffisante; d'autre part, si l'on prend en compte les observations que j'ai faites ci-dessus, en ce qu'il s'applique également à la cosmogonie, sans tenir compte de l'exigence d'appropriation et de sélection, au sein du matériau atomique, de formes déterminées.

Pour résumer ce que nous enseigne la polémique sur la cosmologie, Épicure n'élimine pas la nécessité, mais il exclut qu'elle constitue un principe hégémonique : pour expliquer la naissance d'un monde, il faut admettre, non seulement une forme de nécessité, mais aussi des conditions atomiques particulières et une part de chance ou de hasard.

NÉCESSITÉ ÉPICURIENNE ET EXPLICATION CAUSALE

Parvenu à ce point de l'analyse, il peut être utile de caractériser les différents aspects de la nécessité que révèlent les textes épicuriens – tout au moins ceux d'Épicure. On peut distinguer :

La nécessité pratique ou éthique (par exemple, ce qui est nécessaire au bonheur, et qui entre sous la catégorie des désirs naturels nécessaires).

Cette première rubrique, outre les passages que j'ai déjà cités, peut s'enrichir de la *Sentence vaticane* 9 : « La nécessité est un mal, mais il n'est nullement nécessaire de vivre avec la nécessité » (Κακὸν ἀνάγκη, ἀλλ' οὐδεμία ἀνάγκη ζῆν μετὰ ἀνάγκης). Il y a sans doute ici un jeu sur le sens fort de nécessité cosmique, qui pourrait se placer sous la rubrique suivante – ou tout au moins de contrainte externe – et un sens plus commun, dans la proposition « il n'est nullement nécessaire de vivre », celui des nécessités pratiques : il n'y a aucune nécessité pratique d'être soumis à la nécessité. Si l'on comprend bien : la tranquillité de l'âme, dans la sphère de l'action et sous la gouverne du plaisir, peut fort bien s'affranchir du mal – réel ou supposé – que représentent les contraintes externes.

La nécessité comme principe physique – a) aléatoire – b) strictement déterminée. Je renvoie sur ce point à l'ensemble des occurrences envisagées ci-dessus.

La nécessité selon le sens commun et non technique ; par exemple les nécessités de la vie de tous les jours, comme celles auxquelles le sage doit se mesurer. Sous cette dernière rubrique, on placera les textes qui donnent un sens trivial et non technique – ce qui ne le rend pas moins pertinent – de la « nécessité » comprise comme simple besoin objectif : « Le sage, qui s'est mesuré aux nécessités de la vie (εἰς τὰ ἀναγκαῖα), sait partager, plutôt que prendre, si grand est le trésor qu'il a trouvé dans l'autosuffisance »[1].

Derrière ces différents aspects de la nécessité, et malgré leur caractère irréductible, se cache sans doute un schéma susceptible de les unifier. La *Lettre à Ménécée*, nous allons le voir maintenant, donne des indications claires qui permettent de le faire et de circonscrire, au moins négativement, la sphère du nécessaire.

Nous sommes, tout d'abord, invités à distinguer d'une certaine manière entre hasard et nécessité. Tout au moins faut-il distinguer entre, d'une part, une nécessité aveugle qui peut être également aléatoire, comme dans l'expression « nécessité hasardeuse » utilisée par Épicure lui-même dans le *Peri phuseôs* et, d'autre part, une nécessité absolue, exclusive de toute indétermination. Épicure, assurément, n'est pas toujours aussi systématique ni aussi clair qu'on le voudrait. Il livre cependant des informations indirectes sur la répartition des tâches causales et nous invite donc, *de facto*, à faire ce type de distinctions. C'est le cas dans le passage suivant, qui dresse le portrait du sage au travers des thèses qu'il proclame et qu'il a intériorisées :

> <Il proclame d'autre part que le destin>, que certains présentent comme le maître de toutes choses, <ne l'est pas. Il estime pour sa part que certaines choses se produisent par nécessité>, tandis que d'autres sont le fait de la fortune et que d'autres encore sont en notre pouvoir, parce que la nécessité ne peut rendre de comptes. Quant à la fortune, il voit qu'elle est incertaine, tandis que ce qui est en notre pouvoir est sans maître et que le blâme et son contraire en sont la suite naturelle [134] – puisqu'il vaudrait mieux suivre le mythe sur les dieux, que s'asservir au destin des physiciens : le premier, en effet, dessine l'espoir de fléchir les dieux en les honorant, tandis que le second ne contient qu'une inflexible nécessité[2].

1. Épicure, *SV* 44. En retenant la leçon manuscrite συγκριθεὶς (et non pas συγκαθεὶς avec Usener et Marcovich).

2. *Mén.*, 133-134.

> ...τὴν δὲ ὑπό τινων δεσπότιν εἰσαγομένην πάντων ἀγγέλοντος <εἱμαρμένην...;... ὧν ἃ μὲν κατ´ ἀνάγκην γίνεται>, ἃ δὲ ἀπὸ τύχης, ἃ δὲ παρ´ ἡμᾶς, διὰ τὸ τὴν μὲν ἀνάγκην ἀνυπεύθυνον εἶναι, τὴν δὲ τύχην ἄστατον ὁρᾶν, τὸ δὲ παρ´ ἡμᾶς ἀδέσποτον, ᾧ καὶ τὸ μεμπτὸν καὶ τὸ ἐναντίον παρακολουθεῖν πέφυκεν (ἐπεὶ κρεῖττον ἦν τῷ περὶ θεῶν μύθῳ κατακολουθεῖν ἢ τῇ τῶν φυσικῶν εἱμαρμένῃ δουλεύειν· ὁ μὲν γὰρ ἐλπίδα παραιτήσεως ὑπογράφει θεῶν διὰ τιμῆς, ἡ δὲ ἀπαραίτητον ἔχει τὴν ἀνάγκην).

Bien que le texte soit partiellement corrompu et que la première occurrence de « nécessité » appartienne à une reconstitution possible du texte manquant, il est clair, au vu de la structure syntaxique, qu'Épicure envisage ici successivement trois facteurs, qui correspondent à trois causes possibles des événements, incluant sous ce terme les phénomènes naturels et les actions : la nécessité (ἀνάγκη), la fortune ou hasard (τύχη) et ce qui dépend de nous (τὸ παρ´ ἡμᾶς).

Par contraste avec la τύχη, on peut supposer que l'ἀνάγκη désigne ici l'enchaînement naturel, spontané et mécanique de certaines causes et de certains effets. Le destin, comme enchaînement prédéterminé des causes et des effets, est pour sa part exclu de la liste des causes, et il est généralement admis que l'expression « le destin des physiciens » est une allusion polémique à Démocrite[1]. La nécessité est dépourvue d'intelligence ou d'intention – elle ne peut donc « rendre de comptes » – mais elle n'est pas toute-puissante. Du reste, aucune de ces trois causes n'est toute-puissante et aucune ne peut être éliminée : elles se limitent réciproquement. Ainsi, le hasard, sous la catégorie de la τύχη, n'est pas écarté de la liste des causes ; de fait, il peut favoriser ou gêner certaines de nos actions, comme le montre la suite immédiate du texte, qui indique que la *tuchê* peut être au « principe » de belles choses quand elle nous offre les ressources nécessaires pour les accomplir[2]. En substance, la fortune peut être un adjuvant de nos actions

1. Voir en ce sens M. L. Silvestre, *Democrito e Epicuro*, *op. cit.*, p. 139.

2. *Mén.*, 134. Voir également Épicure, *MC* XVI : « La fortune a peu d'incidences sur le sage, car les choses les plus importantes et vraiment fondamentales, c'est le raisonnement qui en a reçu la gouverne et, pendant toute la durée de l'existence, les gouverne et les gouvernera. » Voir encore Diog. d'Œnoanda, fr. 71 Smith et le NF 132 Smith, qui syntéthise clairement la position épicurienne concernant le rapport entre la *tuchê* et ce qui dépend de nous : « Le hasard, que nous appelons la fortune, intervient peu dans notre vie ; nous sommes maîtres de la plupart des événements. » Sur ce dernier texte, voir M. F. Smith, *Supplement to Diogenes of Oinoanda. The Epicurean Inscription*, Napoli, Bibliopolis, 2003, p. 122-123. Le fr. 71 doit être désormais relié au fr. 72 en tenant compte de la possible interposition d'un nouveau fragment (NF 214) découvert en 2017. Voir J. Hammerstaedt, M. F. Smith, « Diogenes of Oinoanda : The New and Unexpected Discoveries of 2017 (NF 214-219), with a Re-edition of fr. 70-72 », *Epigraphica Anatolica*, 51, 2018, p. 43-79.

mais le bonheur ou le malheur n'en dépendent pas. Il nous revient donc d'apprécier son pouvoir à sa juste mesure[1]. On constate ainsi que ce qui est en notre pouvoir est limité de l'extérieur par la nécessité et le hasard mais, qu'en lui-même, il est « sans maître ». Il est donc tout-puissant dans son ordre. L'autarcie du sage, évoquée au § 130, lui permet de rester maître de ses propres désirs en toutes circonstances. Cela suppose qu'il distribue clairement les actions et les mouvements selon les trois catégories causales que la philosophie naturelle permet d'identifier et de distinguer : la nécessité, la fortune et ce qui dépend de nous.

Épicure, par ailleurs, a-t-il distingué entre hasard et fortune, αὐτόματον et τύχη ? Le point me semble à peu près indécidable, si ce n'est que les occurrences de τύχη dans les textes conservés concernent toutes, sauf erreur, l'éthique. On peut donc supposer qu'Épicure emploie ce terme, de préférence à αὐτόματον, quand il s'agit des circonstances imprévisibles de l'action humaine, sans que cela suppose une claire distinction ontologique et causale.

La polémique avec Démocrite ne consiste donc pas seulement à dire que la nécessité n'est pas toute-puissante – au contraire de ce que l'Abdéritain avait déclaré avec force –, à assigner à l'ἀνάγκη des limites physiques, mais aussi à lui assigner des limites explicatives à l'intérieur d'un dispositif causal complexe dont la nécessité n'est plus que l'un des termes. En d'autres termes, je pense qu'Épicure procède non pas à une simple limitation de la nécessité, mais à une réévaluation radicale de son pouvoir et corrélativement de son concept, qui se trouve ainsi investi d'une fonction mieux déterminée. Sera « nécessaire » au sens le plus rigoureux ce qui ne peut pas ne pas être, au sens où cela ne peut être attribué ni à l'agent rationnel, ni à la fortune. L'alternative à la thèse de l'hégémonie de la nécessité n'est pas seulement, en ce sens, dans l'affirmation de la responsabilité de l'agent rationnel ; elle consiste, plus globalement et plus radicalement, dans l'élaboration d'une nouvelle théorie causale, une théorie à trois termes (et non plus réduite à un seul et unique principe), dont les applications sont non seulement psychologiques et éthiques, mais également cosmologiques. Ce nouveau modèle à trois termes traduit précisément cette *désacralisation* de la nécessité à laquelle l'épicurisme procède de fait.

Traduite dans les termes de la théorie contemporaine de l'action, la situation est dès lors la suivante. Épicure entend échapper à un modèle strictement déterministe – celui qu'il veut voir chez Démocrite –, sans pour

1. Comme le montre bien F. Verde, « ΤΥΧΗ e ΛΟΓΙΣΜΟΣ nell'epicureismo », *op. cit.*, selon qui la *tuchê* n'a qu'une efficacité causale *sui generis*, limitée et circonscrite par l'action que dicte le *logismos* du sage épicurien (p. 189).

autant adopter un paradigme de type libertarien, qui donnerait tout pouvoir à la capacité d'un arbitre rationnel indépendant de toute affection et de toute détermination antérieure[1]. De fait, l'agent ne s'affranchit jamais totalement des contraintes physiques qui conditionnent son action et ses propres dispositions. Allons plus loin : c'est précisément une affection (un *pathos*), à savoir le plaisir, qui constitue le « principe » et la « fin » de nos actions, c'est-à-dire ce à quoi nous nous rapportons ultimement pour accomplir ce qui dépend de nous. L'hédonisme peut ainsi fonder l'affirmation épicurienne de la liberté de l'agent.

On attribuera donc bien plus volontiers à Épicure une conception « compatibiliste » de l'agir humain, et cela pour deux raisons fondamentales. D'une part, parce que l'action est toujours déterminée, et jamais « sans cause »[2] ; d'autre part, parce qu'elle dépend de trois types de déterminations causales, à la fois distinctes et corrélées, à savoir : la nécessité, la fortune et ce qui dépend de nous.

1. Je rejoins sur ce point T. O'Keefe, *Epicurus on Freedom*..., *op. cit.*

2. Ainsi que Cicéron le prétend à propos d'Épicure dans le traité *Du destin*, 22, en identifiant le *clinamen* épicurien à un mouvement sans cause.

CHAPITRE VIII

ÉPICURE ET LES BIENS MATÉRIELS, OU LA PAUVRETÉ BIEN TEMPÉRÉE

L'épicurisme a cette réputation, assurément justifiée, d'être une éthique de la frugalité et du dénuement. On sait bien que l'éloge épicurien des plaisirs ne va pas sans l'austérité des mœurs. Songeons par exemple aux vers de Lucrèce célébrant les vertus de la vie simple des champs, par contraste avec le faste vain d'une vie de luxe [1]. S'il faut éloigner les douleurs corporelles – ce qui est du reste nécessaire –, force est de reconnaître, note le Poète romain, que « les fièvres ne quittent pas plus vite le corps si l'on s'agite sur de riches brocarts de pourpre que si l'on doit coucher sur un drap plébéien » [2]. L'aisance matérielle est dérisoire, lorsque l'on doit lutter contre la maladie, qui nous confronte à notre propre réalité physiologique. La richesse fait donc figure d'intermédiaire inutile, voire dangereux, car on sait à quel point elle peut séduire, égarer l'esprit et y semer le trouble en suscitant dans l'âme des désirs illimités. L'abondance occasionne donc généralement plus de peine que de plaisir. L'épicurisme tiendra d'ailleurs cette position avec une remarquable constance. Avant de voir comment Épicure lui-même l'a défendue, notons que le dernier épicurien connu de l'Antiquité, Diogène d'Œnoanda, dénonce à plusieurs reprises l'avidité des hommes face aux richesses matérielles :

> [espérant] trouver la vie plaisante [surtout] dans la richesse, ils tendent à celle-ci avec frénésie. Ensuite, s'ils deviennent riches, ils se plaignent de ne pas trouver les choses qu'ils avaient précisément espérées. Souvent, donc… (*lacune de 5 lignes*) [3].

1. *DRN*, II, 16-39; V, 1423-1433. Sénèque dira, reprenant Épicure (voir le texte de la *Lettre à Ménécée*, § 131, cité ci-dessous) : « Du pain, de l'eau, voilà ce que la nature demande », *Lettres à Lucilius*, 25, 4 (Us. 602).
2. *DRN*, II, 34-36.
3. Diogène d'Œnoanda, fr. 152 Smith, col. III.

> (col. 1)… (*lacune de 5 lignes*) est réfuté. Parmi les désirs, les uns sont vains, les autres naturels. Les plaisirs naturels, pour leur part, sont ceux qui recherchent toutes les choses qui sont [nécessaires] pour contenter notre nature, [tandis que ceux qui sont vains]… (*lacune de 5 lignes*) (col. 2)… (*lacune de 5 lignes*) pourquoi, en effet, faire mention des fabuleux trésors de Crésus, de ses lingots d'or ou des fleuves d'or coulant pour lui ? Ô Zeus notre père, quel [avantage a-t-il tiré] de ces [richesses] ?… (*lacune de 5 lignes*)[1].

Est-ce pour autant le dernier mot des épicuriens sur l'économie – sinon l'économie au sens moderne du terme, tout au moins l'économie domestique – et sur la richesse et la pauvreté ? Assurément pas[2]. On irait trop vite en besogne en prêtant aux épicuriens une sorte d'idéologie en quelque sorte proto-franciscaine de la pauvreté[3], alors qu'ils indiquent en réalité très

1. Diogène d'Œnoanda, fr. 153 Smith. On se référera encore à d'autres fragments de l'inscription de Diogène, notamment les fr. 29, 108, 126, 154, 155, NF 136, NF 146.

2. Sur l'économie domestique, on se reportera également au traité de Philodème édité sous le titre *L'économie* (« *Les vices* », *Livre IX*), dans la récente traduction de Voula Tsouna et D. Delattre, dans : *Les Épicuriens*, sous la direction de D. Delattre et J. Pigeaud, Paris, Gallimard, Bibliothèque de la Pléiade, 2010. Voir notamment la précieuse notice introductive de V. Tsouna, dans le même volume, p. 1260-1263, qui explique en quel sens et pourquoi le sage épicurien est « l'homme d'affaires idéal » : sa modération – à l'opposé des fins techniques de l'homme d'affaires professionnel – garantit le bon usage des ressources. Le traité de Philodème témoigne d'un intérêt réel pour les ressources financières, dont la bonne gestion est un élément nécessaire de la vie du sage. V. Tsouna analyse longuement et très précisément l'approche philodémienne du problème dans son ouvrage *The Ethics of Philodemus*, Oxford, Oxford University Press, 2007, notamment p. 163-194. Je me permettrai donc d'y renvoyer, pour me concentrer sur les textes attribués expressément à Épicure. L'édition de référence du texte grec est celle de C. Jensen, *Philodemi* περὶ οἰκονομίας *qui dicitur libellus*, Leipzig, Teubner, 1906. Philodème est également l'auteur d'un traité intitulé *La Richesse* (*PHerc.* 163), édité par A. Tepedino Guerra, « Il primo libro di Filodemo sulla ricchezza », *CErc* 8, 1978, p. 52-95. Voir également les observations d'É. Helmer, « Les épicuriens ou la sagesse de l'économie », *Revue du MAUSS* 38, 2011/2, p. 445-465. Sur les particularités de l'approche philodémienne, en tant qu'elle prendrait en compte les aspirations de l'aristocratie romaine de son temps, voir E. Asmis, « Epicurean Economics », *in* J. T. Fitzgerald, D. Obbink, G. S. Holland (eds.), *Philodemus and the New Testament World*, Leiden-Boston, Brill, 2004, p. 133-176. Sur les nuances qu'il convient d'apporter à la condamnation épicurienne de l'avidité de richesses, voir aussi E. Spinelli, « Epicuro contro l'avidità di denaro », *in* G. Giannantoni, M. Gigante (eds.), *Epicureismo greco e romano…*, *op. cit.*, 1996, p. 409-419 ; R. Woolf, « Pleasure and Desire », *in* J. Warren (ed.), *The Cambridge Companion to Epicureanism*, Cambridge, Cambridge University Press, 2009, p. 158-178.

3. De ce point de vue, le contre modèle des épicuriens est avant tout celui que propose la conception cynique de l'autosuffisance matérielle, comme le rappellent par exemple E. Asmis, art. cit., p. 143-149, et D. L. Balch, « Philodemus, "On Wealth" and "On Household Management" : Naturally wealthy Epicureans against Poor Cynics », *in* J. T. Fitzgerald, D. Obbink, G. S. Holland (eds.), *Philodemus and the New Testament*

clairement qu'elle n'est en aucun cas, ni une fin en soi, ni un programme de vie. Il y aurait même certains risques à ne pas tempérer la vertueuse recherche de la pauvreté.

Pour le montrer, je m'attacherai à reprendre les textes d'Épicure lui-même sur la question. Je voudrais montrer qu'ils permettent de reconstituer à ce sujet une doctrine non seulement subtile, mais également féconde pour l'interprétation globale de l'éthique du Jardin, car elle permet de mieux comprendre l'idéal d'autarcie ou d'autosuffisance (αὐτάρκεια) qui est celui du sage épicurien. Comme on va le voir, la question de la possession et de l'usage des ressources matérielles invite à une conception fine de l'autosuffisance véritable, entre deux formes opposées d'αὐτάρκεια : celle que prône Épicure ne peut se définir ni comme pure autonomie matérielle ni comme indifférence absolue à l'égard des besoins.

Partons tout d'abord de la doxographie éthique que Diogène Laërce consacre aux épicuriens. Elle ne concerne pas uniquement Épicure lui-même et s'inspire en particulier des témoignages laissés par un troisième Diogène, l'épicurien Diogène de Tarse. Diogène Laërce puise en tout cas dans le traité perdu d'Épicure *Sur les genres de vie*, de sorte que sa description de la vie du sage, bien qu'elle soit passablement décousue, a de bonnes chances d'être conforme aux vues du fondateur du Jardin. Ses indications relatives à la richesse et à la pauvreté méritent donc qu'on s'y arrête. Pour avoir une idée du contexte dans lequel elles nous parviennent, je cite dans sa totalité le paragraphe concerné du livre X des *Vies* :

> Il consacrera des statues, mais d'en avoir lui-même, cela lui sera indifférent. Seul le sage discutera comme il convient de musique et de poésie, mais il ne pratiquera pas la composition de poèmes. Aucun sage n'est plus sage qu'un autre. Il gagnera de l'argent, mais par sa seule sagesse, et poussé par le besoin. Il servira le monarque, quand les circonstances le justifieront. Il se réjouira de voir quelqu'un s'améliorer. Il fondera une école, mais sans chercher à attirer les foules, et donnera des lectures devant de larges publics, mais pas de sa propre initiative. Il affirmera également ses thèses et ne pratiquera pas le doute. Dans son sommeil même, il restera semblable à lui-même. Et il pourra arriver qu'il meure pour un ami [1].

Concernant l'érection de statues, on considère généralement qu'il s'agit pour le sage de faire sculpter des statues de lui-même. Je note cependant

World, Leiden-Boston, Brill, 2004, p. 177-196. Les cyniques ne sont cependant pas les seuls par rapport auxquels les épicuriens entendent se démarquer : le traité sur l'économie de Philodème commence par une double critique de Xénophon et de Théophraste.

1. DL, X, 121b.

que c'est un point « indifférent », ce qui donne à penser que le sage ne rejettera pas absolument cette possibilité. Il « gagnera de l'argent », en tout cas, sous la double condition de le faire par le seul moyen de son enseignement et dans les limites fixées par le besoin. Ce dernier élément est évidemment central et réapparaîtra dans la suite de l'analyse.

Vient ensuite une série de textes qui font ouvertement l'éloge du dénuement par opposition à la recherche de l'opulence :

> S'il est vrai que la sécurité <que l'on peut obtenir> des hommes peut, jusqu'à un certain point, venir d'une puissance solidement établie et de l'aisance matérielle, la sécurité la plus pure [1] est celle qui vient de la tranquillité, à distance de la foule.
>
> Épicure, *MC* XIV

> La richesse selon la nature est à la fois limitée et facile à se procurer. Mais celle que l'on estime d'après les opinions sans fondement s'épuise dans l'absence de limites.
>
> Épicure, *MC* XV

> La richesse selon la nature est limitée et facile à se procurer. Mais celle que l'on estime d'après les opinions sans fondement s'épuise dans l'absence de limites, et elle est difficile à se procurer.
>
> Épicure, *SV* 8

> La pauvreté, mesurée à l'aune de la fin de la nature, est une grande richesse, tandis qu'une richesse à laquelle on n'a pas assigné de limites est une grande pauvreté.
>
> Épicure, *SV* 25

Dans le premier cas (*MC* XIV), il s'agit de clarifier la notion de « sécurité » (ἀσφαλεία), dont il faut bien sûr comprendre qu'elle est avant tout sûreté de l'âme, tranquillité à l'égard des causes éventuelles de troubles. La plupart des troubles intérieurs sont liés au pouvoir que les autres hommes exercent sur nous et à l'influence qu'ils ont sur nos propres opinions, qu'ils nous menacent physiquement dans le premier cas, ou bien qu'ils nous offrent le mauvais exemple des opinions infondées sur la mort, le plaisir, la douleur ou les dieux, dans le second cas. La maxime semble avant tout viser la menace physique. Épicure ne nie pas l'intérêt que le pouvoir politique et la richesse peuvent présenter de ce point de vue, ce qui n'est

1. En lisant, avec les manuscrits : εἰλικρινεστάτη (« la plus pure »).

sans doute pas sans rapport avec sa conception du droit ou du juste (τὸ δίκαιον). Il est désormais bien établi [1] qu'Épicure ne prône pas une abstention totale de participation à la vie politique, et plus encore qu'il s'est interrogé sur les conditions d'une vie sociale conforme à une certaine forme de justice légale. Nous y reviendrons à propos de la *SV* 43. Toutefois, il est clair que la véritable sécurité est intérieure, parce qu'elle réside dans la tranquillité (ἡ ἡσυχία), qui est toujours tranquillité de l'âme. Dès lors, ce n'est pas en rivalisant de mesures de protection matérielle avec les autres hommes, y compris la protection relative que procurent les richesses, mais en nous tenant à distance de nos congénères que nous aurons le plus de chances d'assurer notre véritable bien-être. On reconnaît ici l'idéal épicurien fameux du « vivre caché », même si l'on doit garder à l'esprit qu'il n'appelle pas seulement une attitude de retrait prudent, mais aussi une véritable discipline des plaisirs [2].

Les trois textes suivants sont nettement plus denses du point de vue doctrinal. Ils font apparaître les trois aspects essentiels de la pensée d'Épicure au sujet des biens matériels : (a) l'idée de conformité à la nature ; (b) le problème de la limite ; (c) la notion d'opinion « sans fondement », c'est-à-dire d'opinion vaine ou vide.

(a) Il y a bien, selon la *MC* XV, une « richesse naturelle » (ὁ τῆς φύσεως πλοῦτος), dont on peut penser, par rapprochement avec la *SV* 25, qu'elle n'est autre que le miroir de la pauvreté appréciée d'après la fin de la nature. Dans ce retournement assez rhétorique [3], la richesse escomptée ne saurait être qu'intérieure et elle a la nature pour critère, tandis que la recherche illimitée de richesses matérielles appauvrit l'âme et se fonde sur un jugement faux concernant ce qui nous est naturellement approprié. Épicure ne précise pas toujours clairement ce qu'il entend par « nature » ou « naturel » et plusieurs textes montrent que son « naturalisme » n'a rien d'un primitivisme qui refuserait tout ce qui vient s'ajouter à l'état originel des choses [4]. Il

1. Voir par exemple P.-M. Morel, « Les communautés humaines », dans A. Gigandet, P.-M. Morel (éd.), *Lire Épicure et les épicuriens*, Paris, P.U.F., 2007, p. 167-186 ; E. Brown, « Politics and Society » *in* J. Warren (ed.), *The Cambridge Companion to Epicureanism*, Cambridge, Cambridge University Press, 2009, p. 179-196.

2. Comme l'a montré G. Roskam, « *Live unnoticed* ». Λάθε βιώσας. *On the Vicissitudes of an Epicurean Doctrine*, Leiden-Boston, Brill, 2007.

3. Voir, dans le même esprit, la *SV* 68 : « Rien de suffisant, pour qui le suffisant, c'est peu ». En d'autres termes, qui ne sait pas se satisfaire de ce qu'il possède est misérable. Voir en ce sens Sénèque, *Lettres à Lucilius*, IX, 20. Voir encore Lucrèce, *DRN*, V, 1117-1119.

4. Voir ci-dessus, p. 47-49. Je me permets également de renvoyer à P.-M. Morel, *Épicure. La nature et la raison*, Paris, Vrin, 2009 [1] ; 2013 [2] et à mon étude « Conformité à la nature et décision rationnelle dans l'éthique épicurienne », *in* G. Rossi (ed.), *Nature and the Best Life. Exploring the Natural Bases of Practical Normativity in Ancient Philosophy*, Georg Olms Verlag, Hildesheim-Zürich-New York, 2013, p. 249-274.

s'agit bien plutôt de revenir à une nature bien comprise, c'est-à-dire appréhendée, non seulement par les affects immédiats de plaisir et de peine, mais également par le travail de la raison, qu'il s'agisse de la connaissance de la nature – la φυσιολογία –, ou bien de l'exercice du calcul pratique et prudent. Je reviendrai plus loin sur ce dernier aspect de l'activité rationnelle. C'est en un mot la raison qui nous permet d'apprécier ce qui, dans la sphère de nos actions, est conforme à la « fin » fixée par la nature[1].

(b) Pour désigner la fin pratique, Épicure use alternativement du terme τέλος et du terme πέρας, que l'on traduit plus volontiers par « limite »[2]. La question des limites est donc corrélative du critère de conformité à la nature, non seulement d'une manière générale et dans l'ensemble de l'éthique épicurienne, mais également dans le cas qui nous occupe. D'une manière générale, le but que nous nous fixons, en conformité avec la nature, est en même temps le terme (la limite) auquel nous devons nous référer pour agir. En ce sens le plaisir, dit Épicure, est à la fois « principe et fin »[3] de la vie heureuse : il est à la fois ce vers quoi il faut tendre et – avec la peine – le principe d'action, parce qu'il est le critère en vertu duquel nous identifions ce qui nous est apparenté ou approprié. Cette doctrine s'applique également à la richesse économique. La « richesse selon la nature », dont on comprend qu'elle coïncide avec ce qui suffit matériellement au bonheur, correspond en effet à un type de possession qui requiert peu d'efforts spécifiques, parce qu'elle est aussi facilement accessible que tout ce qui, au lieu d'être indéfini, et partant indéterminé, est défini ou limité, et par conséquent déterminé. D'une manière générale, et quel que soit le plaisir concerné, le « naturel » se réciproque avec l'accessible. Il n'a rien d'une idée abstraite de l'origine, ni d'un idéal lointain.

À l'inverse, et comme en miroir, les « opinions sans fondement » (c) nous aliènent en nous projetant mentalement dans une recherche indéfinie, vers un objectif mal délimité[4]. Il peut s'agir de la recherche de la satisfaction

1. Voir notamment la *MC* XXV : « Si tu ne rapportes pas en toute occasion chacun de tes agissements à la fin de la nature, mais que tu t'en détournes, que ce soit dans le refus ou dans le choix, au profit d'un autre motif, tes actions ne seront pas en accord avec tes propos ».

2. Voir par exemple la *MC* XX : « La chair renvoie les limites du plaisir à l'infini, et c'est un temps illimité qui lui procure le plaisir. Mais la pensée, lorsqu'elle a pris en compte la fin de la chair et sa limite, et s'est délivrée des peurs relatives à l'éternité, procure la vie la plus accomplie, sans que nous ayons aucunement besoin, en plus, du temps illimité. Toutefois elle ne fuit pas le plaisir, et au moment où les circonstances annoncent que l'on va quitter la vie, elle ne meurt pas en songeant qu'elle laisse derrière elle une part de la vie la meilleure. »

3. *Mén.*, 128.

4. Les désirs qui ne sont ni naturels ni nécessaires sont difficiles, voire impossibles à satisfaire. Voir les *MC* XX et XXI ; Cicéron, *Tusculanes*, V, 93 ; *Fin.*, I, 45 ; Lucrèce, *DRN*, II, 16-46.

de tous types de désir, alors que nous devons privilégier les désirs naturels qui, seuls, sont limités, en particulier si ces désirs sont à la fois naturels et nécessaires, ainsi que l'enseigne la *Lettre à Ménécée* d'Épicure. Il peut également s'agir de l'illusion selon laquelle l'accumulation de richesses pourrait nous satisfaire. Or il n'y a pas de limites au désir d'accumulation de richesses – désir qui n'est précisément ni naturel ni nécessaire –, et ce désir est sans doute aux yeux d'Épicure l'un des plus communs, de sorte qu'il apparaît comme l'une des formes les plus dangereuses de l'aliénation aux opinions vides et comme une cause majeure de trouble psychique.

Par voie de conséquence, l'avidité de richesses n'est pas seulement un risque pour soi-même, mais aussi une faute morale qui met en cause notre rapport à autrui. C'est ce que suggère le texte suivant :

> Être avide d'argent en commettant l'injustice est impie, et l'être en étant juste est honteux. Il est en effet inconvenant d'épargner avec avarice, y compris en agissant de manière juste [1].

Ce texte est particulièrement intéressant, parce qu'il convoque la conception de la justice ou du juste, tout en laissant entrevoir ses limites dans la sphère de la vie morale. Il y a ici deux degrés de gravité. Le plus élevé correspond à l'addition d'un défaut personnel et d'une action illégale : l'avidité matérielle et l'injustice. Qu'un tel acte soit qualifié d'impie est peut-être une dramatisation ou une hyperbole, plutôt qu'une condamnation pour sacrilège par référence à la piété, valeur épicurienne par ailleurs bien connue. En commettant l'acte injuste (le vol, l'extorsion de fonds, l'abus de confiance, etc.), l'homme avide rompt le rapport contractuel qui lie les citoyens, rapport fondé sur le critère de ce qui est utile à la communauté [2]. Cela signifie en tout cas que nous sommes là au degré d'infamie le plus élevé auquel l'avidité puisse conduire. Au niveau inférieur, il n'y a pas d'action illégale, mais l'avidité n'en est pas moins « honteuse » (αἰσχρόν) et « inconvenante » (ἀπρεπὲς). On perçoit que, dans ce cas, l'avidité matérielle constitue une faute proprement morale – au sens où l'on distinguera dans la modernité le moral du légal – et qu'elle est le signe d'un défaut personnel qui justifie à la fois la réprobation sociale et le remords ou honte intériorisée.

Jusque-là, la position d'Épicure, aussi argumentée soit-elle, semble conduire invariablement à des conclusions assez conventionnelles et uniquement restrictives en matière de possessions matérielles. En réalité,

1. *SV* 43.
2. Voir notamment les *MC* XXXI-XXXVIII, ainsi que le texte d'Hermarque sur le fondement du juste, texte que nous a conservé Porphyre, *De l'abstinence*, I, 7-12.

comme je l'annonçais en commençant cette analyse, elle repose également sur deux arguments beaucoup plus positifs. Le premier est lié à la nécessité concrète de « gérer » les biens du domaine ; le second est la conséquence d'une disposition éthique générale, qui privilégie la pondération, c'est-à-dire la mesure des forces opposées, par rapport à l'ascèse pure et simple. De fait, celle-ci n'invite pas à s'interroger sur le bon usage éventuel des biens matériels, puisqu'elle prône le dénuement et par conséquent leur rejet.

Le premier argument est livré de manière assez allusive, dans la *SV* 41 :

> Il faut en même temps rire, philosopher, administrer sa maison (οἰκονομεῖν) et, pour le reste, s'occuper de ses affaires domestiques (οἰκειώμασι), et ne jamais cesser de proclamer les formules qui trouvent leur origine dans la droite philosophie [1].

Isolée de tout contexte, cette phrase peut s'entendre de deux manières. On peut y discerner une insistance sur la pluralité des actions, et elle apparaît alors comme une énumération des tâches essentielles à accomplir. On peut aussi bien la comprendre comme l'expression d'un mode de vie profondément unitaire, qui exige que l'on n'exclue aucun des aspects de l'existence concrète. C'est ce que suggère l'indicateur temporel compris dans l'injonction : il faut « en même temps » (ἅμα) faire ceci et cela. Quoi qu'il en soit, l'économie au sens strict, qui suppose nécessairement que l'on se préoccupe des ressources matérielles de la demeure, apparaît comme une composante irréductible d'un genre de vie qui se présente par ailleurs comme authentiquement philosophique. Plus encore, si l'on se réfère à la dernière proposition, il y a de fortes chances que l'idée sous-jacente soit la suivante : en toute occupation de la vie, nous devons nous référer aux formules ou dogmes que fonde la véritable philosophie, ce qui implique que la gestion des ressources soit, non pas étrangère au genre de vie philosophique, mais susceptible d'être régulée par la sagesse elle-même. Il n'y a donc nulle raison de se désespérer d'avoir à s'occuper de ce type d'activités : c'est une nécessité, mais une nécessité que l'on pourrait dire « philosophico-compatible ».

Il faut cependant franchir un pas de plus, comme nous y invite le thème, fondamental, de l'autosuffisance (αὐτάρκεια) ou autarcie du sage :

> Le sage, qui s'est mesuré aux nécessités de la vie, sait partager, plutôt que prendre, si grand est le trésor qu'il a trouvé dans l'autosuffisance [2].

1. Épicure, *SV* 41.
2. Épicure, *SV* 44.

Le sage ne tient pas les nécessités matérielles (τὰ ἀναγκαῖα) pour de simples incommodités, comme si elles devaient fatalement faire obstacle à la philosophie et au bonheur. Il en a l'expérience et il exerce à leur propos son jugement, ce qui peut ici s'entendre comme étant le sens de la pondération. On retrouve ici, tout à la fois, le thème du détachement à l'égard des ressources [1] et – sans doute plus discrètement – l'idée d'une certaine neutralité à l'égard des nécessités matérielles. Le sage ne les ignore pas : il les prend en considération, les estime à leur juste valeur en fonction de ses véritables besoins, et cette analyse participe de son autosuffisance.

Cette sentence fait apparaître un autre aspect de l'autosuffisance du sage : sa dimension relationnelle, voire sociale. Le sage, en effet, « sait partager, plutôt que prendre » (μᾶλλον ἐπίσταται μεταδιδόναι ἢ μεταλαμβάνειν). La question du partage n'est sans doute pas anodine dans l'organisation du Jardin, comme l'atteste le testament d'Épicure, conservé au livre X des *Vies* de Diogène Laërce (§ 16-21). Épicure ne se contente d'ailleurs pas de répartir son héritage ; il donne également des directives concernant la gestion des revenus au sein de la communauté après sa mort. Philodème, de son côté, rappelle que Métrodore recommandait qu'on se soucie de l'économie et qu'il s'est montré bon gestionnaire [2]. De même, la « lettre à une mère », peut-être la mère d'Épicure lui-même, qui figure sur l'inscription de Diogène d'Œnoanda, atteste que l'argent circulait entre les membres de la communauté – le Jardin originel ou bien une communauté épicurienne postérieure – et qu'il convenait de veiller à une équitable répartition des ressources. L'auteur de la lettre se soucie que la générosité de sa mère à son endroit ne la mette pas dans la difficulté, alors qu'il reçoit lui-même de l'argent de ses amis et de son père [3]. Si l'on songe à l'importance de l'amitié dans le mode de vie prôné et pratiqué par Épicure, on peut raisonnablement conclure de tout cela que l'autarcie du sage n'est pas celle d'un solitaire [4], mais celle d'un sage vivant en communauté, qui partage non seulement la tranquillité psychique et la sollicitude, mais également les ressources matérielles [5].

1. Voir également, en ce sens, la *SV* 45.

2. *De oec.*, XXVII.

3. Voir Diogène d'Œnoanda, fr. 126 Smith, col. II-III.

4. Sur ce point, on peut rapprocher cette forme d'autarcie de celle qu'Aristote identifie dans la sphère pratique et qui s'étend à l'ensemble des proches. Voir *Éthique à Nicomaque*, I, 5, 1097b6-14.

5. Le traité de Philodème invite explicitement à conclure en ce sens : la manière dont le sage administre ses biens « s'accorde avec celle dont le sage s'est fait et se fait des amis » (*De oec.*, XV, 3-6 ; trad. fr. Delattre-Tsouna). Voir encore *De oec.*, XXIV-XXVII et V. Tsouna, *op. cit.*, p. 183.

Le thème de l'autosuffisance joue du reste un rôle très important dans la *Lettre à Ménécée*, dans un passage qu'il convient de citer dans sa continuité :

> Par ailleurs, nous considérons l'autosuffisance elle aussi comme un grand bien, non pas dans l'idée de faire avec peu en toutes circonstances, mais afin que, dans le cas où nous n'avons pas beaucoup, nous nous contentions de peu, parce que nous sommes légitimement convaincus que ceux qui ont le moins besoin de l'abondance sont ceux qui en tirent le plus de jouissance, et que tout ce qui est naturel est facile à acquérir, alors qu'il est difficile d'accéder à ce qui est sans fondement. En outre, les saveurs simples apportent un plaisir égal à un régime d'abondance [131] quand on a supprimé toute la souffrance qui résulte du manque, et du pain et de l'eau procurent le plaisir le plus élevé, lorsqu'on s'en procure alors qu'on en manque. Donc, s'accoutumer aux régimes simples et non abondants assure la plénitude de la santé, rend l'homme actif dans les occupations nécessaires à la conduite de la vie, nous met dans de plus fortes dispositions quand nous allons, par moments, vers l'abondance, et nous prépare à être sans crainte devant les aléas de la fortune [1].

L'autosuffisance se définit ici comme la capacité à se satisfaire de ce qui est à notre disposition. Du pain et de l'eau, dans la plupart des cas, doivent suffire. C'est un « grand bien », par contraste avec les biens matériels. L'autosuffisance constitue même, dans la *SV* 44, un véritable « trésor ». Se contenter de peu revient à abaisser le seuil de satisfaction, de sorte que la richesse relative et avec elle le plaisir sont à portée de main. Plus encore, une vie frugale favorise les activités pratiques – et sans doute également philosophiques – et participe de la diététique générale qui caractérise la vie du sage épicurien.

Le texte dit toutefois quelque chose de plus. L'autonomie du sage correspond à la *limite* positive à laquelle il est parvenu, et à partir de laquelle il n'éprouve plus de manque. Or la limite, nous l'avons vu, n'est pas un obstacle mais une détermination positive en vue de l'action. Elle correspond à une véritable connaissance pratique et à une estimation claire des raisons d'agir [2]. Du fait de cette dimension épistémique, elle s'oppose, ici encore, à l'opinion vide et illimitée concernant ce qui est supposé nous manquer. L'essentiel est donc « l'absence de manque » – qui est l'autre face du plaisir – et non pas l'absence de biens matériels en tant que telle. Le critère du bien agir à l'égard de ces biens n'est pas l'abstinence, mais la mesure en vertu de laquelle je n'éprouve aucun manque. Je peux donc posséder et

1. Épicure, *Mén.*, 130-131.
2. Voir ci-dessus, p. 54-59.

goûter les biens matériels, pour autant que mon choix demeure conforme à cette mesure.

Dans ces conditions, ainsi que le laisse entendre la dernière phrase, l'abondance elle-même est admissible, pourvu que nous nous tenions en deçà de la limite définie par l'absence de manque. Cette description de l'autosuffisance précède du reste de quelques lignes l'évocation du « raisonnement sobre » (νήφων λογισμὸς) et de la vertu de prudence (φρόνησις)[1], qui consistent précisément en un calcul, ou une balance, des plaisirs et des peines en vue de la tranquillité de l'âme. On évitera de goûter tel plaisir, s'il doit occasionner des peines plus grandes ; de même, on acceptera telle peine – comme par exemple un remède amer – si elle doit nous conduire à un plaisir plus fort. L'autosuffisance ne résulte donc pas d'une recherche systématique de la privation – voir l'expression : « non pas dans l'idée de faire avec peu en toutes circonstances » (οὐχ ἵνα πάντως τοῖς ὀλίγοις χρώμεθα) –, mais de l'expérience et de la juste appréciation des limites.

Épicure prolonge cet argument dans la *SV* 63 :

> Dans le dépouillement égalcment il y a une juste mesure, et celui qui ne sait pas la prendre en compte est à peu près dans l'état de celui qui s'égare faute de limites[2].

Cette sentence, selon plusieurs traducteurs et éditeurs du texte[3] signifie que l'excès de parcimonie n'est qu'avarice et qu'il ne vaut donc pas mieux que l'excès opposé[4]. De fait, il y a une même ignorance de la limite dans

1. Voir Épicure, *Mén.*, 132. Le traité de Philodème (*De oec.* XII-XIV) associe également, de manière étroite, le calcul des plaisirs et des peines et la « mesure de la richesse » (πλούτου μέτρον), comme le montre V. Tsouna, *The Ethics of Philodemus*..., *op. cit.*, p. 179. De fait, ce n'est pas la richesse en elle-même qui, pour Philodème, est source de troubles et de difficultés, mais le caractère vicieux de la plupart de ceux qui en font usage (*De oec.* XIV). Pour Démocrite, déjà, la sobriété et la parcimonie n'interdisent pas la dépense, pour autant que l'on discerne le moment opportun, ce qui est une qualité caractéristique de l'homme de bien : « L'économie et la faim sont utiles, mais la dépense au moment opportun l'est aussi ; le discerner est le propre de l'homme de bien » (φειδώ τοι καὶ λιμὸς χρηστή· ἐν καιρῷ δὲ καὶ δαπάνη· γινώσκειν δὲ ἀγαθοῦ, Stobée, III, 16, 19 [DK 68 B 229]). Du même, voir encore le fragment DK 68 B 282 (Stobée, IV, 31, 120), qui justifie un usage « raisonné » (ξὺν νόῳ) des richesses.

2. Épicure, *SV* 63.

3. Parmi lesquels G. Arrighetti, M. Conche, J.-F. Balaudé, dans leurs traductions respectives des *Lettres*.

4. Voir également Horace, *Satires*, II, 2, 53-69. Épicure peut fort bien dénoncer ainsi les tartuffes de son temps, comme il le fait ailleurs, lorsqu'il ironise devant les éloges trop vibrants de la grandeur morale et qu'il déclare « cracher sur la beauté » et ceux qui l'admirent sans raison quand elle ne produit pas le plaisir ; Athénée, *Deipnosophistes*, XII, 547a (Us. 512).

le fait de ne pas vouloir considérer la situation particulière et de se retrancher dans une attitude de privation systématique, que dans le désir illimité de biens matériels. Dans les deux attitudes, on substitue un jugement indéterminé et vague à l'appréciation précise du cas présent.

Philodème reconstitue bien le lien qu'il faut établir entre la maîtrise raisonnée des désirs et des craintes, d'une part, et l'idée d'un usage à la fois positif et nécessaire des biens matériels, d'autre part. Je citerai, parmi d'autres possibles, deux passages qui me paraissent particulièrement significatifs, dans la mesure où ils stipulent, pour le premier, qu'il y a une manière « convenable » d'acquérir et de préserver ses biens et même, pour le second, que ces activités sont à la fois compatibles avec la philosophie et moralement nécessaires :

> Par conséquent, si l'on parvient à se couper, dans toute la mesure du possible, du désir de ce qui n'est pas à désirer, et de la peur de ce qui n'est pas à redouter, on sera à même de se procurer un revenu, et de le sauvegarder, de la manière qui convient. [1]

> Et l'on doit réserver certains moments pour les inspections, pour les coups de main à donner à quelques personnes et pour la comptabilité, sans avoir à en rougir ni croire que c'est du temps qu'on dérobe à la philosophie. De fait, si l'excès dans ces domaines est chose honteuse, il est honorable de s'en tenir à ce qui est utile et, en sens inverse, honteux de s'abstenir totalement d'en rien faire du tout. [2]

Il est remarquable, d'une manière générale, et pour en revenir à Épicure lui-même, que ce dernier aborde la notion d'autosuffisance à propos des biens matériels sans pour autant la restreindre à ces derniers, que ce soit négativement ou positivement. Elle ne se définit ni par la privation pure et simple, ni bien entendu par un seuil purement matériel de satisfaction des besoins. C'est à un seuil de ce type que l'on songe quand on parle de l'αὐτάρκεια, « économique » au sens moderne, de la demeure familiale ou de la cité [3]. L'autarcie épicurienne correspond bien plutôt à un état de l'âme qui suppose – mais qui suppose nécessairement – une appréciation fine du rapport entre nos besoins et notre plaisir. En d'autres termes, être autosuffisant c'est être assez confiant en matière de satisfaction des besoins pour être capable – le cas échéant et si la fortune en offre l'opportunité – d'aller

1. *De oec.* XXIV, 6-11 (trad. fr Delattre-Tsouna).
2. *De oec.* XXVI, 9-18 (trad. fr. Delattre-Tsouna).
3. Ainsi qu'Aristote commence par le faire au livre I de la *Politique*, avant de préciser que l'autarcie de la cité est d'un autre ordre car elle vise non pas seulement l'autosubsistance mais encore le « bien vivre » ; Aristote, *Politique*, I, 2, 1252b27-30.

au-delà du strict nécessaire et de jouir du superflu. Si le sage est autarcique, ce n'est donc pas en refusant l'expérience de la variété des plaisirs possibles, mais au contraire en se disposant à évaluer, au cas par cas, ce qui peut contribuer, y compris d'une manière que l'on pourrait juger futile, à un aspect de notre bien-être.

Un tel rapport à l'argent et aux biens matériels invite donc, au-delà de la question proprement « économique », à affiner notre perception de l'autarcie épicurienne. Cette autosuffisance est à la fois matérielle et psychique, puisqu'elle réduit autant que possible la dépendance matérielle et favorise ainsi l'absence de trouble. Toutefois, elle n'est pas uniquement restrictive. Comme appréciation générale des limites, elle devient une manière d'être pleinement orientée vers l'action, une détermination positive à agir ainsi plutôt qu'autrement. Le cas particulier des ressources matérielles renforce cette idée car il exige une appréhension positive de l'avoir, à l'opposé d'une éthique du dénuement systématique. La possession matérielle n'a rien de critiquable en soi, dès lors que l'on garde à l'esprit que la norme de l'avoir est avant tout une manière d'être. Cette manière d'être est celle d'un sage tout à la fois autarcique et engagé dans la sphère des relations humaines, et qui sait tempérer son inclination à la pauvreté en pondérant son rapport aux ressources. Ce rapport n'est qu'un instrument au service de la tranquillité d'âme mais, selon Épicure, c'est un instrument que l'on aurait grand tort de négliger.

CHAPITRE IX

L'HUMANITÉ FACE AUX CIRCONSTANCES : L'ORIGINE DES LANGUES, D'ÉPICURE À ROUSSEAU

Que peut l'humanité, en matière d'initiatives pratiques, de découvertes techniques et d'institutions, si toute chose, au fond, n'est qu'atomes et vide, et s'il ne reste en son pouvoir qu'un espace d'action résiduel ? Pour les épicuriens, en réalité, elle peut beaucoup. Elle peut d'autant plus qu'elle agit à la fois en continuité avec le dynamisme naturel des choses et par elle-même, sans devoir être instruite par une intelligence divine. La philosophie naturelle est aussi le cadre d'une anthropologie réelle, une anthropologie du progrès spontané. Ce geste philosophique est d'une importance cruciale, que l'on mesurera mieux en partant de l'écho qu'il a reçu dans la Modernité, en particulier chez Rousseau.

L'épicurisme, à première vue, ne paraît pas occuper une place majeure dans la culture antique de Rousseau [1]. Les mentions d'Épicure et des épicuriens, en effet, sont assez rares et elles restent généralement

1. La critique spécialisée semble tenir ce point pour acquis, comme en témoigne, par exemple, l'absence de toute référence à Épicure dans l'étude de Y. Touchefeu, *L'Antiquité et le christianisme dans la pensée de Jean-Jacques Rousseau*, Oxford, Voltaire Foundation, 1999. Lucrèce est mentionné une fois, p. 75, à propos de l'opposition entre Rousseau et Diderot sur la question de la Création. En l'occurrence, c'est le second qui est aux côtés du poète romain : « Alors que Diderot écoutait avec une attention grandissante les leçons de Lucrèce et du matérialisme philosophique de l'Antiquité, Jean-Jacques ne pouvait renoncer à la certitude que ce monde avait été voulu par un grand ordonnateur. » Sur Diderot lecteur de Lucrèce, on se reportera notamment à l'étude d'A. Gigandet, « Lucrèce vu en songe. Diderot, *Le rêve de d'Alembert* et le *De rerum natura* », *Revue de Métaphysique et de Morale*, 2002/3, p. 427-439. Une étude plus récente a néanmoins confirmé de manière claire l'influence des épicuriens sur la pensée de Rousseau en ce qui concerne le langage et les progrès de la civilisation : A. S. Lifschitz, « The Enlightenment Revival of the Epicurean History of Language and Civilisation », *in* N. Leddy, A. S. Lifschitz (eds.), *Epicurus in the Enlightenment*, Oxford, Voltaire Foundation, 2009, p. 207-226.

conventionnelles et dépréciatives. Saint Preux, dans la *Nouvelle Héloïse*, estime que « ces vulgaires épicuriens pour ne vouloir jamais perdre une occasion les perdent toutes, et toujours ennuyés au sein des plaisirs n'en savent trouver aucun »[1]. Dans le même roman, Madame d'Orbe évoque, à propos des sages mœurs conjugales des habitants de Genève, un « épicuréïsme de la raison »[2], mais c'est un épicurisme bien sage, d'abstinence et de mesure. Du reste, la seconde préface du roman associe l'épicurisme au luxe mondain et, implicitement, à la dépravation, dénonçant les livres qui n'ont d'autres leçons et préceptes que « le raffinement du goût des villes, les maximes de la Cour, l'appareil du luxe, la morale épicurienne »[3]. Épicure, enfin, est nommé de manière très schématique dans le *Discours sur les sciences et les arts*, parmi les philosophes de l'époque dite aujourd'hui « hellénistique », qui ont subverti les mœurs et les vertus civiques des Romains :

> Aux noms sacrés de liberté, de désintéressement, d'obéissance aux Lois, succédèrent les noms d'Épicure, de Zénon, d'Arcésilas. *Depuis que les savants ont commencé à paraître parmi nous*, disaient leurs propres philosophes, *les Gens de bien se sont éclipsés*. Jusqu'alors les Romains s'étaient contentés de pratiquer la vertu ; tout fut perdu quand ils commencèrent à l'étudier.[4]

Rousseau se réfère ici à Sénèque[5] pour dénoncer, derrière les trois noms cités, la perversion dont se rendent coupables les trois grandes écoles de la période, respectivement : l'épicurisme, le stoïcisme – en tout cas le stoïcisme grec –, et le scepticisme. En matière de mœurs, accordons-le à Rousseau, Sénèque est sans aucun doute une autorité moins discutable qu'Épicure.

Il convient cependant de distinguer chez Rousseau entre la figure traditionnellement controversée d'Épicure et la présence, latente mais réelle, de la philosophie du Jardin, en particulier celle de son principal représentant romain, Lucrèce. Du reste, l'influence de Lucrèce sur l'anthropologie rousseauiste a souvent été notée. La seconde partie du *Discours sur l'Origine de l'Inégalité* (ci-dessous : *DI*) fait écho sur plusieurs

1. OC II, p. 542. Je cite l'édition des *Œuvres complètes* dans la Bibliothèque de la Pléiade, Paris, Gallimard, 1959-1995, 5 vol., notée OC avec indication du volume en chiffres romains.
2. OC II, p. 662 : « Ainsi s'aiguise la volupté du sage : s'abstenir pour jouir c'est ta philosophie ; c'est l'épicuréïsme de la raison. »
3. OC II, p. 19.
4. OC III, p. 14.
5. Sénèque, *Lettres à Lucilius*, 95.

points essentiels à la façon dont le poète romain, au livre V du *De rerum natura*, décrit les avancées de l'humanité : le caractère progressif et insensible du processus culturel, le rôle des circonstances dans la découverte des savoir-faire, l'importance de l'expérience et de l'imitation de la nature dans le développement des techniques.

Cette influence est notamment perceptible concernant une question centrale dans le propos de Rousseau, le problème de l'origine des langues. On considère généralement que les développements consacrés à l'apparition du langage et à la diversification des langues, dans le *DI* puis dans l'*Essai sur l'origine des langues* (ci-dessous : *EO*), sont essentiellement justifiés par la nécessité de prendre position parmi les Modernes. La lecture que Rousseau fait de Condillac est donc communément tenue pour une clef de lecture suffisante. La référence à l'épicurisme paraît absente. Toutefois, si l'on considère que, pour Rousseau comme pour Lucrèce, la question du langage doit être traitée, elle aussi, dans la perspective des avancées – notamment techniques – de l'humanité [1], il serait très étonnant que le premier abandonne subitement le second lorsqu'il aborde le phénomène linguistique. En réalité, une observation attentive du traitement rousseauiste de la question du langage révèle à quel point l'analyse épicurienne est pertinente. Elle permet en effet d'établir que le langage est en un sens d'origine naturelle et que l'hypothèse d'une institution primitive des mots est, pour le moins, problématique. Elle sert ainsi à réfuter, ou à nuancer, au cœur même des débats qui sont ceux des Modernes, la thèse selon laquelle l'humanité disposerait du langage par le truchement d'une intervention divine. On verra même qu'au-delà de la référence proprement lucrétienne, Rousseau est sur ce point, et au-delà même des textes dont il pouvait avoir connaissance, l'héritier de l'épicurisme antique tout entier, de son origine – c'est-à-dire depuis Épicure lui-même – à son déclin, aux alentours du IIe siècle après J.-C.

ROUSSEAU, LUCRÈCE ET LES PROGRÈS DE L'HUMANITÉ

Comme nous l'avons vu d'abord, le *DI* fait écho à plusieurs reprises aux traits majeurs de l'anthropologie de Lucrèce, telle qu'elle est développée au chant V du *De rerum natura*. Les éditeurs du texte de Rousseau, et tout récemment Blaise Bachofen et Bruno Bernardi [2], signalent généralement

1. Principe clairement énoncé dans l'*EO*, IX [52].
2. J.-J. Rousseau, *Discours sur l'origine et les fondements de l'inégalité parmi les*

cette influence. Dans les deux cas, nous sommes face au tableau d'une humanité engagée dans un processus paradoxal : bien qu'il prenne son essor dans l'exercice des facultés naturelles, le progrès produit un éloignement sans retour par rapport à l'état originel des choses, au point de conduire à une situation où l'homme pervertit sa propre nature.

On songe tout d'abord à l'évocation de la vie du premier homme naturel, dès le début du second *Discours* : « je le vois se rassasiant sous un chêne, se désaltérant au premier ruisseau, trouvant son lit au pied du même arbre qui lui a fourni son repas, et voilà ses besoins satisfaits » [1]. Ce texte renoue *de facto* avec une veine épicurienne classique, où la mise en scène bucolique sert directement le propos philosophique : la nature pourvoit à tous les besoins essentiels. Il s'agit probablement d'une reprise abrégée des vers 939-947 du Chant V de Lucrèce. C'est aussi un *topos* philosophico-littéraire de l'époque, puisqu'on trouve l'équivalent chez Pufendorf, dans son *Droit de la nature et des gens*, de 1672 [2]. Jean Starobinski estime logiquement, dans sa note *ad loc.*, que « Rousseau a sans doute relu [Lucrèce] au moment de la composition du *Discours* ». Sans qu'il soit question de gommer les influences intermédiaires, comme celle de Buffon, repérable quelques lignes plus bas à propos de la dispersion géographique de la première humanité [3], nous pouvons tenir pour acquis que Lucrèce est présent dans toutes ces pages.

Pour comprendre l'émergence du langage, commençons par en esquisser le cadre. Concernant les avancées de l'humanité, Rousseau insiste, comme Lucrèce, sur deux points fondamentaux : le caractère progressif du processus et le rôle de l'expérience. Chez l'un comme chez l'autre, le premier aspect s'explique par le rôle conjoint des circonstances et du besoin. Pour Rousseau, le passage de la sensation aux connaissances générales, nécessaire au progrès technique, suppose, non seulement la « communication », mais aussi « l'aiguillon de la nécessité », c'est-à-dire la contrainte du besoin et des circonstances. Il s'interroge sur la somme des « différents hasards » qui ont permis de concevoir l'usage du feu [4]. Le développement des « vertus sociales » nécessite « le concours fortuit de plusieurs causes étrangères qui pouvaient ne jamais naître », de sorte qu'il faut, pour comprendre les progrès et la perversion corrélative de l'humanité, « considérer et rapprocher

hommes, Paris, GF-Flammarion, 2008.

1. *DI*, OC III, p. 135.
2. *Le Droit de la nature et des gens*, II, ii, 2.
3. J. Starobinski, OC III, p. 136, n. 6.
4. *DI*, OC III, p. 144.

les différents hasards qui ont pu perfectionner la raison humaine en détériorant l'espèce »[1].

De manière analogue, au Chant V du Poème de Lucrèce, les premiers hommes mènent la vie des bêtes et ne connaissent pas les techniques ; leur préservation est garantie par la nature. Ils ignorent le bien commun (v. 958) et il n'y a pas de coutumes ni de lois qui régissent les relations sociales. Ils sont essentiellement instruits par le hasard (*fortuna* – v. 960), par l'expérience et l'habitude (v. 977). Lucrèce insiste également sur le fait que ce processus s'accomplit « peu à peu » (*paulatim* – v. 1454), tout comme chez Rousseau la situation se transforme « insensiblement ». Chez Rousseau, la découverte fortuite du feu terrestre à l'occasion de la chute de la foudre ou sous l'effet d'une éruption volcanique fait également écho à des vers de Lucrèce[2]. La cause est faible, car l'origine est contingente, mais ses suites sont irréversibles. La rigueur de l'enchaînement est même d'autant plus frappante que l'impulsion première est purement accidentelle. Pour nos deux auteurs, le hasard des circonstances, l'aléatoire des lieux et des temps, témoignent *a contrario* du caractère inéluctable du processus. Au-delà des préoccupations qui sont propres à Rousseau – montrer, par exemple, le rôle que joue l'agriculture, par l'intermédiaire de la propriété, dans la naissance des inégalités –, on retrouve le même paradoxe d'une *Kulturgeschichte* qui, bien qu'elle décrive un phénomène contingent, explique son accomplissement par une inéluctable nécessité.

Venons-en maintenant à l'expérience, évoquée par les deux auteurs. Elle prend dans les deux cas la forme d'une imitation de la nature, lorsque les premiers hommes développent des procédés analogues aux siens. Chez Rousseau, la maîtrise du feu exige que les hommes acquièrent, en observant les volcans, « l'idée d'imiter cette opération de la nature »[3] et l'agriculture, à l'origine, reproduit les voies qui sont celles-là mêmes de la nature[4].

1. *DI*, OC III, p. 162.

2. *DRN*, V, 1094-1095. Sur la conception épicurienne des techniques et des progrès de l'humanité, je renvoie pour plus de précisions à P.-M. Morel, *Épicure. La nature et la raison…*, *op. cit.*, p. 71-88. Concernant le récit de Lucrèce en général, voir G. Campbell, *Lucretius on Creation and Evolution.* A Commentary on *De Rerum Natura*, Book Five, Lines 772-1104, Oxford, Oxford University Press, 2003, qui montre notamment que le poète romain tient une position neutre et essentiellement descriptive, ni « primitiviste » ni « progressiviste » : la nature primitive que Lucrèce retrouve en écrivant une préhistoire de l'humanité n'est pas une valeur en soi, pas plus que le progrès ne garantit le mieux-être de ceux qui l'accomplissent. Cette position est également celle de Rousseau, tant que l'on s'en tient aux premiers stades de l'état de nature.

3. *DI*, OC III, p. 172.

4. *DI*, OC III, p. 172.

Rousseau n'ignore probablement pas qu'il y a sur ce point une longue tradition antique. Démocrite montrait comment les animaux ont imité les animaux : l'araignée pour le tissage, l'hirondelle pour l'architecture, les oiseaux pour la musique [1]. Lucrèce reprend cette thématique dans le Chant V, en décrivant la double attitude d'imitation de la nature et d'adaptation progressive. Le soleil apprend à cuire les aliments et à les amollir [2] ; la nature, on l'a rappelé plus haut, donne le modèle ou l'exemple (*specimen*) des semailles, de même qu'elle est à l'origine (*origo*) de la technique des greffes [3].

D'une manière générale, une étude comparative systématique des deux textes, celui de Rousseau et celui de Lucrèce, montrerait que la succession des étapes est pratiquement identique dans les deux cas. Chez l'un comme chez l'autre, enfin, le progrès équivoque de l'humanité est à la fois technique, social et intellectuel.

La présence, bien attestée [4], de Démocrite à l'origine de la tradition épicurienne de réflexion sur les techniques mérite ici d'être soulignée, car les Modernes en avaient une idée assez précise, par l'intermédiaire de Diodore de Sicile. Celui-ci consacre en effet quelques pages de sa *Bibliothèque historique* à Démocrite. Comme nous allons le voir, ce relais n'est pas sans importance pour la question du langage.

Il faudrait également comparer ce que nos deux auteurs disent de la sexualité primitive, car là encore, entre le *DI* et le *DRN*, les similitudes sont frappantes. L'union des sexes, à l'instar des progrès initiaux – et, pour l'atomiste Lucrèce, à l'instar du mouvement des atomes –, est d'abord le fait de rencontres fortuites, exemptes d'attachement passionnel :

> Les mâles et les femelles s'unissaient fortuitement selon la rencontre, l'occasion, et le désir, sans que la parole fût un interprète fort nécessaire des choses qu'ils avaient à se dire : ils se quittaient avec la même facilité (…). [5]

On songe aux mots de Lucrèce, lorsqu'il place les premières rencontres amoureuses sur le même plan que la simple cueillette : « Vénus dans les bois unissait les corps des amants. Nulle qui ne cédât au désir partagé, ou à la vive violence et à l'élan de l'homme en rut, ou au gain, arbouses, baies

1. Plutarque, *De l'intelligence des animaux* (*De sollertia animalium*), 974 A [DK 68 B 154].
2. *DRN*, V, 1102-1104.
3. *DRN*, V, 1361-1367.
4. Voir Th. Cole, *Democritus and the Sources of greek Anthropology, op. cit.*, 1967.
5. *DI*, OC III, p. 147.

et poires choisies. »[1] Dans les deux cas, l'amour naturel contraste avec son dévoiement passionnel. Dans la deuxième partie du Second Discours, « la jalousie s'éveille avec l'amour » et Lucrèce, au chant IV du *De rerum natura*, décrit en des vers fameux le désastre psychique et la dépossession de soi auxquels conduit la passion amoureuse.

Trait remarquable pour mon propos, l'union primitive est chez Rousseau une union tacite. Comme nous allons le voir, il n'est pas indifférent que les couples se forment sans que le langage soit nécessaire et sans, non plus, qu'ils en suscitent la découverte. C'est là un premier indice du caractère mystérieux de l'apparition du langage. Je vais y revenir.

C'est dans ce contexte qu'apparaît le langage, phénomène comparable, par ses causes, à la découverte technique. Chez Lucrèce, l'apparition de l'habitat précède l'évocation de la première forme de sociabilité, fondée sur l'amitié et le souci de protéger les plus faibles (v. 1011-1027). Apparaissent alors les premiers « pactes » ou « contrats » (*fœdera*) nécessaires à la préservation de l'humanité. C'est précisément à la suite que Lucrèce évoque l'origine du langage. La nature pousse les hommes à proférer des sons signifiants, et l'utilité (*utilitas*) les conduit à associer les noms aux choses. Ce point aura d'ailleurs son influence sur la pensée des Lumières, comme on le perçoit dans l'*Entretien entre d'Alembert et Diderot* : « il faut tirer du besoin et de la proximité l'origine des sons conventionnels »[2].

Pour Lucrèce, le phénomène même du langage, la désignation linguistique, vient originellement de la nature (*natura*), qui fait d'abord émettre les divers sons de la langue, puis il évolue, comme les arts, en s'adaptant aux nécessités pratiques : l'utilité conduit les hommes à fixer par convention les noms des choses, comme la nécessité et la crainte suscitent les découvertes techniques, dans la continuité mais aussi au-delà de la première impulsion naturelle (v. 1028-1090). Comme le dit Lucrèce : « La nature fit émettre les divers sons du langage et l'utilité exprimer le nom des choses »[3]. Ce

1. *DRN*, V, 962-965. Sur l'amour chez Lucrèce, voir notamment R. D. Brown, *Lucretius on Love and Sex*, Leiden, Brill, 1987 ; M. Erler, « *Exempla amoris*. Der epikureische *Epilogismos* als philosophischer Hintergrund der Diatribe gegen die Liebe in Lukrez *De rerum natura* », dans A. Monet (éd.), *Le Jardin romain. Épicurisme et poésie à Rome. Mélanges offerts à Mayotte Bollack*, Villeneuve d'Ascq, Éditions du Conseil Scientifique de l'Université Charles-De-Gaulle-Lille 3, 2003, p. 147-162. Voir également, ci-dessous, p. 213-215.

2. Diderot, Œuvres philosophiques, *Entretien entre d'Alembert et Diderot*, Paris, Garnier, 1964, p. 278.

3. *At varios linguae sonitus natura subegit / mittere, et utilitas expressit nomina rerum*, *DRN*, V, 1028-1029.

vers suggère même, à la faveur de l'assonance *natura* / *nomina*, un glissement de l'expression *nomina rerum* vers la fameuse *natura rerum*, qui constitue l'objet explicite du poème.

Pour Lucrèce, les noms ne sont que la manière dont l'utilité traduit la nature même des choses. Comme on le sait, pour Rousseau, le premier langage de l'homme n'est autre que « le cri de la nature », c'est-à-dire « le seul dont il eut besoin »[1]. Dans la seconde partie du *DI*, Rousseau fait des conjectures sur la manière dont l'humanité est progressivement passée de cette originelle « langue universelle » à la formation dans chaque communauté humaine d'un « idiome commun » sous l'effet des contraintes liées à la vie sociale[2]. Sa dette à l'égard de la tradition épicurienne n'est donc pas seulement repérable à une manière commune de situer l'apparition du fait linguistique dans le mouvement général des progrès de l'humanité, mais également à cette idée que le langage constitue un point d'articulation exemplaire entre la nature, d'une part, et la convention ou l'usage, d'autre part. C'est ce que nous devons examiner maintenant.

L'INSTITUTION DU LANGAGE ET LA PLURALITÉ DES LANGUES

Rousseau est confronté à deux difficultés classiques et étroitement liées : l'institution d'une langue originelle, ou langue mère, et le phénomène de la pluralité des langues. Commençons par la première difficulté. Le *DI* envisage l'institution du langage en deux temps : non seulement dans la seconde partie, comme je viens de le rappeler, mais également dès la première partie, lorsqu'il est question des progrès intellectuels de l'humanité, c'est-à-dire du passage des simples sensations aux idées complexes. S'il est vrai que « tout animal a des idées puisqu'il a des sens », cela n'explique pas comment l'humanité primitive est passée de la sensation à la connaissance générale qui entre en jeu dans le processus technique. Il faut alors invoquer la nécessité, les circonstances fortuites et les passions : « nous ne cherchons à connaître que parce que nous désirons de jouir ». L'homme de la nature craint la douleur, qu'il éprouve, mais pas la mort, parce qu'il n'en a pas l'idée[3].

Dans ce contexte, la question de la première institution du langage est présentée comme une aporie, un « embarras ». Ainsi, Condillac a tort de

1. *DI*, OC III, p. 148.
2. *DI*, OC III, p. 167-169.
3. *DI*, OC III, p. 143.

supposer une société pour expliquer l'institution de signes, car au premier état de nature il n'y a pas de société[1]. Plus encore, l'hypothèse de la découverte du langage se heurte à l'obstacle, déjà signalé par Condillac[2], de l'usage de la pensée : « si les hommes ont eu besoin de la parole pour apprendre à penser, ils ont eu bien plus besoin encore de savoir penser pour trouver l'art de la parole. »[3] Ce cercle est sans doute l'une des motivations qui conduit Rousseau à renoncer, quelques pages plus loin, à se prononcer sur la naissance des langues, se disant « convaincu de l'impossibilité que les langues aient pu naître, et s'établir par des moyens proprement humains »[4].

Comme le note Starobinski, « Rousseau, en laissant entendre que les "moyens proprement humains" ne suffisent pas à justifier l'invention des langues, fait ici une large concession aux partisans de l'institution divine du langage. Mais ce n'est là qu'une hypothèse, évoquée en désespoir de cause, moins pour elle-même qu'en raison de l'échec de l'hypothèse précédente »[5]. Il y aurait matière à s'interroger sur les raisons d'une telle concession, car Rousseau adopte un tout autre point de vue dans l'*EO*, qui est déjà « ébauché lors de la rédaction du second *Discours* »[6]. Selon Bachofen et Bernardi[7], il s'agit avant tout pour Rousseau de montrer qu'il y a là une « énigme théorique ». Il n'est pas impossible également que Rousseau affiche dans le *DI*, en matière de théologie, une réserve qui ne sera plus de mise dans l'*EO*[8]. Une telle prudence, il est vrai, obéit peut-être au souci de compenser les audaces, si l'on considère que le second *Discours* s'écarte de la tradition chrétienne sur un point absolument fondamental, en dépeignant un état de nature qui ne laisse pas de place au dogme du péché originel[9]. C'est en tout cas vers l'*EO* qu'il faut maintenant se tourner, et c'est lui qui va nous reconduire aux épicuriens.

1. *DI*, OC III, p. 146.
2. *Essai sur l'origine des connaissances humaines*, I, II, v, 49. [1746]
3. *DI*, OC III, p. 147.
4. *DI*, OC III, p. 151.
5. *DI*, OC III, p. 1328.
6. Selon Ch. Porset, dans l'avertissement à son édition du texte, J.-J. Rousseau, *Essai sur l'origine des langues*..., Paris, Nizet, 1970, p. 15.
7. J.-J. Rousseau, *Discours sur l'origine et les fondements de l'inégalité parmi les hommes, op. cit.*, p. 228.
8. Voir la référence positive à la Révélation dans l'introduction au *DI*. Ce point est mentionné par Bachofen et Bernardi. La présente étude n'a pas vocation à comparer de manière systématique les différents écrits de Rousseau. Je ne peux donc entrer dans le débat complexe des parentés et différences entre le *DI*, l'*EO* et l'*Émile* (texte dont je ne traiterai pas ici).
9. Sur ce refus du dogme du péché originel, voir Y. Touchefeu, *L'Antiquité et le christianisme dans la pensée de Jean-Jacques Rousseau, op. cit.*, p. 126-127.

Dès la première page de l'*EO*, l'essentiel est dit : « la parole étant la première institution sociale ne doit sa forme qu'à des causes naturelles »[1]. Toutefois, à la différence du langage animal, « la langue de convention n'appartient qu'à l'homme »[2]. Or concernant ce dernier, l'*EO* précise que ce sont les passions, et non pas les besoins matériels, qui « arrachèrent les premières voix »[3]. C'est incontestablement la thèse centrale du traité et, prise dans sa littéralité, elle ne doit rien aux épicuriens.

Dès lors l'*EO* se trouve logiquement confronté à une difficulté théologique qui avait été esquivée dans le *DI* : celle de l'institution divine de la langue mère. Rousseau évoque à ce sujet *La Rhétorique ou l'art de parler*, Paris, 1741, du P. Lamy, à propos de l'invention des sons[4] : « le père Lami ne conçoit pas même que les hommes en eussent pu jamais inventer d'autres <que les cris>, si Dieu ne leur eût expressément appris à parler. » En tout état de cause, la première langue subit des changements. Il y a une « histoire » et un « progrès » des langues, évoqué au Chapitre V, phénomène dû cette fois au besoin et aux « affaires ». Alors, « les lumières s'étendent » et « le langage change de caractère », les idées se substituant aux sentiments et la raison aux passions. Or, un tel progrès ne nous fait pas basculer dans le domaine de la pure institution ou de la convention absolue : « ce progrès me paraît tout à fait naturel »[5]. Il en ira de même, plus loin, à propos de l'écriture : « ce progrès n'a rien que de naturel : l'écriture par sillons est sans contredit la plus commode à lire.[6] » La diversité des langues elle-même est l'effet de circonstances naturelles, comme les climats (Chapitre VIII). D'une manière générale, l'histoire des langues montre que l'institution et la raison ne sont en fait qu'un prolongement de la nature. Si l'on s'interroge sur le rapport de Rousseau au « cratylisme » – c'est-à-dire sur la position qu'il adopte, entre ceux qui croient à une origine naturelle des signes

1. *EO*, I [1].
2. *EO*, I [11].
3. *EO*, II [12]. Les besoins, pour Rousseau, jouent un rôle décisif dans l'apparition de la première expression vocale, le « cri de la nature » dont parle le *DI*. L'*EO* semble cependant accorder aux passions un privilège exclusif sur ce point. Peut-être faut-il comprendre que l'expression vocale *signifiante* apparaît dès lors que le sentiment a le loisir de s'exprimer, c'est-à-dire une fois satisfaits les besoins de base. J. Starobinski, dans un essai qu'il a consacré à l'origine des langues, l'explique ainsi, à propos de la phase de sédentarisation : « Mieux assurés de subsister, les hommes connaissent l'alternance du travail et du loisir. Ils deviennent disponibles pour l'essor des passions » (J. Starobinski, *Jean-Jacques Rousseau. La transparence et l'obstacle*, suivi de Sept essais sur Rousseau, Paris, Gallimard, 1971, p. 370-371).
4. *EO*, IV [16].
5. *EO*, V [19].
6. *EO*, V [25].

linguistiques et ceux qui l'attribuent à une institution humaine –, force est d'admettre que l'opposition entre nature et convention doit être dépassée. Je rapprocherais volontiers cette situation théorique de la description des paysages alpins par Saint Preux, qui embrasse sous un même regard ému l'œuvre de la nature et les marques de la présence humaine, un « mélange étonnant de la nature sauvage et de la nature cultivée »[1].

C'est dans ce contexte que se pose le problème, à la fois anthropologique et théologique, de l'enseignement de la première langue. Rousseau, là encore, montre une clarté et une fermeté assez différentes du ton adopté dans le *DI.* Il ne s'agit pas de rejeter l'Écriture. Toutefois, si « Adam avait été instruit par Dieu-même », il n'en demeure pas moins que la première langue n'est pas celle que nous parlons : « en se divisant les enfants de Noé abandonnèrent l'agriculture et la langue commune périt avec la première société »[2]. La première langue perdue, il faut s'efforcer de concevoir – suivant l'exemple des Anciens – comment les langues ont pu être instituées :

> Épars dans ce vaste désert du monde, les hommes retombèrent dans la stupide barbarie où ils se seraient trouvés s'ils étaient nés de la terre. En suivant ces idées si naturelles il est aisé de concilier l'autorité de l'Écriture avec les monuments antiques, et l'on n'est pas réduit à traiter de fables des traditions aussi anciennes que les peuples qui nous les ont transmises.[3]

L'allusion polémique est manifeste : Rousseau s'adresse au P. Lamy, qui considère comme des « fables » ou des « contes » ce que Diodore de Sicile, au Premier siècle av. J.-C., rapporte à propos du langage dans sa *Bibliothèque historique*[4]. Celui-ci cite « quelques philosophes » qui assurent que les hommes, après la formation de notre monde par des voies purement mécaniques, sont nés de la terre selon des principes purement matériels, puis qu'ils s'associèrent et formèrent les langues sous l'effet naturel du besoin. Ce que ne dit pas Lamy, et que la lecture directe de Diodore confirme immédiatement, c'est que cette explication naturaliste est celle de Démocrite[5]. Or j'ai signalé plus haut toute l'importance de Démocrite pour la *Kulturgeschichte* antique et au premier chef pour celle qu'adoptent les

1. *Nouv. Héloïse*, OC II, p. 77. Notons que Rousseau renvoie explicitement au *Cratyle* platonicien sur la question de la langue mère, estimant que le Cratyle du Dialogue, dans sa défense de la position naturaliste, « n'est pas si ridicule qu'il parait l'être » (*EO*, IV [19]).

2. *EO*, IX [48].

3. *EO*, IX [49].

4. Le texte est donné en regard du passage cité de Rousseau dans l'édition Porset, p. 102. Voir P. Lamy, *La Rhétorique ou l'art de parler*, I, xv.

5. Voir Démocrite, d'après Diodore de Sicile, *Bibliothèque historique*, I, 7-8 [DK 68 B 5, 1].

épicuriens. Lucrèce s'inspire sur ce point de Démocrite à de multiples reprises et l'on ne peut s'étonner qu'il se prononce sans aucune équivoque sur la première langue, en montrant qu'aucun législateur des langues, aucun nomothète[1], et à plus forte raison – doit-on penser – aucun dieu, n'aurait pu l'enseigner aux autres hommes[2]. La nature suffit.

Toutefois, d'autres textes épicuriens de l'Antiquité viennent ici à l'esprit. J'en citerai deux, l'un d'Épicure, l'autre de Diogène d'Œnoanda.

Le premier texte, qui va fixer l'orthodoxie sur ce point, est d'Épicure lui-même :

> [75] Mais il faut encore supposer que la nature, en toutes sortes de domaines, a été instruite et contrainte par les faits eux-mêmes ; que le raisonnement, par la suite, précise les prescriptions de la nature et y ajoute ses propres découvertes, plus ou moins rapidement selon les cas, et, selon les périodes <*>, <accomplissant des progrès> plus ou moins importants. De là également, le fait que les noms ne soient pas nés, à l'origine, par l'institution de conventions. En réalité, dans leurs natures mêmes, les hommes éprouvant, selon chaque peuple, des affections particulières et recevant des représentations particulières, projettent d'une manière particulière l'air émis par chacune des affections et des représentations, de sorte qu'à un moment donné la différenciation se fait aussi en vertu des lieux occupés par les <différents> peuples. [76] Par la suite, selon chaque peuple, les particularités ont été instituées par convention commune, afin que les communications mutuelles soient moins équivoques et plus concises.

Dans ce passage de la *Lettre à Hérodote* d'Épicure, nous retrouvons plusieurs éléments qui annoncent, non seulement les textes de Lucrèce, qui s'en inspire directement et explicitement, mais aussi l'explication rousseauiste : l'idée d'une histoire – ou tout au moins d'un devenir progressif – de la nature ; la contrainte des circonstances ; le caractère graduel des avancées humaines ; la particularisation progressive des besoins et des affections et sa conséquence sur la formation des langues ; le passage de la nature à la convention et, du même coup, le dépassement de leur opposition. Si le passage de la nature à la convention est lui-même naturel, cela veut dire que la convention elle aussi est, en un sens, naturelle. Pour Rousseau comme pour les épicuriens, l'opposition entre nature et convention doit se comprendre, non pas comme une antinomie, mais comme une succession de phases dans un tableau diachronique, d'une « généalogie » du devenir de l'humanité[3]. Sans aucun doute, dans le débat entre Lamy et Rousseau, Épicure serait aux côtés du second contre le premier.

1. Comme c'est à l'inverse le cas dans le *Cratyle* de Platon en 389d.
2. *DRN*, V, 1041-1090.
3. André Charrak me signale que Rousseau, dans une lettre à Ch. De Beaumont (OC

On doit d'ailleurs en dire autant de l'ensemble de la tradition épicurienne, puisque les derniers épicuriens de l'Antiquité souscrivent à la thèse orthodoxe. Ils en donnent même une version assez radicale. Diogène d'Œnoanda (fr. 12 Smith) estime lui aussi que la genèse du langage est un fait naturel et que les mots n'ont pas été institués, à l'origine, par convention. Ce texte est pour nous particulièrement significatif, même si Rousseau ne pouvait avoir connaissance de l'inscription, découverte au XIXe siècle. Il ne se contente pas de prendre position par rapport à la problématique du *Cratyle* platonicien : il dénonce l'illusion ou la fable d'une institution divine. Le texte se présente aujourd'hui ainsi :

> (col. 1)…, fuyant les orages, ils en vinrent à l'idée de maisons, et à partir de ce dont ils se servaient pour envelopper leurs corps, en les protégeant avec des feuilles, avec des herbes ou avec des peaux – car ils abattaient déjà les animaux –, ils se mirent à penser à des vêtements, non encore tissés, mais sans doute en couches grossières, ou mis de quelque autre manière. Puis, le temps passant, (col. 2) ils conçurent, eux-mêmes ou leurs descendants, le métier à tisser. Il ne faut donc associer à aucune technique – ni à celles-là ni à aucune autre – ni Athéna ni quelque autre divinité, car ce sont les besoins et les circonstances qui, avec le temps, les ont toutes engendrées.
>
> Quant aux sons articulés – je veux parler des noms et des verbes, (col. 3) dont les hommes sortis de terre composèrent leurs premiers appels –, n'associons pas Hermès à leur apprentissage, comme le font certains – car ce ne sont manifestement que bavardages –, et ne croyons pas non plus ceux des philosophes qui disent que les noms ont été imposés aux choses par convention et instruction, afin que les hommes disposent de [signes] de celles-ci, (col. 4) leur permettant de se comprendre plus facilement entre eux. Il est en effet ridicule, et c'est même tout ce qu'il y a de plus ridicule [de penser] – outre le fait que c'est impossible – qu'il se trouve un seul individu qui ait réuni un si grand nombre de gens – car alors il n'y avait pas encore de rois, ni non plus de lettres, là où il n'y avait pas encore de sons articulés ; or (col. 5) [il n'y avait nul moyen, sinon sur] ordre, que soient réunies de telles foules –, et qu'on ait pu, une fois ces gens réunis, leur donner des instructions à la manière d'un maître d'école qui [se servirait] d'une baguette et, touchant chaque chose, expliquerait : « ceci doit être appelé pierre, cela bois, ceci homme ou chien ou bœuf ou [âne]… » (col. 6 inconsistante).

IV, p. 936), fait lui-même usage du terme « généalogie » à propos de sa propre entreprise consistant à faire « voir comment, par l'altération successive de leur bonté originelle, les hommes deviennent enfin ce qu'ils sont ». Ce point est d'autant plus frappant que le texte de Porphyre déjà cité, qui rapporte la conception épicurienne de la genèse des sociétés humaines se présente précisément comme une γενεαλογία (Porphyre, *De l'abstinence*, I, 7).

Je crois inutile d'insister sur le caractère exemplaire de ce fragment, qui reprend tous les éléments déjà repérés chez Épicure et chez Lucrèce, éléments qui vont probablement constituer le fonds commun d'un naturalisme linguistique dans lequel puisera Rousseau.

On peut donc se demander si ce dernier n'importe pas, dans les débats théologiques de son temps, des clivages et des problèmes qui sont déjà, *mutatis mutandis*, ceux de l'Antiquité. S'il n'est pas question, pour les épicuriens, de Création et moins encore de fracture entre un âge adamique et un état post-adamique de l'humanité, ils récusent l'idée de providence, fût-elle immanente à la nature comme c'est le cas chez les stoïciens, et ils contestent l'hypothèse platonicienne d'un nomothète divin – ou tout au moins d'un législateur doté d'un savoir divin [1].

Tâchons, pour conclure, d'avancer sur le problème des sources et sur le rapport de Rousseau à la doctrine épicurienne originelle. Rousseau n'avait pas connaissance du dernier texte, l'inscription de Diogène d'Œnoanda, pour les raisons archéologiques que j'ai dites. Diogène est cependant assez orthodoxe dans son épicurisme et il ne fait ici que témoigner d'une doctrine que Rousseau connaissait par d'autres intermédiaires, en particulier Lucrèce. Pour ce qui est d'Épicure lui-même, on dit parfois qu'il n'est pas traduit avant le XIXe siècle. Cela mérite cependant d'être regardé de plus près. Il est vrai que Rousseau se contente parfois d'une image convenue du Maître du Jardin, ce qui semble accréditer l'idée que celui-ci est mal connu des Lumières. Toutefois, comme on l'a vu, Rousseau a une représentation nuancée de l'épicurisme et, pour ce qui est de la *Lettre à Hérodote* citée plus haut, il pouvait fort bien la lire, au moins en traduction, dans le cadre éditorial dont nous sommes tributaires encore aujourd'hui, à savoir les *Vies et doctrines* de Diogène Laërce.

Par ailleurs, la connaissance de Diodore de Sicile par Rousseau est attestée [2]. Diodore est disponible dans la traduction de l'Abbé Terrasson, publiée de 1734 à 1744, de sorte que Jean-Jacques pouvait fort bien le lire plus attentivement que le P. Lamy ne l'avait fait. Il pouvait ainsi faire cause commune avec Démocrite et Épicure en pleine connaissance de cause, en sachant non seulement qu'il s'accordait avec Épicure, mais aussi que la paternité de la doctrine revenait à Démocrite.

Cela ne doit pas nous conduire à occulter l'originalité de Rousseau en matière de théorie du langage, et notamment le fait qu'il associe, d'une

1. Cette superposition concerne, non seulement Rousseau, mais l'ensemble des philosophes qui se sont penchés sur le problème théologique de la langue mère, comme le montre très bien A. S. Lifschitz, *Epicurus in the Enlightenment*, *op. cit.*, qui cependant ne mentionne pas le débat avec le P. Lamy.

2. Voir Y. Touchefeu, *L'Antiquité et le christianisme dans la pensée de Jean-Jacques Rousseau*, *op. cit.*, p. 274, n. 101.

part, le caractère aporétique de l'analyse de l'origine des langues et, d'autre part, la mise en exergue du facteur passionnel. Est-ce d'ailleurs manquer d'originalité que d'actualiser un *topos* ancien de manière aussi subtile et singulière ?

Il n'est sans doute pas facile d'apprécier la dette exacte de Rousseau à l'égard de l'épicurisme antique. Si l'on voit les choses en partant des textes anciens, il est clair, à tout le moins, que les analogies sont frappantes et que les épicuriens sont, pour Rousseau, des alliés objectifs. Bien que Rousseau ait préféré s'en tenir à l'aporie de l'origine plutôt que d'adopter l'explication épicurienne, fondamentalement positive[1], il pouvait trouver chez eux une articulation subtile de la nature et de la convention, qu'il lui était ensuite loisible de transposer à la polémique exégétique et théologique dont il était le contemporain. Il s'inscrit clairement dans une même tradition concernant la langue primitive ou « langue mère », qui précède la diversification linguistique d'un peuple à l'autre.

Dans le débat auquel Rousseau prend part sur l'origine des langues, se laissent d'ailleurs discerner des affinités théoriques profondes avec ses prédécesseurs épicuriens. Elles vont sans doute plus loin encore qu'on ne l'a montré ici : au mépris d'Épicure pour la rhétorique et le langage inutilement technique, à sa préférence pour le langage ordinaire[2], répondent en écho lointain la fascination et la méfiance de Rousseau pour l'instrument linguistique, dont la perversion progressive et les mésusages traduisent très exactement ce qui nous sépare désormais de la nature, de nous-mêmes et d'autrui.

Rousseau est en tout cas en plein accord avec les épicuriens sur le rôle des « circonstances » et sur le caractère contingent des progrès, tout relatifs, de l'humanité : les événements fortuits conduisant l'humanité à des perfectionnements excluent toute forme de téléologie, que l'on pense à une destination naturelle de l'homme ou à un enseignement qui serait dû à la bienveillance divine. La perfectibilité, dans le *Second discours* de Rousseau, produit ses effets « à l'aide des circonstances » et nécessite « le concours fortuit de plusieurs causes étrangères qui pouvaient ne jamais naître »[3]. On voit se dessiner là, d'Épicure à Rousseau, une *philosophie des circonstances*, qui propose une alternative crédible, aussi bien aux morales abstraites du devoir inconditionné qu'aux différentes versions du déterminisme comportemental, du fatalisme archaïque aux pensées de la surdétermination.

1. Voir A. S. Lifschitz, *Epicurus in the Enlightenment, op. cit.*, p. 220-221.
2. Ainsi, à propos du temps, voir *Hrdt.* 72.
3. *DI*, OC III, p. 142 ; 162. Je remercie André Charrak de m'avoir rappelé ce principe fondamental de l'anthropologie rousseauiste.

CHAPITRE X

LA POLITIQUE ÉPICURIENNE, ENTRE THÉORIE DU CONTRAT ET PESSIMISME SOCIAL

Il y a traditionnellement deux manières d'aborder la question de la politique dans l'épicurisme. La première consiste à opposer, à la vie tumultueuse et corrompue de la cité, l'idéal fameux du « vivre caché »[1] prôné par Épicure lui-même. Celui-ci invite comme on sait à se méfier de la vie publique[2]. La véritable sécurité, l'*asphaleia*, sûreté toute intérieure, ne nous est pas donnée par les remparts des cités ni par leurs lois, mais par une vie tranquille à l'écart de la foule[3] et par l'amitié[4]. Cette opposition est aujourd'hui considérée comme trop schématique, sans doute à juste titre, car les épicuriens ne renoncent pas à définir des normes positives en matière politique et juridique. De fait, une seconde manière d'aborder la question politique consiste à s'interroger sur le fondement du *dikaion*, ce qui est « juste », tel qu'Épicure et certains de ses héritiers l'envisagent. Peut-on concevoir une organisation de la vie en cité telle qu'elle demeure conforme à la nature? La réponse d'Épicure est affirmative : loin de dissocier les normes politiques de la nature et loin de concevoir la vie sociale comme une existence nécessairement dénaturée ou corrompue, il entend manifestement concilier la référence naturaliste avec une orientation contractualiste et conventionnaliste. Le juste dépend d'un contrat, d'un accord conventionnel entre les membres de la communauté, mais il est également naturel.

La question qui se pose est dès lors de savoir si le type de naturalisme qui sous-tend la « politique » épicurienne est un naturalisme essentiellement

1. Us. 551.
2. Voir *MC* VII; *SV* 58; voir aussi Lucrèce, *DRN*, V, 1120-1135.
3. *MC* XIV.
4. *MC* XXVII, XXVIII, XL.

pratique et psychologique, garanti par les affections ou les états cognitifs qui attestent la conformité des actes politiques, des lois et des institutions à *notre* nature, ou bien s'il s'agit d'un naturalisme physique ou ontologique, fondé sur une conception matérialiste des communautés humaines. En d'autres termes, s'il y a une politique qui s'accorde avec la nature, est-ce parce qu'elle est en accord avec nos affections et représentations naturelles relatives à ce qui est juste, ou bien parce qu'elle exprime *la nature même* de ce qu'est une communauté, considérée en tout cas à l'échelle de la cité ? Dans ce dernier cas, les épicuriens souscriraient à une forme de matérialisme social, au sens où toute communauté humaine pourrait, en droit, être analysée comme n'importe quel agrégat physique. C'est en partie, on va le voir, le point de vue adopté par Marx dans son analyse de la politique épicurienne. Toutefois, si le juste est avant tout le fait de conventions et de contrats, de décisions sur ce qui garantit la préservation de la communauté, il y a là un hiatus, un saut problématique, par rapport à l'approche réductionniste du matérialisme social. L'organisation des cités et la régulation des relations humaines n'apparaissent en effet qu'au niveau de la communauté elle-même et des décisions humaines. Une fois encore, les épicuriens sont confrontés au problème de la nécessité et de la liberté d'action, cette fois sur le plan de la cité et de la vie commune.

Comme toutes les catégories historiographiques atemporelles, toutefois, celles de « naturalisme », de « conventionnalisme » ou de « matérialisme » peinent à rendre compte de la complexité de la position épicurienne. Je me suis employé [1] à montrer que le naturalisme épicurien ne pouvait être efficace, c'est-à-dire contribuer au plaisir, et ainsi au bonheur, sans la médiation de la raison. Bien que les affections – le plaisir et la douleur – nous indiquent spontanément et immédiatement ce qu'il est naturellement utile de rechercher ou de fuir, notre rapport à la nature est dans bien des cas une relation indirecte ou, pour le dire autrement, une relation qui implique que les processus naturels soient articulés aux réalisations humaines. C'est aussi le cas avec les institutions politiques ou les relations d'amitié, si l'on admet que les sociétés humaines ne se définissent pas seulement par leur composition « matérielle » – les individus qui les composent et leurs interactions physiques –, mais aussi par des normes et des institutions proprement humaines. L'hypothèse d'un matérialisme social épicurien, d'une forme de réductionnisme politique, est donc insuffisante. La politique du contrat est-elle cependant une réelle garantie d'harmonie sociale ?

1. P.-M. Morel, *Épicure. La nature et la raison*..., *op. cit.* ; voir également ci-dessus, p. 60-62.

Lucrèce, nous allons le voir, donne de bonnes raisons d'en douter : le pacte civil, à ses yeux, n'est jamais assez fort pour prémunir les sociétés humaines contre leur tendance à s'éloigner de la nature.

Je partirai de la question de la légitimation de la politique par son fondement matériel, puis je parcourrai les principaux textes d'Épicure et de son successeur Hermarque, afin de voir quel poids ils permettent de donner à l'hypothèse de l'atomisme social. J'envisagerai enfin la position de Lucrèce qui, nous le verrons, porte sur les sociétés humaines un regard nettement pessimiste. S'il convient de se détourner de la politique, c'est à cause, avant tout, des pathologies sociales, que l'exercice du pouvoir ne parvient jamais à contenir, quand il ne les nourrit pas. Lucrèce porte ainsi une autre lumière sur la « matière » humaine des cités : celle d'une espèce tragique, qui ne peut survivre sans vivre en communautés, mais qui ne peut subsister collectivement sans se détourner de la nature.

DE L'ASSOCIATION AU CONTRAT : UN DÉTOUR PAR MARX

Voyons d'abord en quel sens la problématique naturaliste recoupe celle d'un matérialisme politique ou social. L'épicurisme antique, nous l'avons vu[1], fait incontestablement partie des philosophies naturalistes de l'Antiquité. La règle fondamentale de conduite qu'il prescrit est en effet de vivre en accord avec la nature. En cela, il ne diffère pas radicalement du Portique stoïcien[2]. La recommandation essentielle de l'éthique épicurienne, comme l'indique Épicure lui-même dans la *Lettre à Ménécée*, est de vivre en prenant le plaisir pour principe et pour fin de la vie bonne, car le plaisir est notre « bien premier et apparenté »[3]. Ainsi, selon la *Maxime Capitale* XXV d'Épicure, nous devons rapporter chacune de nos actions, en toute occasion, « à la fin de la nature ». Dans le *De finibus* de Cicéron, l'épicurien Torquatus proclame qu'il revient à la nature <*i.e.* le plaisir et la douleur> de juger de

1. Voir ci-dessus, p. 43.

2. Ainsi, Zénon de Citium déclare que la fin, le *telos*, est de « vivre en accord (ὁμολογουμένως) avec la nature, c'est-à-dire mener une vie conforme à la vertu » (*SVF* I, 179 = DL, VII, 87 ; Stobée, II, 75, 11). Cicéron traduit la formule en latin par *convenienter naturae vivere* (*Fin.*, IV, 14). Chrysippe affirme également que la fin de la vie bonne est de « vivre en suivant la nature » (ἀκολούθως τῇ φύσει ζῆν) (*SVF* III, 2-19 ; voir par exemple DL, VII, 88). Pour une perspective globale sur la conception épicurienne de la *phusis*, voir M. Gigante, « *Physis* : la natura nell'epicureismo », *in* R. Uglione (ed.), *L'Uomo antico e la natura*, Atti del Convegno Nazionale di studi, Torino 28-29-30 aprile 1997, 1998, p. 39-92 et, ci-dessus, chap. II.

3. *Mén.*, 129.

« ce qui est conforme à la nature ou contre nature » (*quid aut ad naturam aut contra*) ; [1] le comportement des nourrissons et des bêtes nous invite par ailleurs à prendre la nature pour maîtresse et pour guide (*magistra ac duce natura*) [2].

On a pu soutenir, on l'a vu, que le concept de « nature » ne faisait pas l'objet, chez Épicure, d'une véritable analyse philosophique. Il serait entendu le plus souvent de manière intuitive et au sens qu'on lui donne dans la vie de tous les jours. [3] Il est vrai que la notion de nature peut être prise en plusieurs acceptions : la nature globale, la nature de telle ou telle chose, la nature proprement humaine. Il est vrai également que la distinction paraît parfois fluctuante entre ce qui est naturel et ce qui ne l'est pas. Enfin et surtout, avons-nous affaire à un naturalisme simplement pratique (la conformité des actions à une norme posée comme naturelle) ou à un naturalisme réductionniste (l'explication de toutes choses par les propriétés de la matière telle qu'elle est livrée par la nature sans être élaborée par l'homme) ? Cette question ouvre un champ considérable, celui du type de réductionnisme que l'on pourrait attribuer aux épicuriens, problème qui, comme on le sait, concerne directement la liberté de l'agent, et sur lequel je suis revenu plus haut. Qu'en est-il maintenant de la politique et de l'organisation des sociétés humaines ? Si l'on admet, en effet, que l'atomisme épicurien est un en sens au moins un « matérialisme » et si, comme tel, il doit s'efforcer de produire des explications intégrant les conditions matérielles des faits analysés, alors on attendra logiquement de cette philosophie qu'elle propose une explication matérielle, ou « physicaliste » des institutions et des faits sociaux, voire une sorte d'atomisme social. Cela doit-il conduire à une conception strictement réductionniste des rapports humains et des sociétés ?

La question peut être en réalité mieux posée, pour autant que l'on reconnaisse à Épicure le mérite d'avoir élaboré, à propos du cas particulier du *dikaion*, une forme complexe de naturalisme. Cette position permet en effet, selon moi, de résoudre (au moins en partie) la difficulté philosophique fondamentale que représente la causalité des institutions et des faits sociaux. Ce n'est pas en tout cas par une référence exclusive à la matière de la cité qu'Épicure entend résoudre le problème du juste, mais en appliquant à ce dernier un naturalisme pratique. On verra ainsi que, sur ce point, l'idée de

1. *Fin.*, I, 30.
2. *Fin.*, I, 71 ; sur ce même thème dit de « l'argument des berceaux », voir également DL, X, 137.
3. Voir ci-dessus, chap. II.

naturalisme, sous certaines restrictions, est finalement plus féconde que celle de matérialisme.

Concernant l'idée même de « nature » telle qu'elle apparaît dans les textes conservés, notons qu'il n'y a aucune naïveté, chez les anciens épicuriens, dans la référence à la nature existante. En premier lieu, je l'ai dit, le concept de nature n'est pas univoque. Dans la *Lettre à Hérodote* d'Épicure, le terme φύσις peut désigner les atomes [1]. Il s'applique également aux structures complexes : aux corps composés [2] et même à ces types de structures complexes particulièrement subtiles que sont les simulacres [3]. On parlera également, de manière très usuelle et générale, de « la nature des êtres », au § 45 de la *Lettre à Hérodote*, ou encore de « la nature de ce qui change » au sens de « nature changeante », au § 54. Enfin, la nature épicurienne est aussi l'ordre général des choses, ou la totalité qu'elles constituent. Cette entité globale constitue du reste l'objet fondamental de la *phusiologia* épicurienne, comme le confirme le paragraphe final de la *Lettre à Hérodote*, qui parle de « la nature de la totalité des choses » et de « l'ensemble de la nature » [4]. Lucrèce entend principalement par *natura* la totalité des choses, et la règle de vie que dessine le *De rerum natura* se fonde sur la connaissance des « pactes de la nature » (*foedera naturae*).

Or, nous l'avons déjà constaté, la nature totale est privée de toute normativité, parce que son organisation locale en « mondes » est fondamentalement contingente et provisoire, et parce qu'elle ne doit rien à un quelconque dessein intelligent. De fait, elle ne nous informe pas sur la vie la meilleure et elle ne peut par elle-même suffire à régler la conduite. Elle est parfaitement neutre du point de vue axiologique [5]. Elle est non seulement

1. *Hrdt.*, 41.
2. *Hrdt.*, 49; *Pyth.*, 90.
3. *Hrdt.*, 48.
4. *Hrdt.*, 83.
5. Cela ne signifie pas que la prise en compte de cette absence de valeur objective soit sans conséquence pour la conduite de la vie. Comme le dit A.A. Long, « Lucretius on Nature and the Epicurean Self », *in* A. A. Long, *From Epicurus to Epictetus. Studies in Hellenistic and Roman Philosophy*, Oxford, Oxford University Press, 2006, p. 202-220 : « The fact that Epicurean nature taken abstractly is without value and purpose does not imply that natural processes have no value *relative to human understanding and to human goals* » (p. 205). De fait, la science de la nature, qui établit précisément que la nature n'a ni intentions ni valeurs, joue un rôle crucial en éthique. Long montre qu'il n'y a donc pas, entre l'éthique et la physique, de conflit qui justifierait que l'on se retranche dans une sorte de subjectivisme immédiat en étant simplement spectateur de la nature – comme le soutenait Ph. De Lacy, « Process and Value : an Epicurean dilemna », *TAPA* 88, 1957, p. 114-126. Long souligne également, sur les mêmes bases, que l'invitation épicurienne à vivre selon la nature n'est pas un simple primitivisme, qui ne réserverait à la science de la nature qu'une

dépourvue de fins, qui pourraient être transposées à la sphère de l'action humaine, mais également sans valeurs.

Cela nous indique autre chose sur ce que l'on peut entendre, à propos des épicuriens, par « naturalisme » : ceux-ci ne visent pas un idéal *primitiviste* qui voudrait que l'on vive de manière intégralement « naturelle ». Le rapport que le sage entretient avec la nature est généralement indirect, parce qu'il implique une analyse complexe des situations pratiques (le calcul savant des plaisirs et des peines)[1]. Pour le commun des mortels, il est nécessairement médiatisé par les institutions humaines.

J'en viens maintenant au problème spécifique que représente le contrat de droit ou la justice légale. Les épicuriens, et Épicure lui-même en tout premier lieu, sont confrontés à la concurrence de deux conceptions globales de la justice. La première (1) voudrait que le juste tire sa définition et sa légitimité d'un critère indépendant des institutions humaines : ou bien d'un principe transcendant (1a) – comme l'idée platonicienne du juste en soi – ou bien de la nature (1b). La seconde (2), conventionnaliste, stipule qu'il n'y a de justice que dans le cadre des communautés humaines juridiquement organisées. De fait, dans le débat classique qui oppose en politique contractualistes et naturalistes, Épicure opte à première vue pour le dernier camp : il n'y a justice et injustice que s'il y a contrat, si bien qu'il ne peut y en avoir, ni chez les animaux, ni chez les peuples qui ne connaissent pas de rapports de ce type[2]. Nous laisserons de côté l'option (1a) manifestement

place marginale. La question, on le verra, se pose tout particulièrement chez Lucrèce. Celui-ci, selon V. Tsouna, « Lucrèce sur les origines et le développement des arts et des métiers », *Aitia* [En ligne], 10, 2020, entretient une certaine ambiguïté entre primitivisme et progressisme, afin d'inviter le lecteur à se tourner vers la seule norme véritable, à savoir la philosophie épicurienne elle-même.

1. L'hédonisme épicurien ne se contente pas de renvoyer l'agent à la seule affection naturelle de plaisir ou de peine : il appelle également un usage méthodique de la raison. Celui-ci suppose la connaissance scientifique des principes élémentaires de la nature ; il consiste, dans la pratique, à évaluer quel plaisir mérite, dans des circonstances données, d'être poursuivi. C'est ce calcul qu'Épicure désigne par le terme de « raisonnement sobre » et qu'il associe implicitement à la vertu de prudence, à la *phronêsis* entendue comme forme éminente de la sagesse pratique. Voir notamment : *Mén.* 132.

2. Voir *MC* XXXII. L'interprétation conventionnaliste a été notamment défendue par R. Philippson, « Die Rechtsphilosophie der Epikureer », *Archiv für Geschichte der Philosophie*, N.S. XXIII, 3, 1910, p. 289-337 et 433-446 ; V. Goldschmidt, *La Doctrine d'Épicure et le droit*, Paris, Vrin, 1977, pour qui « il n'y a pas, selon Épicure, de droit naturel, mais seulement une nature du droit (celle qui se définit par l'intérêt réciproque) » (p. 171). Voir encore P. Vander Waerdt, « The Justice of the Epicurean wise Man », *Classical Quarterly* 37, 1987, p. 402-422. En faveur d'une interprétation naturaliste des Maximes d'Épicure sur le *dikaion*, voir : A. Long, « Pleasure and Social Utility. The Virtues of Being Epicurean », dans *Aspects de la Philosophie Hellénistique*, Entretiens

rejetée par Épicure, ainsi qu'on peut le lire entre les lignes de ses *Maximes capitales*. La tension concerne en réalité l'opposition entre (1b) et (2) : faut-il chercher le principe de légitimité dans la nature elle-même ou bien dans les critères positifs de bon fonctionnement des cités ?

Notons dès maintenant que les épicuriens ne prennent pas explicitement position par rapport à l'opposition classique, mobilisée notamment par la première sophistique, entre ce qui relève de la nature d'un côté et ce qui appartient à la loi, l'usage ou la convention (νόμος) de l'autre. Plus encore, ils la remettent de fait en question quand ils analysent les activités et les institutions humaines, en particulier la justice. Ils estiment visiblement que nous avons affaire à un processus causal complexe, comme nous l'avons vu à propos du langage dans le chapitre précédent. Cette remise en question passe par une forte atténuation de la distinction entre les deux ordres. Le problème est dès lors de savoir comment articuler ce qui relève de la causalité naturelle d'une part, et ce qui est propre à l'intervention humaine et aux sociétés en tant que telles, d'autre part.

La lecture de Marx, dans sa dissertation de 1841 sur la différence entre Démocrite et Épicure, conduisait à attribuer à celui-ci une sorte d'atomisme social, selon lequel les individus seraient comparables aux atomes de matière et les relations sociales ou politiques aux relations physiques entre ces atomes. Marx ne se contente pas cependant de dire que l'homme est une sorte d'atome social. Sa lecture est plus subtile : Épicure, selon Marx, estime que l'individu a une capacité à dévier par rapport à son « être-là » (*Dasein*) ou situation initialement naturelle, comme l'atome emporté par le *clinamen* dévie dans sa chute par rapport à la ligne droite. Il réalise ainsi autre chose que sa seule nature matérielle du fait de la répulsion mutuelle des atomes. L'ataraxie, comme acte d'abstraction par rapport à la douleur et au trouble, en est la manifestation[1]. La répulsion atomique, affirme Marx, serait même chez Épicure « la première forme de la conscience de soi »[2]. Ainsi, alors que Démocrite se serait contenté de faire du mouvement

sur l'antiquité classique, XXXII, Vandœuvres-Genève, 1986, p. 283-329, repris in *From Epicurus to Epictetus…*, *op. cit.* ; A. Long, D. Sedley, *The Hellenistic Philosophers*, Cambridge, Cambridge University Press, 1987 ; A. Alberti, « The Epicurean Theory of Law and Justice », *in* A. Laks, M. Schofield (eds.), *Justice and Generosity, Studies in Hellenistic Social and Political Philosophy*. Proceedings of the Sixth Symposium Hellenisticum, Cambridge, Cambridge University Press, 1995, p. 161-190.

1. K. Marx, *Differenz der demokritischen und epikureischen Naturphilosophie*, II, 1, K. Marx, F. Engels, *Werke*, Berlin, 1968, Band 40, p. 282 : « *So ist der Zweck des Tuns das Abstrahieren, das Ausbeugen vor dem Schmerz und der Verwirrung, die Ataraxie* ».

2. K. Marx, *Differenz…*, p. 283 : « *Die Repulsion ist die erste Form des Selbstbewußtseins* » (trad. fr. J. Ponnier, ici et ci-dessous).

atomique un mouvement forcé, effet d'une nécessité aveugle, Épicure aurait combiné, dans la « répulsion » (*Die Repulsion*), la matérialité de l'atome (requise pour expliquer la chute en ligne de droite) et son aspect « formel », impliqué dans la déclinaison. Il aurait ainsi « fait prévaloir la détermination de la forme » et « réalisé effectivement la contradiction inhérente au concept de l'atome ». Les formes sociales concrètes de la répulsion épicurienne sont précisément, selon Marx, « en matière politique le contrat, et en matière sociale l'amitié, qu'il prône comme bien suprême »[1]. On sait par ailleurs que la notion de « nature » cessera, pour Marx, d'être un concept consistant[2] : la nature se définira finalement de manière négative, au travers de l'anti-nature, ou de la « culture » dans ses diverses manifestations et sous ses diverses acceptions. Néanmoins, dès la *Dissertation*, la conception matérialiste de l'atome social épicurien est déjà une sorte de dépassement de la nature originelle, du fait de la dimension nécessairement relationnelle de l'existence humaine. En ce sens, le type de matérialisme que l'analyse marxienne entend promouvoir dépasse utilement l'opposition du naturalisme et du conventionnalisme. Marx a bien vu que, pour Épicure, l'individu (l'atome ou l'individu humain) n'était pas seulement une entité matérielle, mais aussi un être de relations.

Il me semble pourtant que Marx reste prisonnier, dans sa lecture d'Épicure, d'un préjugé réductionniste discutable : les activités humaines devraient pouvoir être expliquées intégralement selon un paradigme emprunté à l'explication des mouvements de la matière, en l'occurrence la chute, la déviation et la répulsion des atomes. Sur ce point, comme on va le voir, les textes sont loin d'être aussi clairs.

1. K. Marx, *Differenz*..., p. 284 : « *Die epikureische Deklination des Atoms hat also die ganze innere Konstruktion des Reichs der Atome verändert, indem durch sie die Bestimmung der Form geltend gemacht und der Widerspruch, der im Begriff des Atoms liegt, verwirklicht ist. Epikur hat daher zuerst, wenn auch in sinnlicher Gestalt, das Wesen der Repulsion erfaßt, während Demokrit nur ihre materielle Existenz gekannt hat. Wir finden daher auch konkretere Formen der Repulsion von Epikur angewandt; im Politischen ist es der Vertrag, im Sozialen die Freundschaft, die als das Höchste gepriesen wird.* » Je souligne les phrases traduites en pleine page.

2. Je me réfère ici à sa critique postérieure de l'illusion d'une nature pure, indépendante du commerce et de l'industrie, qui constituerait « un objet donné directement de toute éternité et sans cesse semblable à lui-même », K. Marx, F. Engels, *L'Idéologie allemande*, I. Feuerbach, trad. fr. Paris, Éditions sociales, 1976, p. 24.

L'UTILITÉ COMMUNE, CRITÈRE NATUREL DES CONVENTIONS LÉGALES

Le point faible de la lecture de Marx, en tout cas du point de vue de l'histoire de la philosophie ancienne, est qu'il veut à toute force voir chez Épicure, entre l'atome et l'individu humain, une analogie qui serait de nature à expliquer les sociétés humaines. En réalité, nous ne disposons pas de textes d'Épicure qui nous autoriseraient clairement à inférer, depuis les mouvements et propriétés des atomes, ce qu'il en est des relations humaines. Tout au moins, disons qu'une telle inférence ne peut suffire.

L'idée est loin d'être absurde. Lucrèce donne plusieurs exemples d'analogies entre les deux plans, par exemple, au début du Chant II du *DRN*, entre le fait que les hommes « errent » (II, 10 : *errare*) dans le désordre de leurs existences et l'errance (II, 132 : *error*) qui est celle des atomes. De même, de ce que les hommes et les bêtes diffèrent d'un individu à l'autre par leurs formes (*forma*) et figures (*figura*), nous pouvons inférer que les atomes ont la même caractéristique (II, 348-380). Le même terme, *foedus*, désigne d'une part les pactes pré-sociaux et pré-politiques des premiers hommes[1] et d'autre part les grandes lois qui régissent la nature (*foedera naturae*). Je reviendrai plus loin sur le point de vue de Lucrèce, qui appelle un traitement spécifique. Pour l'instant, notons que, chez Épicure lui-même, la *MC* XXXIII utilise pour désigner les communautés humaines, un terme, συστροφή, qui sert ailleurs à désigner un agrégat atomique pré-cosmique[2] :

> La justice n'est pas quelque chose en soi, mais, dans les rassemblements des hommes les uns avec les autres, en quelque lieu que ce soit, à chaque fois, un certain contrat en vue de ne pas se faire de torts et de ne pas en subir[3].
>
> Οὐκ ἦν τι καθ' ἑαυτὸ δικαιοσύνη, ἀλλ' ἐν ταῖς μετ'ἀλλήλων συστροφαῖς καθ' ὁπηλίκους δήποτε ἀεὶ τόπους συνθήκη τις ὑπὲρ τοῦ μὴ βλάπτειν ἢ βλαπτεσθαι.

Selon V. Goldschmidt, dans son ouvrage de référence *La Doctrine d'Épicure et le droit*, c'est un « terme technique de la physique épicurienne » (p. 71, n. 3), terme employé selon lui « bien entendu, par métaphore » (p. 72). Est-ce véritablement une métaphore ? Pas du point de vue de l'analyse marxienne en tout cas. Pas non plus pour M. Boyd, qui s'est inspiré du texte d'Épicure pour proposer une correction importante dans

1. *DRN*, V, 1025 ; 1155.
2. *Hrdt.* 73 ; 77. Voir également Diogène d'Œnoanda, fr. 14 Smith, à propos de la formation de la grêle.
3. Épicure, *MC* XXXIII.

le texte que nous allons aborder dans un instant, le traité *De l'abstinence*, I, 7-12, où Porphyre rapporte la doctrine de l'épicurien Hermarque – le successeur d'Épicure à la tête du Jardin en 270 – concernant la genèse et l'organisation des sociétés humaines :

> Ils rappelèrent aux autres citoyens d'où provenaient les rassemblements des uns avec les autres, afin qu'en s'abstenant de tuer leurs semblables, ils puissent préserver la communauté, qui contribue à la sauvegarde de chacun en particulier [1].
>
> Τοῖς τε λοιποῖς ἐνεποίουν μνήμην τοῦ ἀποβαίνοντος ἐν ταῖς μετ' ἀλλήλων συστροφαῖς [2], ὅπως ἀπεχόμενοι τοῦ συγγενοῦς, διαφυλάττωσι τὴν κοινωνίαν, ᾗ συνήργει πρὸς τὴν ἰδίαν ἑκάστου σωτηρίαν.

Il n'en demeure pas moins que l'analyse de Marx, ainsi que la recherche d'une solution du côté du naturalisme ontologique, trouve ici même sa limite : la justice a une origine naturelle, le fait que les hommes se rassemblent, mais l'analogie avec les atomes, outre le fait qu'elle est médiocrement attestée, n'est pas suffisante pour établir des règles de conduite personnelle, de légitimité politique et de régulation sociale. Il faut pour cela recourir à un autre principe qu'une loi de répulsion-attraction : il faut un accord sur des normes qui sont propres au groupe ou à la communauté concernée. En d'autres termes, le juste ne se définit pas en fonction des individus et leurs attitudes instinctives, mais de la communauté qu'ils forment et qui, en un sens, émerge de leur rassemblement.

Pris dans sa globalité, le fragment d'Hermarque cité par Porphyre [3] donne sur ce point de précieuses indications. Hermarque élabore une sorte d'histoire-type, une « généalogie » (γενεαλογία), qui explique comment les législateurs en sont venus, au nom de l'intérêt commun, à condamner le meurtre comme étant un acte sacrilège.

Le texte insiste sur la différence entre le cas des hommes et celui des animaux, Hermarque estimant qu'il est légitime et même, dans certains cas, nécessaire de tuer les animaux. Porphyre, en citant ce texte – à moins qu'il n'en livre en fait une paraphrase –, ne cherche pas à exposer pour elle-même la conception épicurienne de la justice politique. Son intention est avant tout de trouver un appui négatif à son éloge du végétarisme : le régime non carné a eu des adversaires, comme les stoïciens, les péripaté-

1. Hermarque, *ap*. Porphyre, *De abst.*, I, 10, 2.

2. Συστροφαῖς est proposé par Boyd (manuscrits : συντροφίαις) suivant la *MC* XXXIII d'Épicure.

3. Voir Long-Sedley 22 M-N ; Porphyre, *De l'abstinence,* I, 7-12 ; F. Longo Auricchio, *Ermarco, Frammenti*, Edizione, traduction et commentaire, Napoli, Bibliopolis, 1988.

ticiens et les épicuriens ; il s'agit ici de les réfuter. Il ne faudrait donc pas déduire de ce texte que le refus du végétarisme – et l'affirmation qu'il est licite de tuer les animaux – est un élément central de la doctrine épicurienne. C'est tout au plus un point particulier à l'intérieur d'une conception générale de la justice et de la façon dont s'organisent les communautés humaines.

Hermarque montre, dans un ordre de considérations beaucoup plus large, que les lois justes découlent des contrats que les hommes établissent entre eux, à l'intérieur de la « communauté » (κοινωνία). La loi interdisant de tuer ses semblables a un double fondement : « peut-être » une sorte « d'appropriation naturelle » des hommes les uns aux autres (I, 7, 1), mais aussi – et c'est là « la raison principale » – l'accord des membres de la communauté sur ce qui leur est utile (I, 7, 2). À un hypothétique sentiment naturel d'appropriation ou de proximité doit donc s'ajouter la notion de l'utile qui, dans la suite du texte, va constituer la clé de l'argumentation. C'est en effet le souci de l'utilité commune qui commande la genèse et le développement de l'état de droit. On perçoit déjà chez Hermarque la dimension graduelle du progrès humain tel que Lucrèce invitera à le concevoir deux siècles plus tard : le temps passant, le nombre des hommes s'accroissant dans chaque communauté, il devient progressivement impossible de s'en remettre au sentiment spontané de ce qui est utile à la communauté. C'est pourquoi les législateurs s'efforcent de raisonner, parmi leurs concitoyens, ceux qui peuvent l'être (I, 8, 2). Quant aux autres, ils ne peuvent les amener à se conduire avec justice qu'en instituant des châtiments et en associant la crainte à la désobéissance (I, 8, 3-5). À cela, s'ajoute l'obligation de procéder à des purifications en cas de meurtre (I, 9, 4). Les *Maximes capitales* d'Épicure, sur lesquelles je reviendrai plus loin, sont à l'origine de cette conception « contractualiste » du juste et de l'idée selon laquelle ce qui est utile à la communauté constitue le véritable critère du juste.

Par ailleurs, les communautés humaines sont menacées par les animaux sauvages prédateurs de l'homme (I, 10, 1), ainsi que par les populations d'animaux domestiques qu'on laisserait s'accroître sans limite (I, 11, 3-5). Aussi, puisque nous ne pouvons pas passer de contrat avec les animaux, étant donné qu'ils sont dépourvus de raison, nous ne pouvons étendre jusqu'à eux le domaine du juste. On a donc considéré qu'il était nécessaire en certaines circonstances, et par conséquent licite, de les tuer (I, 12, 5-6).

Le texte d'Hermarque montre bien le rôle que joue l'idée de communauté dans la conception épicurienne du juste et dans la part de conventionnalisme que cette doctrine doit assumer. Il révèle en effet que les institutions humaines peuvent être des déterminants spécifiques. La communauté, la *koinônia*, est à la fois le point de départ et la fin de la politique : elle est non seulement, comme cadre originel et raison d'être de l'utilité commune, le premier objet d'étude des anciens législateurs (I, 7, 1), et ainsi le critère du juste légal, mais aussi la fin des lois justes, ce qu'il faut avant toute chose préserver lorsqu'on les institue. Ce jeu entre l'invocation de l'origine et l'institution des règles nouvelles se traduit dans les discours que l'on tient au grand nombre. Une sorte de rhétorique politique de la commémoration de l'origine est dans ce cas légitime : les esprits les plus distingués, très probablement les premiers politiques, « rappelèrent aux autres citoyens d'où provenaient les rassemblements des uns avec les autres, afin qu'en s'abstenant de tuer leurs semblables, ils puissent préserver la communauté, qui contribue à la sauvegarde de chacun en particulier » (I, 10, 2). Il est frappant que le terme désignant « les rassemblements » mutuels soit συντροφία, c'est-à-dire un mot qui, s'il signifie la vie commune ou la société, renvoie également par paronymie, conformément au sens dominant du verbe συντρέφω, à l'idée de nourriture prise en commun, de croissance et d'élevage pour les animaux. Il s'agit donc de rappeler le principe naturel et en ce sens purement éthologique de l'association mutuelle, en vue de la préservation de la communauté.

Le texte d'Hermarque reprend ici un *topos* commun à différentes traditions littéraires et philosophiques : celui de la glorification de la cité actuelle par son origine, en association avec le thème de la nutrition primitive, comme dans le *Ménexène* de Platon, où Aspasie commence par rappeler que l'Attique a originellement été nourrie par une Terre maternelle avant que les dieux ne soient invités à organiser la vie en société et à enseigner aux hommes les arts et l'usage des armes [1].

Les épicuriens, pour leur part, excluent, comme on l'a vu, que les dieux nous aient enseigné quoi que ce soit. Les arts, en particulier, sont d'invention proprement humaine et leur découverte progressive n'est qu'une suite de l'apparition naturelle des premières sociétés, ainsi que le montre de manière parfaitement claire le chant V de Lucrèce. Ainsi, la foudre et l'embrasement naturel des branches d'arbres, par frottement, apportent d'eux-mêmes le feu, dans un processus purement spontané, que Lucrèce commente ainsi : « il se peut que le feu ait été donné aux hommes par ces deux moyens » (*quorum utrumque dedisse potest mortalibus ignem*) [2]. Il y a « don », mais il n'y a personne pour donner. Aucune intention généreuse ou salvatrice, qu'elle soit divine ou qu'elle passe par la ruse d'un Titan, comme Prométhée

1. Platon, *Ménexène*, 237b - 238b.
2. *DRN*, V, 1101.

dérobant aux dieux le feu et les techniques pour les transmettre aux hommes. De même, chez Diogène d'Œnoanda, toute idée d'une intervention divine dans la genèse des techniques est exclue par principe. Je rappelle le début du texte concerné :

> … fuyant les orages, ils eurent l'idée des maisons, et à partir de ce dont ils se servaient pour envelopper leurs corps, en les protégeant avec des feuilles, avec des herbes ou avec des peaux – car ils abattaient déjà les animaux –, ils se mirent à penser à des vêtements, pas encore tissés, mais sans doute en couches grossières, ou mis de quelque autre manière. Puis, le temps passant, ils conçurent, eux-mêmes ou leurs descendants, le métier à tisser. Il ne faut donc associer à aucune technique – ni à celles-là ni à aucune autre – ni Athéna ni quelque autre divinité, car ce sont les besoins et les circonstances qui, avec le temps, les ont toutes engendrées. [1]

La suite immédiate du fragment porte sur l'apprentissage collectif du langage et la genèse des langues, un point important dans la conception épicurienne du rapport à la nature, comme nous l'avons vu. Dans ce cas également, il est exclu que les dieux – Hermès, en l'occurrence – jouent quelque rôle que ce soit.

Revenons à l'organisation des sociétés. La *koinônia* politique, pour Hermarque, est à la fois la réponse spontanée que les hommes apportent au problème naturel de l'utilité collective et un objet d'améliorations progressives obtenues par le truchement de décisions proprement humaines. Pourtant, puisque chaque communauté définit ses propres conditions concrètes d'existence, se pose immanquablement le problème de la relativité des règles juridiques. Épicure affirme clairement qu'il n'y a pas de justice immuable et que les lois, bien que différentes selon les cités, peuvent être justes malgré tout :

> La justice n'est pas quelque chose en soi, mais, dans les rassemblements des hommes les uns avec les autres, en quelque lieu que ce soit, à chaque fois, un certain contrat en vue de ne pas se faire de torts et de ne pas en subir[2].

Quoi qu'il en soit, puisqu'il n'y a pas de justice une et immuable, étant donné qu'aucune justice effective ne préexiste au contrat (συνθήκη), les épicuriens doivent répondre positivement à l'aporie du relativisme juridique. Hermarque l'envisage du reste directement. Il s'oppose fermement au subjectivisme juridique et au relativisme des normes, en dénonçant l'idée

1. Fr. 12, Smith.
2. *MC* XXXIII.

selon laquelle la justice légale n'aurait d'autre fondement que des « suppositions particulières » (I, 12, 2), ce qui veut sans doute dire : des jugements relatifs au lieu et à l'époque. On distinguera donc deux points de vue, étroitement solidaires : le point de vue de la règle universelle, dictée par la nature même de toute association humaine, et le point de vue des considérations particulières, qui varient selon les circonstances. Pour Hermarque, le principe de l'utilité mutuelle, qui fait l'essence même du lien social, est valable pour toute communauté, tandis que certaines dispositions juridiques particulières dépendent « de la nature particulière de l'endroit » (I, 12, 4) et ne s'imposent pas à tous. Concernant l'attitude à adopter à l'égard des animaux, les lois relatives à leur consommation et leur destruction, parce qu'elles tombent hors du domaine où s'exercent les rapports contractuels, peuvent bien varier d'un pays à l'autre – sans s'imposer pour autant de l'un à l'autre (I, 12, 4) – mais rien n'interdit par principe que l'on tue les animaux.

Pour Épicure lui-même, ce qui est juste à un moment donné et dans une cité donnée ne l'est pas de manière purement arbitraire, mais par conformité à la prolepse du juste [1]. La prolepse, prénotion ou préconception du juste, est une notion spontanément produite par l'expérience – et distincte pour cette raison des opinions surajoutées par le jugement. Elle vaut à ce titre comme critère de vérité [2] et doit donc faire l'objet d'un assentiment général. Quel est cependant le contenu d'une telle prénotion, immuable en tant que telle par principe et pourtant sujette à variations dans le cas précis de la justice ? La réponse nous est encore une fois donnée par le rôle de la notion d'utilité dans les maximes concernées. Le juste se définit par référence à ce qui est utile, non pas absolument, mais pour la communauté en un temps et un lieu donnés. En ce sens, il est « commun », tout en étant susceptible de changer, selon les différences locales et les évolutions historiques de l'utile à la communauté. [3] Dire que le juste est *commun*, ce n'est pas le déclarer universel, mais le qualifier par rapport à une *communauté* donnée, dans laquelle des contrats ont été passés sur ce qu'il convient de faire ou non dans le domaine des relations mutuelles. Il n'en demeure pas moins naturel, puisqu'il se fonde en dernière instance sur l'utile, c'est-à-dire sur le contenu d'une prénotion qui nous est donnée naturellement. Ainsi, le besoin, qui préside à la conservation des communautés, est quelque chose de naturel, mais les modalités selon lesquelles chaque peuple subvient

1. *MC* XXXVII –XXXVIII.
2. DL, X, 33.
3. *MC* XXXVI.

à ses propres besoins dépendent de décisions et d'institutions proprement humaines.

Ainsi s'explique sans doute l'utilisation par Épicure de la difficile notion de « marque », « symbole » ou « garantie » (σύμβολον) dans la *MC* XXXI :

> Le juste selon la nature est la marque de l'utilité que nous trouvons à ne pas nous faire de torts réciproques ni en subir.

La formule est très elliptique. Certains commentateurs l'ont interprétée dans un sens conventionnaliste, considérant que le juste est avant tout un accord en lui-même non naturel et que la formule peut aussi vouloir dire, selon V. Goldschmidt « la nature du juste ». D'autres, à l'inverse, en ont souligné la connotation naturaliste, estimant qu'il s'agit du juste « par nature ». Il n'est pas certain, cependant, que telle soit la meilleure manière de poser le problème. Cette maxime n'a sans doute pas pour fonction de fonder une sorte de « droit naturel », et cela pour deux raisons. D'une part, elle ne formule qu'un principe minimal de coexistence plus ou moins pacifique et non pas une véritable norme permettant de définir la justice légale. D'autre part, elle implique que le juste n'a pas à être défini *a priori*, indépendamment de l'évaluation concrète de ce qui est utile à une communauté donnée. Il semble que seule l'expérience ponctuelle de l'utile – sans doute guidée par la sagesse des législateurs, comme le veut le texte d'Hermarque – permette de donner un corrélat objectif et, de ce fait, un contenu effectif à la prénotion du juste. Il est dès lors parfaitement logique que celle-ci, ainsi que les prescriptions juridiques qui en dérivent, tolère les variations, régionales et temporelles, qui caractérisent cette expérience.

On voit alors qu'inversement, au-delà ou en amont de ce contractualisme explicite, la conception épicurienne du juste est tout aussi bien, et fondamentalement, naturaliste. En rapportant ces variations à la préconception de l'utile, Épicure entrevoit le moyen de justifier, sinon tel ou tel type de régime politique, tout au moins certaines règles juridiques. Or si l'utile, parce qu'il se définit par la satisfaction des besoins vitaux, est le référent *naturel* du juste, alors le juste conforme à l'utile est tout à la fois conventionnel et conforme à la nature.

Du reste, les épicuriens semblent eux-mêmes varier dans leurs approches de l'universalisme politique. On trouve en effet des traces, sur l'inscription de Diogène d'Œnoanda[1], d'une véritable utopie politique décrivant une vie où les hommes seraient comme les dieux – littéralement : « la vie des

1. Fr. 56 Smith.

dieux passera chez les hommes » –, dans la justice et l'amour mutuel, sans avoir aucun besoin de lois ni de fortifications. On s'y livrerait à la philosophie et aux travaux agricoles, dans la limite de ce qui est utile à notre nature. Malheureusement, aucun autre texte épicurien ne donne d'indication complémentaire sur cet « âge d'or » à reconquérir. Sans doute faut-il le rattacher au cosmopolitisme qui transparaît dans certains fragments de Diogène d'Œnoanda. Il dédie en effet son inscription, non seulement à ses concitoyens, mais aussi aux étrangers de passage, avec lesquels nous partageons une même « demeure » :

> …nous ne l'avons fait pas moins pour ceux que l'on dit étrangers, mais qui en réalité ne le sont pas. Car si l'on considère chaque section de la Terre, à tel peuple appartient telle patrie, mais si l'on considère l'étendue globale de ce monde-ci, la Terre entière est une seule patrie pour tous et le monde, une seule maison [1].

Pour Diogène, ce qui compte, ce n'est ni la nature physique des individus ni leur naturel ethnique, mais le type de relations qu'ils entretiennent au sein d'un type de communauté donné. Hermarque ne paraît pas souscrire à l'idée de cité cosmique, mais, toujours en s'appuyant sur l'orientation fixée par les maximes d'Épicure, il donne une clé intéressante pour donner sens à cette forme de cosmopolitisme. Au-delà des situations particulières et du devenir historique des cités, il fait apparaître à la fois une structure d'existence et un critère du juste. Leur origine est naturelle mais leurs effets ne sont déjà plus assimilables à des phénomènes naturels *stricto sensu*, parce qu'ils découlent de la raison humaine, tout en demeurant communs à toutes les cités : cette structure, que l'on pourrait dire, encore une fois, « émergente », c'est la communauté, et le critère ou la norme, ce qui est utile à cette dernière.

Comme je l'ai dit toutefois à propos de la *Maxime* capitale XXXI, nous restons sur notre faim si nous attendons des textes conservés qu'ils nous éclairent précisément sur le type de normes sociales et juridiques ou sur la nature du régime politique qu'il conviendrait d'instituer. Pour Épicure, en effet, comme pour Hermarque, le critère du juste est donné par la communauté dans laquelle, et pour la préservation de laquelle, telle ou telle loi est instituée par accord contractuel. Les textes d'Épicure semblent se contenter d'énoncer un principe, une condition globale de réalisation de la justice [2]. On peut néanmoins supposer que, le sage n'ayant pas à se

1. Fr. 30 Smith.

2. Sans doute s'agit-il d'un contrat tacite, comme l'avait suggéré Philippson, « Die Rechtsphilosophie der Epikureer », art. cit.

charger du bien commun et des affaires publiques, Épicure ne se donne pas pour tâche personnelle de définir la forme exacte que doit prendre l'accord entre les citoyens.

À l'opposition rigide de la nature et de la convention, les épicuriens substituent donc la distinction, et l'articulation, d'un principe commun – la préconception naturelle du juste comme étant ce qui est utile à la communauté – et d'une situation particulière et concrète, celle de la communauté où l'on passe contrat. La nature, en tout état de cause, ne gouverne pas les cités : elle fixe les limites générales – celles de l'utile collectif – dans lesquelles l'action est possible, tandis que les réalisations de la raison que sont les institutions établissent les normes, ou limites concrètes, qui valent dans des circonstances particulières données.

Dans ces conditions, une approche réductionniste a peu de chance d'atteindre le cœur même de la politique épicurienne. Il est d'ailleurs douteux que les épicuriens se soient sentis engagés par l'exigence de systématicité que l'on applique aujourd'hui au réductionnisme et qu'ils auraient pris goût aux discussions actuelles sur le problème que pose leur « physicalisme » supposé. Il est incontestable qu'au livre XXV du *Peri phuseôs* Épicure confronte sa propre question de la liberté de l'agent aux exigences du réductionnisme, se demandant notamment si nos propres productions ou « développements psychiques » personnels peuvent s'expliquer en termes de propriétés et mouvements atomiques. Cependant, je ne pense pas qu'en tous lieux où il traite de l'agir humain, Épicure se sente comptable devant la physique des atomes. En d'autres termes, Épicure n'est pas nécessairement « émergentiste », non pas parce qu'il serait en fait un pur réductionniste ni même un réductionniste modéré, mais bien plus simplement parce qu'il ne semble pas croire que sa doctrine s'écroulerait dans le cas où elle ne parviendrait pas à faire coïncider, en tous points et en toutes occurrences, la physique des atomes avec l'analyse des motivations humaines. Pour revenir à la question du droit, il est assez probable que la communauté soit un effet dérivé de ce qui se passe au niveau atomique, mais il est également vrai que le critère de « l'utile à la communauté » remplit sa fonction de norme indépendamment de toute thèse réductionniste concernant la *matière* de la communauté.

Renoncer au réductionnisme, pour qualifier la conception épicurienne des institutions humaines, ce n'est pas en tout cas renoncer à l'idée de « naturalisme », pour autant qu'on en fasse un usage critique et contrôlé. On doit en effet distinguer entre un strict naturalisme ontologique – assimilable en fait au réductionnisme – et le naturalisme *pratique* effectivement exprimé dans les textes d'Épicure. Ce naturalisme pratique, parce qu'il consiste à identifier des normes de conduite et non pas à décrire des natures physiques non altérées, non élaborées et auxquelles il faudrait « réduire » les activités humaines, obéit d'abord aux exigences de l'action. Comme tel, il doit incorporer des éléments de culture ou de convention, puisque c'est aussi en fonction de conventions, œuvres progressives de la raison, que les hommes agissent et vivent. Ils le font cependant « par nature », et cela sous deux points de vue : tout d'abord parce qu'ils se réfèrent, que ce soit spontanément ou par discipline morale, aux affections de plaisir et de peine, les critères naturels d'action selon la canonique épicurienne ; ensuite, parce qu'en faisant usage de la raison dans la détermination de la conduite, c'est encore une faculté naturelle qu'ils exercent. La perspective physique, ou ontologique, n'est donc pas éliminée : les humains ne s'affranchissent jamais complètement des lois naturelles – que ce soit individuellement ou collectivement. Lucrèce le rappelle lorsqu'il invoque les « pactes de la nature », les *foedera naturae*, auxquels les hommes oublient de se plier lorsqu'ils refusent d'admettre le caractère inéluctable de la mort. Il est donc parfaitement légitime, en ce sens, de vouloir identifier une *matière* de la cité épicurienne, des lois générales d'association qui agissent de manière souterraine et qui déterminent au moins partiellement les conduites collectives. C'est toutefois une autre forme de naturalisme qui se traduit dans la pratique, en fonction de situations concrètes qui dépendent nécessairement pour partie des institutions humaines. L'utilité commune est le véritable critère des conventions légales.

En d'autres termes, une communauté politique, c'est un rassemblement physique d'individus, mais pas seulement. Il faut précisément reconnaître aux épicuriens le mérite d'avoir identifié, dans la communauté des hommes réunis en vue de leur utilité commune, une totalité qui n'est pas réductible à ses composants.

LUCRÈCE ET LES PATHOLOGIES SOCIALES

C'est toutefois dans le poème de Lucrèce que l'attention à la société et aux faits qui lui sont propres est la plus nette. Pour analyser la nature de cet intérêt, repartons du thème du « vivre caché », dont j'ai déjà rappelé plus haut l'importance.

Comme on l'a rappelé, la fameuse exhortation d'Épicure au « vivre caché » invite, au moins à première lecture, à se désintéresser de la politique.

De fait, l'épicurisme marque fortement l'opposition entre, d'un côté la vie *politique*, qu'il s'agisse de la vie en cité ou de celle de l'homme politique, et de l'autre le retrait dans une sphère de relations humaines plus sûres pour la tranquillité de l'âme, et principalement régie par l'amitié. Diogène Laërce précise que le sage épicurien, en plus d'un certain nombre d'abstentions, « ne s'occupera pas non plus de politique » (οὐδὲ πολιτεύσεσθαι)[1]. Il est également vrai, cependant, que les épicuriens ont manifesté un réel intérêt pour la politique et les conditions d'institution de lois justes, contrairement à ce que pourraient laisser croire les critiques et les accusations d'incivisme qui leur ont été adressées dans l'Antiquité par Cicéron, Plutarque, ou encore Épictète. Les tendances actuelles de l'interprétation, je l'ai signalé, soulignent à juste titre que l'épicurisme a sur ce point une position contrastée[2]. Comme nous l'avons vu, les maximes XXXI-XXXVIII d'Épicure sur le juste, la généalogie des sociétés humaines par Hermarque, ou encore les observations de Diogène d'Œnoanda sur la justice et l'affirmation par ce dernier que « la Terre est une seule patrie pour tous » renforcent cette lecture par des biais divers[3].

Quoi qu'il en soit, le statut de la réflexion sur la politique dans l'épicurisme est loin d'être clair. D'un côté, l'existence d'une philosophie générale du fait politique, d'une réflexion sur les principes de la vie commune dans un cadre légal, est bien attestée. De l'autre, les textes conservés permettent difficilement de reconstituer ce qui aurait pu être une philosophie politique technique, éventuellement normative, traitant de la manière d'organiser la cité et les pouvoirs. Il est ainsi frappant de constater que les épicuriens semblent être restés muets sur la question des constitutions et sur leurs préférences en matière de type de régime politique. On peut difficilement considérer que le traité de Philodème ayant pour titre *Le bon roi selon Homère* témoigne d'une préférence nette pour la monarchie. Ce texte entre probablement dans le genre des écrits de court, des adresses bienveillantes aux puissants et ne peut donc valoir comme un traité politique au sens strict[4]. La *MC* VI d'Épicure, que l'on pourrait encore invoquer sous ce

1. DL, X, 119.

2. Voir par exemple, dans la littérature récente : G. Roskam,« *Live unnoticed* », *op. cit.* ; E. Brown, « Politics and Society », art. cit. ; J. Fish, « Not all Politicians are Sisyphus : What Roman Epicureans were taught about politics », *in* J. Fish, K. Sanders (eds.), *Epicurus and the Epicurean Tradition*, Cambridge, Cambridge University Press, 2011, p. 72-104.

3. L'épicurien Colotès se montre tout aussi favorable à l'établissement des lois et des différentes formes de gouvernements constitutionnels, en vue de garantir la sécurité et la tranquillité ; Plutarque, *Contre Colotès*, 1124 D.

4. Voir en ce sens les observations de T. Dorandi, *Filodemo. Il buon Re secondo Omero*. Edizione, traduzione e commento, Napoli, Bibliopolis, 1982, p. 33-47.

chapitre, est quant à elle passablement équivoque : « Pour être en confiance à l'égard de ce qui vient des <autres> hommes, c'est un bien selon la nature que celui du pouvoir et de la royauté, pour autant que l'on puisse en tirer une telle confiance. »

Qu'en est-il chez Lucrèce ? Peut-on parler d'une « politique » lucrétienne, et si tel est le cas, de quel type de politique ? Pour le dire dès à présent, mes conclusions seront globalement négatives. Significativement, Lucrèce dit peu de choses du fait politique en général, donnant à peine écho aux maximes d'Épicure sur le *dikaion*, et il est moins encore intéressé – en tout cas en tant qu'auteur du *DRN* – par la question de l'organisation des pouvoirs et des cités. De ce point de vue, et malgré les nuances qu'on devra apporter à cette appréciation, il me paraît fidèle à la tradition de méfiance à l'égard de la vie publique et des charges politiques. Ce qu'il dit du fait politique, sur ses dangers ou sur la genèse des sociétés au chant V, montre que le thème politique n'est pas absent du poème, mais ces indications traduisent avant tout une préoccupation éthique et thérapeutique concernant les aspects pathologiques de la vie en société. C'est donc dans le cadre d'une réflexion sur les relations humaines en général, et non pas dans la perspective d'une théorie positive de l'organisation de la vie en cité qu'il convient, sans aucun doute, de caractériser l'attitude de Lucrèce à l'égard de la politique.

Je commencerai par repérer les éventuels indices d'une réflexion sur le fait politique, avant de considérer les textes plus précisément consacrés à la critique de la vie et du pouvoir politiques, pour mettre l'accent dans un second temps sur les pathologies sociales en prenant deux exemples : la question des relations « amoureuses » au sens large et celle des épidémies au chant VI. Cette analyse entend livrer des arguments supplémentaires en faveur de la thèse d'une reprise implicite par Lucrèce du thème du « vivre caché » : Lucrèce voit dans les pathologies sociales, plus encore que dans la politique elle-même, le principe des maux qui affectent les relations humaines. Les vices propres à l'exercice politique, notamment la recherche effrénée du pouvoir, n'en sont pas moins graves, mais ils ne font que traduire un mal plus radical.

Partons du début du poème. L'évocation de la guerre et la possible allusion aux temps troublés qui précèdent l'époque supposée de rédaction du *DRN*, « un temps où la patrie subit la tourmente »[1], semblent contenir une critique implicite de la politique romaine[2]. Venant après l'apparition

1. *DRN*, I, 40-41.

2. Pour une synthèse de la question, voir A. Schiesaro, « Lucretius and Roman Politics and History », *in* S. Gillespie, Ph. Hardie (eds.), *The Cambridge Companion to Lucretius*,

de Mars, dont l'impétuosité belliqueuse s'apaise dans l'étreinte avec Vénus [1], ce vers allusif signale, plus généralement, l'inévitable corrélation de la politique et de la guerre, qu'elle soit civile ou extérieure. Ce passage annonce sans doute le début du Chant II, le fameux *Suave, mari magno…*, où l'on observe de loin, à l'abri d'un séjour tranquille, l'agitation et les malheurs des hommes, en particulier la guerre et les champs de bataille (II, 5), ultime manifestation de la violence propre à l'exercice du pouvoir politique.

Il est également vrai que l'on peut déceler, dans le même passage du Chant I, des allusions à la politique qui ne sont pas nécessairement critiques. Ainsi, Jeffrey Fish a invité à reconnaître un message politique positif dans l'épicurisme romain, repérant dans le *DRN* plusieurs indices de l'acceptation d'une politique légitime, parmi lesquels la mention des activités de Memmius, le destinataire du poème. De fait, Lucrèce reconnaît la légitimité et l'importance des devoirs publics de la descendance des Memmius (I, 43).

Cependant, ces messages supposés en faveur d'une action politique légitime restent très indirects. La question de la justice politique ne fait pas l'objet d'une analyse systématique, ni même simplement continue, mais plutôt de métaphores et de remarques formulées comme *en passant*. De fait, le *DRN* ne donne pas d'indications nettes permettant de dire si Lucrèce a pris position sur la nature du contrat qui devrait réunir les membres d'une communauté politique juste. Il indique simplement, dans le cours de la généalogie des sociétés humaines au chant V (v. 1025-1027), que l'observation des premiers « pactes » (*fœdera*) régissant la vie en commun a préservé l'espèce humaine de la destruction. Le propos, à cet endroit du récit anthropologique de Lucrèce, est manifestement descriptif, et non normatif. L'apparition de ces règles (minimales et sans doute non-écrites) n'empêche pas la dégradation des relations civiles, et elles s'avèrent à terme insuffisantes, puisqu'il faudra de nouvelles institutions, proprement juridiques cette fois, pour prévenir les violences en suscitant la peur du châtiment (V, 1137-1160). Par ailleurs, le *DRN* nous dit très peu sur les conditions de réalisation d'une cité juste. Il est significatif que l'évocation des « pactes » susceptibles d'organiser la vie commune, alors même qu'elle pourrait sembler faire écho au « contrat » des maximes capitales d'Épicure – ou de la généalogie d'Hermarque – n'est pas ici reliée au principe de l'utile à la communauté, qui caractérise le *dikaion* chez le Maître du Jardin.

Cambridge, Cambridge University Press, 2007, p. 41-58. Voir également J. Fish, « Not all Politicians are Sisyphus : What Roman Epicureans were taught about politics », art. cit.

1. *DRN*, I, 31-40.

La différence est donc très notable par rapport à la tonalité positive des maximes d'Épicure consacrées aux règles de droit, où le contrat est la condition d'une justice politique réelle. Rappelons qu'Épicure esquisse, dans les maximes XXXVII-XXXVIII, une réflexion originale sur l'adaptation des lois aux variations de l'intérêt commun : ce qui est juste à un moment donné ou pour une communauté donnée peut ne pas l'être à un autre moment ou dans une autre communauté, si l'utile à la communauté varie dans le temps ou dans l'espace. Épicure prône en ce sens une sorte de particularisme politique – ce qui n'est pas la même chose qu'un relativisme qui exclurait toute norme stable –, en vertu duquel les changements dans les règles de droit sont légitimés par les circonstances singulières qui font l'utilité collective présente. Chez Lucrèce, dans le récit du chant V, le changement historique n'est évoqué que dans la perspective d'une lente et inéluctable dégradation des conditions de la vie humaine.

Les critiques adressées à la politique sont en réalité bien plus nettes que les mentions censément plus favorables. Deux thèmes doivent en priorité retenir l'attention : (a) l'ambition insatiable de l'homme politique (III, 995-1002), et (b) l'inéluctable dégénérescence de la vie commune à cause de l'appétit de pouvoir (V, 1122-1160).

(a) Lucrèce rappelle à propos la figure mythologique de Sisyphe (III, 995-1002), pour dépeindre le politicien qui aspire sans cesse au pouvoir sans jamais l'obtenir. J. Fish, dans son article déjà cité, fait observer, non sans raisons, que ce n'est pas nécessairement le pouvoir, l'*imperium* lui-même, qui est « vain » ou « vide » (*quod inanest*), mais l'attitude de celui qui y prétend sans parvenir à y renoncer. On comprendra dès lors que, si l'*imperium* est lui-même vain, c'est en tant qu'il est (faussement) perçu comme une fin absolue, comme quand, conduit par des désirs vains, on recherche le luxe pour lui-même. Dans les deux cas, ce n'est pas le pouvoir politique que critiquerait Lucrèce, mais le *rapport* que certains prétendants aux charges publiques entretiennent avec le pouvoir, à cause de leur excès d'ambition.

À cette analyse, subtile et étayée, j'objecterai cependant que la dimension critique de la comparaison avec Sisyphe est annoncée au début du chant III, quand Lucrèce montre que la recherche du pouvoir et des honneurs est directement liée à la cupidité et au crime, sous l'impulsion de l'envie, elle-même motivée par une peur irrationnelle. L'acte injuste trouve sa cause immédiate dans la cupidité. Ce sont d'abord « les envies et le désir aveugle des honneurs » (*avarities et honorum caeca cupido*), dit Lucrèce, qui « poussent à outrepasser les limites du droit » (*cogunt transcendere fines juris*)[1]. En un sens, la politique engendre elle-même sa propre destruction : la recherche des honneurs subvertit le droit. La fin de la période paisible de l'existence des premiers hommes est d'ailleurs marquée par l'irruption de l'*invidia*, c'est-à-dire de la rivalité pour le pouvoir et les honneurs[2]. Ce sont ainsi les opinions vides sur les honneurs et sur les plaisirs qui constituent les causes prochaines des actes injustes. Il semble toutefois que ces derniers découlent de motivations plus profondes, plus radicales encore que la cupidité. Cette cause éloignée du crime est en fait la peur, ainsi que Lucrèce l'indique dans le passage du Chant III (vers 59-93). La peur de la mort inspire indirectement le crime et la cupidité, car on croit à tort que la pauvreté ou le mépris social, s'opposant à une vie agréable, mettent fin à la vie *tout court*, alors qu'ils ne produisent qu'un relatif inconfort. Au chant V, la dégradation de la vie commune a pour origine le même dispositif passionnel, qui unit indissociablement richesse et pouvoir : c'est en voulant être à la fois riches et puissants (V, 1120-1136) que certains conduisent l'humanité à sa perte. On peut donc suivre Fish pour préserver l'*imperium* lui-même de critiques qui s'adresseraient en fait aux ambitieux[3] ; il n'en demeure pas moins que le contexte incite fortement à se détourner d'un domaine d'activité qui, de manière au minimum tendancielle, fait obstacle à la tranquillité et incite aux désirs illimités.

De fait, la quête de pouvoir est envisagée dans un contexte fondamentalement passionnel, où prédominent les désirs vains, c'est-à-dire illimités. Ses mobiles, bien loin du « salut commun » évoqué dans le prologue du Chant I, sont donc sans rapport avec le service de la chose publique et, plus précisément, avec le critère de l'utile à la communauté auquel, selon Épicure, on reconnaît les lois justes.

(b) Plus nettement encore, Lucrèce suggère à plusieurs reprises, sinon de manière insistante, à quel point les institutions sociales sont fragiles et leur dégénérescence inéluctable. A. Schiesaro a montré, de manière très convaincante, que la cité lucrétienne est d'autant plus exposée à la destruction que le monde dans lequel nous vivons, dont elle n'est qu'un sous-ensemble

1. III, 59–60.

2. Voir V, 1126-7, où *invidia* apparaît deux fois, en anaphore, au début de chacun des deux vers.

3. J. Fish, « Not all Politicians are Sisyphus : What Roman Epicureans were taught about politics », art. cit., p. 81 : « on any acceptable construal of *imperium*, the passage cannot be read as a prohibition of politics tout court. Rather, it satirizes the destructive desire for prestige and power. » Sur la peur pathologique entendue comme passion radicale ou basique, dont dérivent la plupart des autres états passionnels, je renvoie à P.-M. Morel, « La peur, passion radicale. Sur l'économie des passions chez Lucrèce », *Elenchos*, 39 (2), 2018, p. 281-299.

particulièrement fragile, est lui-même voué à destruction[1]. Il oppose également à la vision lucrétienne du caractère éminemment transitoire des institutions politiques, l'idéologie dominante – perceptible dans le *De Republica* de Cicéron – de la Rome éternelle, qui plonge ses racines dans le *mos maiorum*, les lois et coutumes ancestrales, et qui permet à l'*Urbs* de jouir d'une immortalité qui la rend invulnérable aux dissensions.

Le passage du chant V sur la vie commune et la dégradation des sociétés est clairement pessimiste. L'évolution des modes de vie commune, depuis les rencontres fortuites de l'état primitif jusqu'aux sociétés policées, font que les hommes s'éloignent progressivement des premiers élans de la nature, qui les instruisait initialement des dangers encourus et des ressources qu'elle mettait à leur disposition. Tout à l'inverse de ce que suggère la conception aristotélicienne de « l'animal politique », rien ne pousse l'être humain à vivre en société, sinon les circonstances, et aucun plan de la nature ne vient guider le développement de la vie commune[2]. Après le renversement des rois, l'état civil qui s'institue, outre qu'il naît de la guerre civile, n'instaure qu'un régime de crainte, puisque la peur du châtiment affaiblit les avantages de l'existence (V, 1152). C'est en effet la crainte qui semble alors régir les relations entre les hommes, ainsi que la vie intérieure du plus grand nombre.

Les institutions sociales et politiques jouent donc chez Lucrèce un rôle fondamentalement ambigu : tout en étant nécessaires à la préservation des hommes, elles favorisent la discorde et le trouble intérieur en suscitant de nouvelles craintes et, pour qui est animé par une ambition de pouvoir, des désirs illimités. Cela ne veut pas dire que les institutions politiques soient mauvaises par principe : les lois ne sont pas un mal en soi, mais elles ne se conçoivent ici – dans la perspective génétique du développement humain – que dans l'opposition à la vie des premiers hommes, qui n'était pas réglée par des rapports de pouvoir ou par des contrats. La rupture du moment juridique marque, de fait, un point de non-retour dans l'histoire de l'humanité. Il apparaît donc que, pour Lucrèce, l'organisation politique, le pouvoir et les lois semblent condamnés à s'éloigner de la nature et à dégénérer.

On comprend ainsi que D. Fowler, dans un article fondamental sur ce dossier, se soit montré particulièrement dubitatif sur l'éventuelle dimension positive d'une politique lucrétienne, estimant que le message du poème concerne avant tout le salut individuel. Il s'agit, à ses yeux, d'une conception

1. A. Schiesaro, « Lucretius and Roman Politics and History », art. cit., p. 41-43.

2. Comme le dit très clairement J. Kany-Turpin, « Notre passé antérieur prophétisé? Lucrèce, *De rerum natura*, V, 925-1457 », *Anabases* 3, 2006, p. 155-171, « l'homme, vu par Lucrèce, est tout au plus un animal sociabilisé, il n'est pas un animal politique » (p. 169).

réaliste et sceptique des institutions sociales, « a realistically sceptical view of social institutions »[1]. G. Roskam, dans son étude de référence sur le « vivre caché » épicurien, a rejoint et même amplifié le verdict négatif de Fowler concernant une éventuelle politique positive dans le poème de Lucrèce. La clé de l'attitude de Lucrèce, comme l'estime Roskam à juste titre, est à chercher dans la prudente invitation du chant V : mieux vaut « obéir paisiblement » (*parere quietum*) plutôt que vouloir dominer le monde et diriger des royaumes[2].

Pour apprécier le sens véritable des observations de Lucrèce sur la politique, il convient toutefois de les relier à ce qui fonde et motive les agissements des hommes politiques et les conduites collectives. Les exemples précédemment évoqués de l'ambition politique et de la dégradation des relations humaines ont en effet montré que les causes profondes des méfaits de la politique et de la vie civile devaient être recherchées dans les pathologies relationnelles ou sociales, c'est-à-dire dans des troubles psychiques qui affectent directement les interactions humaines. Il est en effet assez frappant de constater que le progrès humain, dès lors qu'il accède à un certain niveau d'organisation politique, produit fatalement des effets pervers générateurs de conflits, collectifs et intérieurs. La description du fait politique, succincte et schématique, a donc moins pour objet d'analyser la nature des institutions juridiques et politiques, ainsi que leur éventuelle aptitude à réaliser la justice, que de souligner le danger des pathologies sociales.

Pour l'illustrer, considérons les deux cas emblématiques que j'ai signalés : le rapport entre les situations politiques et les relations amoureuses ; les maladies du corps social, au chant VI.

Commençons donc par la passion amoureuse et la sexualité primitive. Sans qu'il soit ici besoin d'ouvrir l'ensemble du dossier complexe que constitue la question de la sexualité et de la relation amoureuse dans l'épicurisme[3], on notera que, d'Épicure à Lucrèce, la passion amoureuse est présentée, explicitement ou implicitement, comme une émotion en

1. D. Fowler, « Lucretius and politics », *in* M. Griffin, J. Barnes (eds.) *Philosophia togata*, Oxford, Oxford University Press, 1989, p. 120-150 ; p. 147.

2. *DRN*, V, 1129-1130. Voir G. Roskam, « Live unnoticed », *op. cit.*, p. 97, et, sur l'ensemble de la question politique chez Lucrèce, p. 86-99.

3. Sur ce point, on se référera en premier lieu à l'étude fondamentale de R. D. Brown, *Lucretius on Love and Sex*, *op. cit.*, ainsi qu'à L. Landolfi, *Simulacra et pabula amoris. Lucrezio e il linguaggio dell'eros* (Testi e manuali per l'insegnamento universitario del latino, 127), Bologna, Pàtron Editore, 2013. Pour une synthèse récente, je renvoie à P.-M. Morel, « Sexe, amour et politique chez Lucrèce », *Philosophie antique* 19, 2019, p. 57-84, où je développe en particulier la question du rapport entre la politique, la sexualité et l'amour passionnel dans le poème de Lucrèce.

quelque sorte « asociale », et cela pour deux raisons. En premier lieu, si l'on se fonde sur les textes d'Épicure et d'Hermarque déjà mentionnés, l'amour en général – qu'il s'agisse de l'accouplement, de l'affection conjugale ou de la passion amoureuse pathologique – ne contribue pas à la sociabilité organisée, pas plus qu'il ne participe à la réalisation du juste, La relation amoureuse, de ce point de vue, est au moins « asociale » au sens où elle est socialement sans effets positifs notables. Cette situation contraste fortement avec la perspective stoïcienne, selon laquelle la structure conjugale ou, si l'on pense à la *République* de Zénon de Cittium, une forme d'attachement à la fois érotique et social, constituent le premier des cercles concentriques qui conduisent à la sphère cosmique ultime[1]. En second lieu, l'évolution passionnelle du sentiment amoureux, telle qu'elle est décrite dans le chant IV, a pour effet d'éloigner les individus les uns des autres, non seulement parce qu'elle établit en fait une relation pathologique entre l'amant et l'objet de son attirance, mais aussi parce qu'elle dissout les liens civils et moraux. La passion amoureuse conduit à un désordre non seulement psychique, mais aussi économique, éthique et politique. L'amant, note Lucrèce, dilapide ses biens et néglige ses *officia*[2]. Il est difficile de savoir ce que Lucrèce entend ici par ce dernier terme : les *officia* peuvent être les obligations morale ou sociales au sens large, mais aussi les devoirs liés à une charge politique. Dans tous les cas, il y a une claire antinomie entre la passion amoureuse et les règles établies de la vie sociale.

À un autre niveau d'analyse, on observe toutefois que le rapport entre la relation amoureuse et la politique est, à la fois, négatif et essentiel. Pour observer ce phénomène, il faut revenir à la généalogie des sociétés humaines au chant V. Elle confirme en premier lieu qu'il n'y a pas de véritable continuité entre l'accouplement spontané et la constitution des liens affectifs puis des rapports sociaux. Il s'agit bien plutôt d'une succession hasardeuse d'étapes accidentelles.

1. M. Nussbaum, *The Therapy of Desire* : *Theory and Practice in Hellenistic Ethics*, Princeton, Princeton University Press, 1994, a voulu voir une continuité entre les premières unions naturelles et la construction de la cité; elle considère également que le mariage, brièvement évoqué semble-t-il par Lucrèce à la fin du chant IV (v. 1278-1287), est la meilleure option face à la passion amoureuse et qu'il participe à la constitution des liens civils. Comme on va le voir, cette lecture stoïcisante trouve bien peu d'appui dans le texte du *DRN*. Pour une critique de cette interpretation, voir A. Gigandet, « Lucrèce et l'amour conjugal. Un remède à la passion ? », dans B. Besnier, P.-F. Moreau, L. Renault (éd.), *Les passions antiques et médiévales*, Paris, P.U.F., 2003, p. 95-110; L. Landolfi, *Simulacra et pabula amoris. Lucrezio e il linguaggio dell'eros, op. cit.*, p. 191-203.

2. *DRN*, IV, 1121-1132.

Au début de la reconstruction du chant V (v. 925-1010), Lucrèce invite d'abord à se représenter la vie en quelque sorte pré-pastorale des premiers hommes :

> Le bien commun (*commune bonum*), ils ne pouvaient l'envisager, et rien, ni coutume ni loi, ne réglait leurs rapports. Ils saisissaient toute proie que le hasard leur offrait, ayant appris à vivre et prospérer chacun pour soi. Et Vénus dans les bois unissait les corps des amants. Nulle qui ne cédât au désir partagé, ou à la vive violence et à l'élan de l'homme en rut, ou au gain, arbouses, baies et poires choisies [1].

Trois points méritent ici d'être observés :

(a) Les premiers hommes mènent la vie des bêtes et ne connaissent pas les techniques ; leur préservation est garantie par la nature. Ils pratiquent la chasse et la cueillette (v. 966-972).

(b) Ils ignorent le « bien commun » (v. 958) ; il n'y a « pas de coutumes ni de lois » qui organisent la vie commune. Ils sont essentiellement instruits par le hasard (*fortuna* – v. 960), par le spectacle de la nature (v. 961) et par l'expérience et l'habitude (v. 977). De fait, dans la description lucrétienne des "progrès" de l'humanité, prédominent le hasard et les circonstances [2], comme en témoigne, parmi d'autres exemples, la découverte fortuite de l'usage du feu grâce à la chute de la foudre (V, 1091-1107).

(c) Le désir sexuel réciproque ne représente que l'un des motifs possibles d'association entre les individus (v. 962-963). L'accouplement peut aussi bien être le fait de la contrainte ou de la vénalité.

On ne trouve donc, à ce stade précis, aucun principe d'une sociabilité positive, d'une vie commune organisée qui se construirait progressivement selon un procès continu. L'union des partenaires sexuels est une association pré-sociale, qui contraste explicitement avec l'association fondée sur le « bien commun », censé régir les communautés organisées et, plus tard, les cités. À ce stade, chacun vit « pour soi, selon sa propre décision » (V, 961). L'embryon d'échange que représente au vers 965 la promesse d'un *pretium* en contrepartie de faveurs, n'est pas ici présenté comme un germe d'organisations sociales plus complexes : il s'agit d'un commerce très rudimentaire, sans détermination de la valeur de ce qui est échangé, et sans lendemain.

1. *DRN*, V, 958-965.

2. Comme le montre A. Schiesaro, « Lucretius and Roman Politics and History », art. cit., p. 45, qui qualifie le récit de l'évolution des sociétés de « *rigorously non-teleological and non-linear account* ».

On trouve un argument indirect en faveur de cette lecture discontinuiste dans la description de la première alternative à la passion amoureuse, à savoir la relation sans attache symbolisée par la Vénus volage. L'évocation qu'en fait Lucrèce, en analogie avec le chant V, rappelle que l'union naturelle des sexes, telle qu'on peut l'observer chez les animaux et chez les hommes, ne repose originellement sur aucun autre principe que le « plaisir commun » (*communis voluptas*) ou la « joie mutuelle » (*communa gaudia*; *mutua gaudia*) (IV, 1195-1208; V, 854). Les hommes primitifs, on l'a dit, ne connaissent pas le bien commun (*commune bonum* – V, 958). Il y a bien, dans l'amour libre comme dans certaines unions primitives ou animales, quelque chose de « commun », mais il ne s'agit pas d'une valeur sociale ou politique : c'est simplement le désir de s'accoupler ou le pur plaisir physique, c'est-à-dire un bénéfice strictement naturel. L'opposition entre le bien commun « publique » et le bénéfice commun « physique » n'est sans doute pas ici suggérée par hasard : le terme *communis* apparaît trois fois dans le passage du chant IV sur la réciprocité du désir et du plaisir. Le plaisir commun n'est pas dépourvu d'une certaine violence, mais celle-ci doit sans doute être perçue comme naturelle, par opposition à la violence contre nature de l'amour passionnel : « leur proie, ils l'étreignent à lui faire mal, morsures et baisers lui abîment les lèvres » (IV, 1079-1080). En d'autres termes, la forme de relation physique la moins socialisée, celle qui se rapproche le plus des amours absolument apolitiques des premiers humains, est aussi celle qui préserve le mieux les individus de l'iniquité et de l'aliénation.

Revenons à l'histoire de l'humanité dans le chant V. Dans un deuxième temps (*inde* : V, 1011) [1], une fois que s'est établie une union plus constante entre l'homme et la femme (*et mulier conjuncta viro*) [2], l'habitat conduit à la première forme de sociabilité organisée. Apparaît alors une forme d'amitié – non pas celle des sages épicuriens mais une *amicitia* de simple association – ainsi que le souci de protéger les plus faibles. Puis, viennent les premiers « pactes » (*fœdera*) nécessaires à la préservation de l'humanité (v. 1025-1027). Rien n'empêchera ensuite, comme je l'ai signalé plus haut, la dégradation des relations sociales et la guerre civile (v. 1120).

On mesure à cette occasion les limites de toute lecture « primitiviste » des premières phases du récit anthropologique du chant V, qui ne traduisent

1. Comme le montre K. A. Algra, « Lucretius and the Epicurean Other. On the Philosophical Background of *DRN* V. 1011-1027 », *in* Algra K. A., Koenen M. H., Schrijvers P. H. (eds.), *Lucretius and his Intellectual Background*, Amsterdam, North Holland, Verhandelingen der Koniklijke Akademie van Wetenschappen, 1997, p. 141-150.

2. *DRN*, V, 1012.

en fait aucune nostalgie d'un éventuel « état de nature ». En se conformant à la nature et en vivant selon les préceptes d'Épicure, on ne revient pas à une nature originelle, mais on vit selon une nature reconstruite ou retrouvée par la médiation de la raison. Le naturel, pour les épicuriens, ce n'est pas l'originel.

Inversement, il est très clair qu'aux yeux de Lucrèce, dans les toutes premières formes d'association, il n'y a pas encore de pathologie psychique, ni individuelle ni collective. Les passions néfastes vont apparaître à partir du moment où les relations humaines prendront une dimension sociale et politique, c'est-à-dire quand la communauté va se soumettre à des règles instituées. Il est significatif que l'oppression et la guerre civile apparaissent à l'époque des premiers rois, dans le contexte des rivalités sociales induites par la distribution des biens, « selon la beauté, la force et l'esprit de chacun », puis par la découverte de la richesse et de l'or, et enfin par la compétition pour les honneurs publics et l'ambition politique. C'est alors que l'*invidia* frappe, « comme la foudre », aujourd'hui comme hier et comme demain [1]. Tout cela invite à penser que la sociabilité véritablement organisée constitue le terreau de pathologies collectives qui vont immanquablement nourrir les perversions propres à la vie politique, celles des politiques de métier comme celles des citoyens confrontés à l'oppression et aux rivalités sociales.

On trouve un autre exemple de pathologie sociale dans l'évocation finale, au chant VI, de la peste d'Athènes [2] : la peur de la mort que suscite l'épidémie suscite la panique collective et dissout les liens sociaux. Le contexte est celui, plus général, de l'étiologie des épidémies (VI, 1090 – fin), et cette section peut elle-même être subdivisée en deux temps : a) les épidémies en général, propos qui reste subordonné à l'étude des météores, puisque ce sont les vents qui véhiculent les épidémies ; b) l'évocation de la peste d'Athènes de 430 avant notre ère, relation directement inspirée de Thucydide, dans la *Guerre du Péloponnèse* (II, 51-52). Ce second moment se subdivise en trois temps, dont les thèmes respectifs sont difficiles à séparer strictement : b1) une première étiologie et une description physiologique de la peste (jusqu'au vers 1229) ; b2) une description des effets psychologiques de la maladie (jusqu'au vers 1251) ; b3) la description des effets sociaux de l'épidémie, qui forme en quelque sorte le final du récit [3].

1. *DRN*, V, 1108-1135.
2. *DRN*, VI, 1138-1286.
3. Voir en ce sens l'analyse de J. Salem, *La Mort n'est rien pour nous. Lucrèce et l'éthique*, Paris, Vrin, 1990, p. 223 *sq*.

Ce final, tout au moins celui du texte tel qu'il nous est parvenu, renvoie clairement le lecteur à la question sociale et politique et aux effets dévastateurs des passions collectives. Il ne s'agit pas simplement de décrire un événement particulier, exceptionnel par son ampleur et son horreur. Le tableau a une valeur allégorique, et figure comme un miroir, à peine déformant, des maux habituels de l'humanité. Le récit ne fait en cela qu'appliquer la méthode diagnostique du chant III à propos de la peur de la mort : ceux qui prétendent ne pas craindre la mort, mais qui n'ont pas connaissance de la doctrine épicurienne, « il convient de les observer » dans l'épreuve du danger et face à l'adversité. C'est là, en effet, que s'exprime leur « vraie voix » et que tombe le masque. On les perçoit alors tels qu'ils sont : effrayés, superstitieux et soumis à la religion [1].

Que l'imminence du danger et la peur panique de la mort altèrent les comportements individuels et sociaux et révèlent ainsi la vulnérabilité des âmes humaines, c'est très exactement ce que montrent les phénomènes observés par Thucydide et rappelés par Lucrèce dans le final du chant VI. La fièvre, en atteignant l'esprit, conduit à des attitudes incohérentes : on se noie dans les puits pour remédier à la chaleur du corps (v. 1174-1175), on se livre à des automutilations (v. 1209). Très logiquement, ces comportements désordonnés conduisent à la désorganisation collective. Un exode rural massif amplifie les effets de l'épidémie (v. 1259-1260) ; les cadavres restent sans funérailles (v. 1215-1216 ; 1256-1258 ; 1278), signe de la défaillance d'un usage social en principe intangible. Ainsi, le *mos* – la moralité collective, les mœurs, dont on sait l'importance pour la société romaine traditionnelle [2] – finit par se dissoudre avec l'abandon des rites de sépulture : « plus ne subsistaient dans la ville les rites de sépulture (*nec mos ille sepulturae*) que ce peuple toujours observait pour l'inhumation » (v. 1278-1279). Corrélativement, on assiste à la perte du courage et à la fin de l'entraide et de la solidarité entre les individus. Il y a là, en un sens, « une injustice » objective de l'épidémie qui tue également les plus dévoués (v. 1230-1246), mais le fait de la maladie, comme la corrélation de la vie et de la mort, est au-delà du bien et du mal. Elle n'a rien d'une punition divine et ne possède aucun caractère intentionnel. Les comportements

1. *DRN*, III, 51-58. La dimension « exemplaire » et la fonction éthique et thérapeutique du tableau décrit par Lucrèce ont été récemment analysées par G. Scalas, « L'âme, le corps et la maladie : le récit de la peste à la lumière des chants III et IV du *De rerum natura* », *Aitia* 10 [en ligne], 2020.

2. Pensons par exemple au *De Officiis* de Cicéron, I, 148, où il est précisé que le *mos* et les institutions n'autorisent aucune transgression, car ils valent pour les citoyens comme des *praecepta*, des commandements pratiques constituant des impératifs sociaux.

irrationnels que décrit Lucrèce laissent en tout cas deviner qu'il s'agit à ses yeux d'une véritable régression anthropologique : la lutte pour le feu permettant d'édifier des bûchers d'immolation (v. 1282-1286) apparaît comme un ultime détournement de la découverte prométhéenne que firent les hommes primitifs quand ils ont appris à utiliser le feu naturel, et elle montre en retour ce que ce prétendu « progrès » avait de fragile et de réversible[1]. Dans ces cas extrêmes, les comportements grégaires ne sont plus que des associations de circonstance fondées sur l'urgence et la terreur. Ils conduisent à l'opposé de la paix civile et de la cohésion politique.

À un degré encore supérieur de dissolution des liens sociaux et politiques, Lucrèce souligne les symboles qui marquent l'impuissance des techniques humaines et l'écroulement des institutions. L'inutilité des remèdes (v. 1178 *sq.*) signale l'inefficacité de la médecine. La religion à son tour révèle son incapacité à secourir les âmes terrorisées, comme le suggère l'évocation des cadavres jonchant les sanctuaires (v. 1272). La *religio*, dont l'emprise sur les individus ne repose que sur la peur des enfers à venir, ne peut plus rien lorsque les individus en sont réduits à se préoccuper de leur seule douleur présente : « ni la religion désormais, ni les puissances divines ne pesaient plus guère, la douleur présente les dépassait » (v. 1276-1277)[2].

Isolement des individus, perte de toute moralité collective, sauvagerie de tous contre tous : c'est finalement la cité elle-même, l'*urbs* qui s'effondre. L'envahissement de l'espace public par les mourants et les cadavres (v. 1262-1271) le laisse déjà pressentir, et la mention de l'*urbs* au vers 1278 fait écho, dans une sorte de *Ringkomposition*, aux vers par lesquels Lucrèce introduisait le récit de l'épidémie : « telle est la cause de la peste (...) qui rendit les chemins déserts, priva la ville de citoyens » (v. 1138-1140). La dernière proposition, *exhausit civibus urbem*, apparaît rétrospectivement comme une formule à double entente : ce n'est pas seulement une ville comme espace géographique qui se vide physiquement de ses habitants ; c'est plus encore une cité qui, ses citoyens disparaissant, cesse d'être un espace politique. La cité d'Athènes n'est plus une cité.

L'interprétation du final sur la peste est discutée. Est-ce un texte inachevé qui aurait pu laisser place à une conclusion plus heureuse ? S'agit-il d'un

1. A. Schiesaro, « Lucretius and Roman Politics and History », art. cit., p. 56, est fondé à déceler dans ces vers une sorte de régression à un état pré-social, ce qui est assez éclairant, à cette réserve près que la vie primitive n'était précisément pas une vie sociale dégradée.

2. Ou encore, pour le dire avec A. Comte-Sponville, *Le Miel et l'absinthe. Poésie et philosophie chez Lucrèce*, Paris, Hermann, 2010, p. 230 : « une société en décomposition, où même la religion s'efface devant l'immensité de la douleur. »

récit symbolique des tourments de l'espèce humaine, ou encore d'une envolée révélatrice des tourments de Lucrèce lui-même ? Ce peut être aussi bien une critique indirecte de la politique romaine et du fléau de la guerre civile[1]. Quoi qu'il en soit, c'est un texte hautement pessimiste sur les capacités des sociétés politiques à faire face à des maux qu'elles engendrent en partie elles-mêmes. Le récit de la peste d'Athènes montre, d'une part, que les liens civils n'offrent aucune garantie réelle, aucune sécurité pour la tranquillité de l'âme et, d'autre part, que les communautés politiques sont affectées de pathologies spécifiques, collectives – ce que, selon l'état actuel de nos connaissances, Épicure ne semble pas avoir vu –, qui démultiplient les effets des pathologies physiques et des pathologies psychiques individuelles.

Diogène d'Œnoanda le rappellera de manière claire dans le fragment 3 (Smith) de l'inscription, qui fait d'ailleurs écho à des vers de Lucrèce[2] :

> Puisque, ainsi que je l'ai dit, la plupart sont collectivement malades, comme en temps de peste, de l'opinion fausse à propos des réalités, et puisqu'ils deviennent de plus en plus nombreux – car, du fait de leur rivalité mutuelle, l'un attrape la maladie par l'autre, comme les moutons –, il [est également] juste (col. 5) de porter secours à ceux qui viendront après nous (…).

Le pessimisme social que traduit le final lucrétien peut être il est vrai tempéré par l'espoir d'une vie tranquille sous l'inspiration d'Épicure. On peut même imaginer que l'horreur du tableau est destinée à exercer sur le lecteur un effet cathartique et qu'elle participe en ce sens de la thérapie psychique[3]. Il n'en demeure pas moins que celle-ci est avant tout individuelle et qu'elle ne s'étend à autrui que dans la sociabilité restreinte de l'amitié philosophique, sur laquelle, par ailleurs, Lucrèce reste très allusif[4]. Aux pathologies sociales, prises en tant que telles, il ne semble donc pas y avoir de remède proprement politique. La seule politique que l'on puisse assurément identifier chez Lucrèce est une politique négative : l'objet du *De rerum natura* sur ce point est avant tout d'illustrer les effets catastrophiques

1. En faveur de cette hypothèse, voir A. Schiesaro, « Lucretius and Roman Politics and History », art. cit., p. 56-57, qui met justement en évidence les parallèles avec *DRN*, III, 55-78, sur la peur qui nourrit l'*invidia* politique, et avec le récit de Thucydide.

2. *DRN*, VI, 1235-1237.

3. Je remercie Voula Tsouna de m'avoir suggéré cette option interprétative.

4. Parmi les rares exceptions au silence de Lucrèce sur l'amitié, mentionnons l'évocation de l'amitié partagée avec Memmius (par exemple en *DRN*, I, 140-142) et l'invitation au repos que l'on goûte « entre soi », « couchés dans l'herbe tendre, auprès d'une rivière… » (II, 29-33).

des maux liés à la vie en cité, et non pas de poser les principes de la justice légale ou de la cohésion civile. Le retrait par rapport à la vie publique, le « vivre caché », demeure visiblement la règle et il l'est peut-être plus encore chez Lucrèce, pour qui le danger ne vient pas seulement de la participation aux affaires, de la vie politique au sens étroit, mais aussi des relations sociales elles-mêmes et des funestes passions qu'elles suscitent. C'est là, en quelque sorte, la figure politique de la « nécessité » : une artificielle nécessité de contrainte – tout à l'opposé de la nécessité naturelle qui est à l'œuvre dans les pactes de la nature –, contraire au plaisir qu'Épicure nous invite à pratiquer. Il est donc vain de chercher dans les sociétés le principe d'une véritable justice, ou même d'une politique simplement souhaitable, que ce soit dans l'association spontanée des individus ou dans un contrat portant sur l'utilité commune.

Le rapprochement de l'histoire culturelle du chant V et du tableau de la peste d'Athènes laisse finalement penser que, pour Lucrèce, les communautés politiques oscillent tragiquement entre deux écueils, les deux mouvements contraires de la sociabilité : d'un côté, une forme d'association fondamentalement grégaire, dominée par la crainte des châtiments ; de l'autre, la dissolution des liens et la dispersion des individus, lorsque la peur de la mort devient insupportable au plus grand nombre et que les institutions, qu'on avait inventées pour la contenir, s'avèrent impuissantes. La conclusion se dessine d'elle-même : le véritable salut, qui n'est que dans ce monde et dans cette vie, impose de se tenir en retrait, à bonne distance des affaires de la cité, en cultivant les plaisirs et l'amitié.

ÉPILOGUE

La réflexion épicurienne sur la politique et sur les différentes formes de sociabilité conduit au constat qui conclura ce livre : l'éthique du plaisir n'est pas seulement une recherche personnelle de bien-être intérieur. C'est encore, et sans doute plus fondamentalement, une théorie conséquente de l'adaptation aux situations collectives et aux limites objectives de l'action.

Ce constat a deux corollaires, qui sont essentiels si l'on veut comprendre le premier *moment* atomiste de la philosophie occidentale. En premier lieu, il n'y a pas de vie bonne sans existence commune. Chez Démocrite, la perspective d'interactions sociales sereines, sous la conduite de justes lois, laisse entrevoir la possibilité de relations humaines et affectives compatibles avec le bien-être psychique et avec une certaine autonomie morale. Épicure insiste pour sa part sur le retrait vers la sphère de l'amitié, qu'il voit comme le lieu naturel de la vie heureuse : une vie menée dans la sociabilité restreinte d'une communauté réunie par la philosophie du Jardin. Parce que la philosophie et l'expérience du bonheur ne souffrent pas d'être reportées à plus tard, la *philia* ainsi définie est une condition nécessaire de l'existence heureuse, et non pas un simple adjuvant optionnel.

Mais il y a un second point, que signale déjà la conception démocritéenne de la nécessité et que les épicuriens rappellent constamment : on n'atteint ni l'autonomie psychique, ni l'apaisement des passions, ni le plaisir sans se soucier des limites de nos capacités et des résistances objectives que rencontrent les actions humaines. L'unité de la tradition qui va des premiers atomistes aux derniers épicuriens est manifestement là : le discours sur l'être humain et ses fins pratiques, qu'il soit normatif ou descriptif, suppose l'étude de ses conditions naturelles d'existence. L'anthropologie, de ce point de vue, est un chapitre de la physique. De fait, la recherche de la vie bonne est fonction d'un ensemble de circonstances matérielles, dont la prise en compte est tout simplement indispensable à l'identification des plaisirs à poursuivre et des peines à éviter. Rien de plus étranger à la pensée de Démocrite, d'Épicure ou de Lucrèce que la chimère d'un épanouissement personnel qui serait indifférent aux contraintes externes, physiques ou sociales. Elle écarte également les récits abstraits qui prétendent fonder les normes pratiques ailleurs que dans nos conditions concrètes d'existence, qu'il s'agisse d'invoquer un pur commandement moral, de tabler sur un hypothétique ordre du monde et sur sa rationalité supposée, ou encore de rattacher les activités humaines à un principe transcendant. Un atomiste, qu'il soit démocritéen ou épicurien, ne se *raconte pas d'histoires*. Il y a sans doute du désenchantement dans cette philosophie des circonstances, qui nous laisse seuls face à nos travers et à nos limites, dans un monde en lui-même dépourvu de sens. Mais c'est aussi ce qui la rend crédible.

ORIGINE DES TEXTES ET REMERCIEMENTS

La plupart des chapitres de ce livre trouvent leur origine dans des publications antérieures. Elles ont toutes été intégralement remaniées et mises à jour. Les Chapitres IV et VII, initialement publiés en italien, sont inédits en français. L'introduction et le dernier chapitre sont inédits.

Je tiens à remercier les éditeurs qui ont autorisé l'utilisation des matériaux déjà publiés. Les publications concernées sont les suivantes :

« Démocrite et l'objet de la philosophie naturelle. À propos des sens de *phusis* chez Démocrite », *in* A. Brancacci, P.-M. Morel (eds.), *Democritus: Science, the Arts and the Care of the Soul*, Leiden-Boston, Brill, 2007, p. 105-123.

« Épicure et la "fin de la nature" », *Les Cahiers Philosophiques de Strasbourg* 15, Printemps 2003, « L'Épicurisme antique », p. 167-196.

« Les ambiguïtés de la conception épicurienne du temps », *Revue Philosophique de la France et de l'Étranger*, 2002/2, Le Temps dans l'Antiquité, p. 195-211.

« Democrito e il problema del determinismo. A proposito di Aristotele, Fisica, II, 4 », *in* C. Natali, S. Maso (a cura di), *La Catena delle cause. Determinismo e antideterminismo nel pensiero antico e in quello contemporaneo*, Hakkert, Amsterdam, 2005, p. 21-35.

« Démocrite dans les *Parva naturalia* d'Aristote », dans A. Laks et C. Louguet (éd.), *Qu'est-ce que la philosophie présocratique ?*, Villeneuve d'Ascq, Presses du Septentrion, 2002, p. 449-464.

« Corps et cosmologie dans la physique d'Épicure. *Lettre à Hérodote*, § 45 », *Revue de Métaphysique et de Morale*, 2003/1, p. 33-49.

« Epicuro e la desacralizzazione della necessità », *in* F.G. Masi, S. Maso (eds.), *Fate, Chance, and Fortune in Ancient Thought*, Amsterdam, Hakkert, 2013, p. 159-175.

« Épicure et les biens matériels, ou la pauvreté bien tempérée », dans É. Helmer (éd.), *Richesse et pauvreté chez les philosophes de l'Antiquité*, Paris, Vrin, 2016, p. 111-123.

« Rousseau, l'épicurisme et l'origine des langues », dans *Le Siècle des Lumières, IV : L'Héritage de l'Antiquité dans la culture européenne du* XVIIIe *siècle, Académie des Sciences de Russie*, Moscou, Naouka, 2012, p. 244-257.

Les traductions d'Épicure sont généralement extraites de ma traduction des lettres et maximes : *Épicure. Lettres, maximes et autres textes*, traduction et présentation par P.-M. Morel, Paris, GF-Flammarion, 2011. Le texte grec de référence est, sauf indication contraire, celui qu'édite M. Marcovich, *Diogenes Laertius : Vitae philosophorum*, Stuttgart-Leipzig, Teubner, 1999.

Je tiens à remercier José Turpin, Alain Gigandet et Carlos Lévy, auxquels j'associe le souvenir de notre ami regretté Bernard Besnier, qui ont eu la générosité d'accueillir autrefois, dans le cadre du *Séminaire de Philosophie Hellénistique et Romaine*, mes premières recherches sur l'épicurisme antique.

Merci aussi à Luca Torrente pour la préparation des index et, pour leurs précieuses remarques, à André Charrak et Emmanuel Renault. Merci enfin à Christelle Veillard, pour m'avoir encouragé à faire ce livre.

BIBLIOGRAPHIE

TEXTES ANTIQUES

Démocrite

DIELS H., KRANZ W., *Die Fragmente der Vorsokratiker*, II, Berlin, Weidmann, 6e éd., 1952.

DUMONT J.-P., avec la collaboration de D. Delattre et J.-L. Poirier, *Les Présocratiques*, préface, traduction et notes, Paris, Gallimard, Bibliothèque de la Pléiade, 1988.

LAKS A., MOST G. W., avec la collaboration de G. Journée et le concours de L. Iribarren et D. Lévystone, *Les débuts de la philosophie. Des premiers penseurs grecs à Socrate*, édition et traduction, 2e édition, Paris, Fayard, 2016.

– *Early Greek Philosophy*, vol. VII, Part 2 : *Later Ionian and Athenian Thinkers*, Edited and Translated, Cambridge (Massachusetts)-London, Harvard University Press, 2016.

LESZL W., *I Primi atomisti. Raccolta dei testi che riguardano Leucippo e Democrito*, Olschki, Firenze, 2009.

LURIA S., *Democritea coll., emend., interpretatus est*, Leningrad, 1970 ; trad. italienne : *Democrito. Raccolta dei frammenti, interpretazione e commentario*, Milano, Bompiani, 2007.

MOREL P.-M., *Démocrite. Fragments et témoignages*, trad. M. Solovine, révisée avec introduction, notes et dossier, Paris, Vrin, 2020.

TAYLOR C. C. W., *The Atomists* : *Leucippus and Democritus. Fragments*, a Text and Translation with a Commentary, Toronto - Buffalo, University of Toronto press, 1999.

Épicure, épicuriens

ARRIGHETTI G., *Epicuro, Opere*, Torino, Einaudi, 1973.

BAILEY C., *Epicurus. The Extant Remains*, Oxford, Clarendon Press, 1926.

BALAUDÉ J.-F., *Épicure. Lettres, maximes, sentences*, Paris, Le Livre de Poche, 1994.

BOLLACK J., M. BOLLACK, H. WISMANN, *La Lettre d'Épicure*, Paris, Minuit, 1971.

CONCHE M., *Épicure, Lettres et Maximes*, Villers-sur-Mer, 1977 ; Paris, P.U.F., 1987.

DELATTRE D., PIGEAUD J. (dir.), *Les Épicuriens*, Paris, Gallimard, Bibliothèque de la Pléiade, 2010.

MOREL P.-M., Épicure, *Lettres, maximes et autres textes*, Introduction, traduction, dossier et notes, Paris, GF-Flammarion, 2011.

USENER H., *Epicurea*, Leipzig, Teubner, 1887.

VERDE F., *Epicuro. Epistola a Erodoto*, Traduzione e commento ; introduzione di Emidio Spinelli, Roma, Carocci, 2010.

Lucrèce

KANY-TURPIN J., *Lucrèce, De la nature. De rerum natura*, Paris, Aubier, 1993 ; GF-Flammarion, 1997².

Diogène Laërce

DORANDI T., *Diogenes Laertius, Lives of Eminent Philosophers*, edited with Introduction, Cambridge, Cambridge University Press, coll. « Cambridge Texts and Commentaries », 2013.

GOULET-CAZÉ M.-O. (dir.), *Diogène Laërce. Vies et doctrines des philosophes illustres*, Paris, Le Livre de Poche, 1999.

MARCOVICH M., *Diogenes Laertius. Vitae Philosophorum*, I, Stuttgart - Leipzig, Teubner, 1999.

Diogène d'Œnoanda

HAMMERSTAEDT J., SMITH M. F., *The Epicurean Inscription of Diogenes of Oinoanda : Ten Years of New Discoveries and Research*, Bonn, Habelt Verlag, 2014.

MOREL P.-M., « Diogène d'Œnoanda, Fragments », trad., introduction et notes dans J. Pigeaud et D. Delattre (dir.) *Les Épicuriens*, Paris, Gallimard, Bibliothèque de la Pléiade, 2010.

SMITH M. F., *Diogenes of Oinoanda. The Epicurean Inscription*, Napoli, Bibliopolis, 1993.

– *Supplement to Diogenes of Oinoanda. The Epicurean Inscription*, Napoli, Bibliopolis, 2003.

Philodème

DORANDI T., *Filodemo. Il buon Re secondo Omero*, Edizione, traduzione e commento, Napoli, Bibliopolis, 1982.

JENSEN C., *Philodemi* περὶ οἰκονομίας *qui dicitur libellus*, Leipzig, Teubner, 1906.

OBBINK D., Philodemus, *On Piety*, Part 1, Critical Text with Commentary, Oxford, Clarendon Press, 1996.

Aristote

MOREL P.-M., Aristote, *Petits traités d'histoire naturelle* (*Parva naturalia*), trad. originale, introduction, notes et bibliographie, Paris, GF-Flammarion, 2000.

NUSSBAUM M., *Aristotle's De Motu Animalium*, Text with Translation, Commentary and Interpretive Essays, Princeton, Princeton University Press, 1978 ; 1985[2].

PELLEGRIN P., *Aristote. Physique*, Paris, GF-Flammarion, 2000.

REPICI L., *La fiamma nel cuore. Lunghezza e brevità della vita, Gioventù e vecchiaia, La respirazione, La vita e la morte*, Introduzione, traduzione e note, Pisa, Edizioni della Normale, 2017.

ROSS D., *Aristotle. Parva naturalia*, a revised Text with Introduction and Commentary, Oxford, Oxford University Press, 1955.

Autres

AUVRAY-ASSAYAS C., Cicéron, *La Nature des dieux*, traduction et commentaire, Paris, Les Belles Lettres, 2002.

EINARSON B., DE LACY PH., Plutarch's *Moralia* in Sixteen Volumes, vol. XIV, Cambridge (Massachusetts), Harvard University Press ; London, William Heinemann, "Lœb Classical Library", 1967.

LONG A. A., SEDLEY D., *The Hellenistic Philosophers*, Cambridge, Cambridge University Press, 1987.

ÉTUDES MODERNES

ALBERTI A., « The Epicurean Theory of Law and Justice », *in* A. Laks, M. Schofield (eds.), *Justice and Generosity, Studies in Hellenistic Social and Political Philosophy.* Proceedings of the Sixth Symposium Hellenisticum, Cambridge, Cambridge University Press, 1995, p. 161-190.

ALFIERI V. E., *Atomos Idea* : *l'origine del concetto dell'atomo nel pensiero greco*, Firenze, Le Monnier, 1953[1] ; Galatina, Congedo, 1979[2].

ALGRA K. A., « Lucretius and the Epicurean Other. On the Philosophical Background of *DRN* V. 1011-1027 », *in* K.A. Algra, M.H. Koenen, P.H. Schrijvers (eds.), *Lucretius and his Intellectual Background*, Amsterdam, North Holland, Verhandelingen der Koniklijke Akademie van Wetenschappen, 1997, p. 141-150.

ANNAS J., « La natura nell'etica epicurea », *in* G. Giannantoni, M. Gigante (eds.), *Epicureismo greco e romano*. Atti del congresso internazionale, Napoli, 19-26 maggio 1993, Napoli, Bibliopolis, 1996, p. 299-311.

ASMIS E., *Epicurus'Scientific Method*, Ithaca-London, Cornell University Press, 1984.

– « Lucretius on the Growth of Ideas », *in* G. Giannantoni, M. Gigante (eds.), *Epicureismo greco e romano*..., Napoli, Bibliopolis, 1996, p. 763-778.

– « Epicurean Economics », *in* J.T. Fitzgerald, D. Obbink, G.S. Holland (eds.), *Philodemus and the New Testament World*, Leiden-Boston, Brill, 2004, p. 133-176.

BALAUDÉ J.-F., « Connaissance des dieux et idéal autarcique dans la philosophie épicurienne », *Études de philosophie*, Aix-en-Provence, mars 1994, p. 61-83.

BALCH D. L., « Philodemus, "On Wealth" and "On Household Management" : Naturally wealthy Epicureans against Poor Cynics », *in* J.T. Fitzgerald, D. Obbink, G.S. Holland (eds.), *Philodemus and the New Testament World*, Leiden-Boston, Brill, 2004, p. 177-196.

BARIGAZZI A., « Il concetto del tempo nella fisica atomistica », in *Epicurea in memoriam Hectoris Bignone. Miscellanea Philologica*, Università di Genova. Facoltà di lettere. Istituto di filologia classica, 1959, p. 29-59.

BESNIER B., « Épicure et la définition », dans *Ainsi parlaient les Anciens. In honorem Jean-Paul Dumont*, Mélanges réunis par L. Jerphagnon et publiés par J. Lagrée et D. Delattre, Villeneuve-d'Asq, Presses Universitaires de Lille, 1994, p. 117-130.

BOYANCÉ P., *Lucrèce et l'épicurisme*, Paris, P.U.F., 1963.

BRANCACCI A., « Les mots et les choses. La philosophie du langage chez Démocrite », *Philosophie du langage et grammaire dans l'Antiquité*, Bruxelles - Grenoble, Ousia, 1986, p. 9-28.

– et MOREL P.-M. (eds.), *Democritus*: *Science, the Arts and the Care of the Soul*, Leiden-Boston, Brill, coll. « Philosophia Antiqua », 2007.

BROWN E., « Politics and Society » *in* J. Warren (ed.), *The Cambridge Companion to Epicureanism*, Cambridge, Cambridge University Press, 2009, p. 179-196.

BROWN R. D., *Lucretius on Love and Sex*, Leiden, Brill, 1987.

BRUNSCHWIG J., « L'argument des berceaux chez les Épicuriens et chez les Stoïciens », repris dans J. Brunschwig, *Études sur les philosophies hellénistiques. Épicurisme, stoïcisme, scepticisme*, Paris, P.U.F., 1995, p. 69-112.

– « Épicure et le problème du "langage privé" », repris dans J. Brunschwig, *Études sur les philosophies hellénistiques. Épicurisme, stoïcisme, scepticisme*, Paris, P.U.F., 1995, p. 43-68.

– Diogène Laërce, livre IX, intr., trad. et notes, dans Diogène Laërce, *Vies et doctrines des philosophes illustres*, sous la direction de M.-O. Goulet-Cazé, Paris, Librairie Générale Française, 1999.

CAMPBELL G., *Lucretius on Creation and Evolution*. A Commentary on *De Rerum Natura*, Book Five, Lines 772-1104, Oxford, Oxford University Press, 2003.

CANTARELLA R., ARRIGHETTI G., « Il libro "Sul tempo" (Pherc. 1413) dell'opera di Epicuro "Sulla natura" », *CErc* 2, 1972, p. 5-46.

CAUJOLLE-ZASLAWSKY F., « Le temps épicurien est-il atomique ? », *Les Études philosophiques*, 1980/3, p. 285-306.

CLAY D., « The Cults of Epicurus », repris *in* D. Clay, *Paradosis and Survival. Three Chapters in the History of Epicurean Philosophy*, University of Michigan Press, Ann Arbor, 1998, p. 75-102.

COLE TH., *Democritus and the Sources of Greek Anthropology*, Cleveland, The Press of Western Reserve University, 1967.

COMTE-SPONVILLE A., *Le Miel et l'absinthe. Poésie et philosophie chez Lucrèce*, Paris, Hermann Éditeurs, Le Livre de Poche, 2010.

COOPER J., « Hypothetical Necessity and natural Teleology », *in* A. Gotthelf, J.G. Lennox (eds.), *Philosophical Issues in Aristotle's Biology*, Cambridge, Cambridge University Press, 1987, p. 243-274.

DE LACY PH., « Process and Value : an Epicurean dilemna », *TAPA* 88, 1957, p. 114-126.

– « Epicurean ΕΠΙΛΟΓΙΣΜΟΣ », *American Journal of Philology* 79, 1958, p. 179-183.

– « Limit and Variation in the Epicurean Philosophy », *Phoenix* 23, 1969, p. 104-113.

DELCOMMINETTE S., *Aristote et la nécessité*, Paris, Vrin, 2018.

DILLER H., « Wandcrarzt und Aitiologe », *Wanderarzt und Aitiologe. Studien zur hippokratischen Schrift* ΠΕΡΙ ΑΕΡΩΝ ΥΔΑΤΩΝ ΤΟΠΩΝ (*Philologus, Supplementband, XXVI, Heft 3*), *Leipzig, Dieterich'sche Verlagsbuchhandlung*, 1934.

DROZ-VINCENT G., « Les *foedera naturae* chez Lucrèce », dans C. Lévy (éd.), *Le Concept de nature à Rome. La physique*, Paris, Presses de l'École Normale Supérieure, 1996, p. 191-211.

ERLER M., « Epicurus as *deus mortalis. Homoiosis theoi* and Epicurean-Self-cultivation », *in* D. Frede, A. Laks (eds.), *Traditions of Theology. Studies in Hellenistic Theology, its Background and Aftermath*, Brill, coll. « Philosophia Antiqua », Leiden - Boston - Köln, p. 159-181.

– « *Exempla amoris*. Der epikureische *Epilogismos* als philosophischer Hintergrund der Diatribe gegen die Liebe in Lukrez *De rerum natura* », dans A. Monet (éd.), *Le Jardin romain. Épicurisme et poésie à Rome. Mélanges offerts à Mayotte Bollack*, Villeneuve d'Ascq, Éditions du Conseil Scientifique de l'Université Charles-De-Gaulle-Lille 3, 2003, p. 147-162.

FISH J., « Not all Politicians are Sisyphus : What Roman Epicureans were taught about politics », *in* J. Fish, K. Sanders (eds.), *Epicurus and the Epicurean Tradition*, Cambridge, Cambridge University Press, 2011, p. 72-104.

FOWLER D., « Lucretius and politics », *in* M. Griffin, J. Barnes (eds.) *Philosophia togata*, Oxford, Oxford University Press, 1989, p. 120-150.

FURLEY D., *Two Studies in the Greek Atomists*, Princeton, Princeton University Press, 1967.

GIGANDET A., « Lucrèce et l'amour conjugal. Un remède à la passion ? », dans B. Besnier, P.-F. Moreau, L. Renault (éd.), *Les Passions antiques et médiévales*, Paris, P.U.F., 2003, p. 95-110.

– « De l'amour. Vénus de Lucrèce & Erôs platonicien », dans R. Poignault (éd.), *Présence de Lucrèce*. Actes du colloque tenu à Tours (3-5 décembre 1998), Tours, 1999, p. 77-85.

– « Lucrèce vu en songe. Diderot, *Le rêve de d'Alembert* et le *De rerum natura* », *Revue de Métaphysique et de Morale*, 2002/3, p. 427-439.

– « Providence et causes finales : une polémique épicurienne », *Les Cahiers Philosophiques de Strasbourg*15, Printemps 2003 : « L'Épicurisme antique », p. 49-69.

GIGANTE M., « *Physis* : la natura nell'epicureismo », *in* R. Uglione (ed.), *L'Uomo antico e la natura*, Atti del Convegno Nazionale di studi, Torino 28-29-30 aprile 1997, 1998, p. 39-92.

GIGANTE M., *Kepos e Peripatos. Contributo alla storia dell'aristotelismo antico*, Napoli, Bibliopolis, 1999.

GILL M. L., « Aristotle on Matters of Life and Death », *in* J.J. Cleary, D.C. Shartin (eds.), *Proceedings of the Boston Area Colloquium in Ancient Philosophy*, vol. 4, Lanham-New York-Londres, 1989, p. 187-205.

– « Material Necessity and Meteorology IV 12 », *in* W. Kullmann, S. Föllinger (eds.), *Aristotelische Biologie*. Intentionen, Methoden, Ergebnisse, Akten des Symposions über Aristoteles'Biologie vom 24.-28. Juli 1995, « Philosophie der Antike », Band 6, Stuttgart, 1997, p. 145-161.

GLIDDEN D. K., « Epicurean Semantics », *SUZHTHSIS. Studi sull'epicureismo greco e romano offerti a M. Gigante*, Napoli, Bibl. della Parola del Passato, 16, 1983, I, p. 185-226.

– « Epicurean Prolèpsis », *Oxford Studies in Ancient Philosophy* 3, 1985, p. 175-217.

GOLDSCHMIDT V., *La Doctrine d'Épicure et le droit*, Paris, Vrin, 1977.

GUTHRIE W. K. C., *A History of Greek Philosophy*, II, Cambridge, Cambridge University Press, 1965.

HAMMERSTAEDT J., « Il ruolo della ΠΡΟΛΗΨΙΣ epicurea », *in* G. Giannantoni, M. Gigante (eds.), *Epicureismo greco e romano*..., Napoli, Bibliopolis, 1996, p. 221-237.

– et SMITH M.F., « Diogenes of Oinoanda : The New and Unexpected Discoveries of 2017 (NF 214-219), with a Re-edition of fr. 70-72 », *Epigraphica Anatolica* 51, 2018, p. 43-79.

HELMER É., « Les épicuriens ou la sagesse de l'économie », *Revue du MAUSS* 38, 2011-2, p. 445-465.

ISNARDI PARENTE M., « ΧΡΟΝΟΣ ΕΠΙΝΟΟΥΜΕΝΟΣ e ΧΡΟΝΟΣ ΟΥ ΝΟΟΥΜΕΝΟΣ in Epicuro, Pap. Herc. 1413 », *La Parola del passato* 31, 1976, p. 168-175.

JOHANSEN T. K., *Aristotle on the Sense-Organs*, Cambridge, Cambridge University Press, 1997.

JOHNSON M. R., « Changing our minds : Democritus on what is up to us », *in* P. Destrée, R. Salles, M. Zingano (eds.), *What is up to us ? Studies on Causality and Responsibility in Ancient Philosophy*, Sankt Augustin, Academia Verlag, 2014, p. 7-24.

– « The Ethical Maxims of Democritus of Abdera », *in* D. Wolfsdorf (eds.), *Early Greek Ethics*, Oxford, Oxford University Press, 2020, p. 211-242.

JUFRESA M., « Il tempo e il sapiente epicureo », *in* G. Giannantoni, M. Gigante (eds.), *Epicureismo greco e romano*..., Napoli, Bibliopolis, 1996, p. 287-298.

KANY-TURPIN J., « Notre passé antérieur prophétisé ? Lucrèce, *De rerum natura*, V, 925-1457 », *Anabases* 3, 2006, p. 155-171.

KING R. A. H., *Aristotle on Life and Death*, London, Duckworth, 2001.

KIRK G. S., RAVEN J. E., SCHOFIELD M., *The Presocratic Philosophers*, Cambridge, Cambridge University Press, 1983[2].

KONSTAN D., « Democrito sulla responsabilità dell'agente », *Quaderni dell'Istituto di Filosofia dell'Università degli Studi di Perugia* 6, 1988, p. 11-27.

– *A Life Worthy of the Gods. The Materialist Psychology of Epicurus*, Las Vegas-Zurich-Athens, Parmenides Publishing, 2008.

LANDOLFI L., *Simulacra et pabula amoris. Lucrezio e il linguaggio dell'eros* (Testi e manuali per l'insegnamento universitario del latino, 127), Bologna, Pàtron Editore, 2013.

LAPINI W., *L'*Epistola a Erodoto *e il* Bios *di Epicuro in Diogene Laerzio*, note testuali, esegetiche e metodologiche, Roma, Edizioni di storia e letteratura, 2015.

LAURSEN S., « The Early Parts of Epicurus, *On Nature*, 25th Book », *CErc* 25, 1995, p. 5-109.

– « The Later Parts of Epicurus, *On Nature*, 25th Book », *CErc* 27, 1997, p. 5-82.

LEFEBVRE D., Dynamis. *Sens et genèse de la notion aristotélicienne de puissance*, Paris, Vrin, 2018.

LEONE G., « Epicuro, Della Natura, Libro XIV », *CErc* 14, 1984, p. 17-107.

LESZL W., « Democritus'works : from their titles to their contents », *in* A. Brancacci, P.-M. Morel (eds.), *Democritus : Science, the Arts and the Care of the Soul*, Leiden-Boston, Brill, coll. « Philosophia Antiqua », 2007, p. 11-76.

LIFSCHITZ A. S., « The Enlightenment Revival of the Epicurean History of Language and Civilisation », *in* N. Leddy, A.S. Lifschitz (eds.), *Epicurus in the Enlightenment*, Oxford, Voltaire Foundation, 2009, p. 207-226.

LONG A. A., « Pleasure and Social Utility. The Virtues of Being Epicurean », dans *Aspects de la Philosophie Hellénistique*, Entretiens sur l'antiquité classique, XXXII, Vandœuvres-Genève, 1986, p. 283-329.

– « The Scope of Early Greek Philosophy », *in* A.A. Long (ed.), *The Cambridge Companion to early Greek philosophy*, Cambridge, Cambridge University Press, 1999, p. 1-21.

– *From Epicurus to Epictetus. Studies in Hellenistic and Roman Philosophy*, Oxford, Oxford University Press, 2006.

LONGO AURICCHIO F., *Ermarco, Frammenti*, Edizione, traduzione e commento, Napoli, Bibliopolis, 1988.

LUCIANI S., *L'éclair immobile dans la plaine, philosophie et poétique du temps chez Lucrèce*, Leuven, Peeters, Bibliothèque d'études classiques, 2000.

MANOLIDIS G., *Die Rolle der Physiologie in der Philosophie Epikurs*, Monographien zur philosophischen Forschung, Band 241, Athenäum Verlag, Frankfurt-am-Main, 1987.

MANSFELD J., *Prolegomena. Questions to be settled before the Study of an Author, or a Text*, Leiden-New York - Köln, Brill, 1994.

MASI F. G., *Epicuro e la filosofia della mente. Il XXV libro dell'opera* Sulla Natura, Sankt Augustin, Academia Verlag, coll. « Studies in Ancient Philosophy », vol. 7, 2006.

MILLOT C., « Épicure, De la Nature, Livre XV », *CErc* 7, 1977, p. 9-39.

MOREL P.-M., *Démocrite et la recherche des causes*, Paris, Klincksieck, 1996.

– « Démocrite. Connaissance et apories », *Revue Philosophique de la France et de l'Étranger*, 1998/2, p. 145-163.

– « Épicure, l'histoire et le droit », *Revue des Études Anciennes* 102, 2000/3-4, p. 393-411.

– *Atome et nécessité. Démocrite, Épicure, Lucrèce*, Paris, P.U.F., 2000 ; 2013².

– « Le *Timée*, Démocrite et la nécessité », dans M. Dixsaut, A. Brancacci (éd.), *Platon, source des présocratiques. Exploration*, Paris, Vrin, 2002, p. 129-150.

– « Épicure et la "fin de la nature" », *Les Cahiers Philosophiques de Strasbourg* 15, Printemps 2003 : « L'Épicurisme antique », p. 167-196.

– « Technique et nécessité. Le modèle de l'adaptation de Démocrite à Vitruve », dans C. Lévy, B. Besnier, A. Gigandet (éd.), *Ars et Ratio. Sciences, art et métiers dans la philosophie hellénistique et romaine*, coll. « Latomus », Bruxelles, vol. 273, 2003, p. 207-220.

– « Les communautés humaines », dans A. Gigandet, P.-M. Morel (éd.), *Lire Épicure et les épicuriens*, Paris, P.U.F., 2007, p. 167-186.

– *De la matière à l'action. Aristote et le problème du vivant*, Paris, Vrin, 2007 ; 2016².

– *Épicure. La nature et la raison*, Paris, Vrin, 2009¹ ; 2013².

– « Conformité à la nature et décision rationnelle dans l'éthique épicurienne », *in* G. Rossi (ed.), *Nature and the Best Life. Exploring the Natural Bases of Practical Normativity in Ancient Philosophy*, Hildesheim-Zürich-New York, Georg Olms Verlag, 2013, p. 249-274.

– « The Epicurean "up to us" : not to be Proved », *in* P. Destrée, R. Salles, M. Zingano (eds.), *What is up to us ? Studies on Causality and Responsibility in Ancient Philosophy*, Sankt Augustin, Academia Verlag, 2014, p. 221-234.

– « La Terre entière, une seule patrie. Diogène d'Œnoanda et la politique », *in* J. Hammerstaedt, P.-M. Morel, R. Güremen (eds.), *Diogenes of Oinoanda – Diogène d'Œnoanda. Epicureanism and Philosophical Debates – Épicurisme et controverses*, Leuven, Leuven University Press, 2017, p. 221-240.

– « La peur, passion radicale. Sur l'économie des passions chez Lucrèce », *Elenchos* 39 (2), 2018, p. 281-299.

– « Sexe, amour et politique chez Lucrèce », *Philosophie antique* 19, 2019, p. 57-84.

MÜLLER R., « Le rapport entre la philosophie de la nature et la doctrine morale chez Démocrite et Épicure », *in* F. Romano (ed.), *Democrito e l'atomismo antico, Atti del convegno internazionale*, Catania, 18-21 aprile 1979, *Siculorum Gymnasium* 33, 1980, Catania, p. 325-351.

NADDAF G., *L'Origine et l'évolution du concept grec de* phusis, Lewiston-Queenston-Lampeter, The Edwin Mellen Press, 1992.

NÉMETH A., *Epicurus on the Self*, London-New York, Routledge, 2017.

NUSSBAUM M., *The Therapy of Desire* : *Theory and Practice in Hellenistic Ethics*, Princeton, Princeton University Press, 1994.

O'BRIEN D., « La taille et la forme des atomes dans les systèmes de Démocrite et d'Épicure (« préjugé » et « présupposé » en histoire de la philosophie) », *Revue Philosophique de la France et de l'Étranger*, 1982/2, p. 187-203.

– « Démocrite d'Abdère », dans R. Goulet (dir.), *Dictionnaire des Philosophes antiques*, II, Paris, CNRS Éditions, 1994, p. 649-715.

– *Theories of Weight in the Ancient World, I* : *Democritus, Weight and Size*, Paris-Leyde, Brill, 1981.

O'KEEFE T., *Epicurus on Freedom*, Cambridge, Cambridge University Press, 2005.

– « Action and responsibility », *in* J. Warren (ed.), *The Cambridge Companion to Epicureanism*, Cambridge, Cambridge University Press, 2009, p. 142-157.

PEIXOTO C. D. M., « L'activité de l'âme démocritéenne : de la sensation et de l'intellection », *Chora*, *REAM* 9-10, 2011-2012, p. 217-242.

– « *Physis* et *didachê* chez Démocrite », *in* S. Giombini, F. Marcacci (eds.), *Il quinto secolo. Studi di filosofia antica in onore di Livio Rossetti*, Città di Castello, Aguaplano, 2010, p. 82-100.

PELLEGRIN P., « De l'explication causale dans la biologie d'Aristote », *Revue de Métaphysique et de Morale*, 1990/2, p. 197-219.

PHILIPPSON R., « Die Rechtsphilosophie der Epikureer », *Archiv für Geschichte der Philosophie*, N.S. XXIII, 3, 1910, p. 289-337 ; 433-446.

PIERGIACOMI E., *Storia delle antiche teologie atomiste*, Roma, Sapienza Università Editrice, 2017.

PULIGA D., « ΧΡΟΝΟΣ e ΘΑΝΑΤΟΣ in Epicuro », *Elenchos*, 1983/2, p. 235-260.

PURINTON J., « Epicurus on the Telos », *Phronesis* 28, 1993, p. 281-320.

ROSKAM G., "*Live unnoticed*". Λάθε βιώσας. *On the Vicissitudes of an Epicurean Doctrine*, Leiden-Boston, Brill, 2007.

SALEM J., *Tel un dieu parmi les hommes. L'éthique d'Épicure*, Paris, Vrin, 1989.

– *La Mort n'est rien pour nous. Lucrèce et l'éthique*, Paris, Vrin, 1990.

– *Démocrite. Grains de poussière dans un rayon de soleil*, Paris, Vrin, 1996.

– *Démocrite, Épicure, Lucrèce. La vérité du minuscule*, Encre marine, Fougères, 1998.

SCALAS G., « L'âme, le corps et la maladie : le récit de la peste à la lumière des chants III et IV du *De rerum natura* », *Aitia* 10, 2020.

SCHIESARO A., « Lucretius and Roman Politics and History », *in* S. Gillespie, Ph. Hardie (eds.), *The Cambridge Companion to Lucretius*, Cambridge, Cambridge University Press, 2007, p. 41-58.

SCHOFIELD M., « *Epilogismos* : An Appraisal », *in* M. Frede, G. Striker (eds.), *Rationality in Greek Thought*, Oxford, Clarendon Press, 1996, p. 221-237.

SEDLEY D., « Epicurus, *On Nature*, Book XXVIII », *CErc* 3, 1973, p. 5-83.

– « Epicurus'Refutation of Determinism », in *Suzètèsis. Studi sull'epicureismo greco e romano offerti a M. Gigante*, Napoli, 1983, Bibl. della Parola del Passato, 16, I, p. 11-51.

– « Epicurean Anti–Reductionism », *in* J. Barnes, M. Mignucci (eds.), *Matter and Metaphysics*, Napoli, Bibliopolis, 1988, p. 295-327.

– « The inferential Foundations of epicurean Ethics », *in* Giannantoni G., Gigante M. (eds.), *Epicureismo greco e romano*..., Napoli, Bibliopolis, 1996, p. 313-339.

– *Lucretius and the Transformation of Greek Wisdom*, Cambridge, Cambridge University Press, 1998.

SILVESTRE M. L., *Democrito e Epicuro. Il senso di una polemica*, Napoli, Loffredo, 1985.

SPINELLI E., « Epicuro contro l'avidità di denaro », *in* G. Giannantoni, M. Gigante (eds.), *Epicureismo greco e romano*..., Napoli, Bibliopolis, 1996, p. 409-419.

STAROBINSKI J., *Jean-Jacques Rousseau. La transparence et l'obstacle*, suivi de Sept essais sur Rousseau, Paris, Gallimard, 1971.

TAYLOR C. C. W., « Pleasure, Knowledge and Sensation in Democritus », *Phronesis* 12, 1967, p. 6-27.

TARRANT H., *Thrasyllan Platonism*, Ithaca-London, Cornell University Press, 1993.

TEPEDINO GUERRA A., « Il primo libro di Filodemo sulla ricchezza », *CErc* 8, 1978, p. 52-95.

TORTORA G., « ΦΥΣΙΣ and ΔΙΔΑΧΗ in Democritus'Ethical Conception (B 33 D-K) », *in* L. G. Benakis (ed.), *Proceedings of the First International Congress on Democritus*, Xanthi, 1984, vol. A, p. 387-397.

TOUCHEFEU Y., *L'Antiquité et le christianisme dans la pensée de Jean-Jacques Rousseau*, Oxford, Voltaire Foundation, 1999.

TSOUNA V., *The Ethics of Philodemus*, Oxford, Oxford University Press, 2007.

– « Lucrèce sur les origines et le développement des arts et des métiers », *Aitia* 10, 2020.

VANDER WAERDT P., « The Justice of the Epicurean wise Man », *Classical Quarterly* 37, 1987, p. 402-422.

VERDE F., « *Rebus ab ipsis consequitur sensus*. Il tempo in Epicuro », *Elenchos*, 2008-1, p. 91-117.

– *Elachista. La dottrina dei minimi nell'epicureismo*, Leuven, Leuven University Press, 2013.

– « ΤΥΧΗ e ΛΟΓΙΣΜΟΣ nell'epicureismo », *in* F.G. Masi, S. Maso (eds.), *Fate, Chance, and Fortune in Ancient Thought*, Amsterdam, Hakkert, 2013, p. 177-197.

– « Aristotle and the Garden », *in* A. Falcon (ed.), *Brill's Companion to the Reception of Aristotle in Antiquity*, Leiden - Boston, Brill, 2016, p. 35-55.

– « Once again on Epicurus'Letter to Herodotus § 39-40 », *Classical Quarterly* 68, 2018, p. 736-739.

VLASTOS G., « Ethics and Physics in Democritus », *in* D. J. Furley, R. E. Allen (eds.), *Studies in Presocratic philosophy*, New York, Routledge-K. Paul, 1975, p. 381-408.

WACHT M., *Concordantia in Lucretium*, Hildesheim-Zurich-New York, Olms-Weidmann, 1991.

WARREN J., *Epicurus and Democritean Ethics. An Archaeology of* Ataraxia, Cambridge, Cambridge University Press, 2002.

WARREN J., « L'éthique », dans A. Gigandet, P.-M. Morel (éd.), *Lire Épicure et les épicuriens*, Paris, P.U.F., 2007, p. 117-143.

– (ed), *The Cambridge Companion to Epicureanism*, Cambridge, Cambridge University Press, 2009.

– *The Pleasures of Reason in Plato, Aristotle, and the Hellenistic Hedonists*, Cambridge, Cambridge University Press, 2014.

WIDMANN H., *Beiträge zur Syntax Epikurs*, *Tübinger Beiträge zur Altertumswissenschaft*, XXIV. Heft, Stuttgart-Berlin, 1935.

WISMANN H, « Réalité et matière dans l'atomisme démocritéen », *in* F. Romano (ed.), *Democrito e l'atomismo antico, Atti del convegno internazionale*, Catania, 1979, *Siculorum Gymnasium*, 33, 1980, p. 61-74.

WOOLF R., « Pleasure and Desire », *in* J. Warren (ed.), *The Cambridge Companion to Epicureanism*, Cambridge, Cambridge University Press, 2009, p. 158-178.

INDEX DES NOMS PROPRES

AUTEURS ANCIENS

AUTEURS MODERNES ET CONTEMPORAINS

INDEX DES PASSAGES CITÉS

TABLE DES MATIÈRES

TROISIÈME PARTIE
LE PLAISIR ET L'ACTION

ACHEVÉ D'IMPRIMER
EN NOVEMBRE 2021
SUR LES PRESSES
DE
L'IMPRIMERIE F. PAILLART
À ABBEVILLE

DÉPÔT LÉGAL : 4e TRIMESTRE 2021
N°. IMP. 16903